Lena Christ:
Erinnerungen einer Überflüssigen

Deutscher
Taschenbuch
Verlag

dtv

Von Lena Christ
ist im Deutschen Taschenbuch Verlag erschienen:
Lausdirndlgeschichten (2577)

Ungekürzte Ausgabe
November 1987
Deutscher Taschenbuch Verlag GmbH & Co. KG,
München

Die ›Erinnerungen einer Überflüssigen‹ wurden
entnommen aus: Lena Christ, ›Gesammelte Werke‹,
8. Auflage München 1984 · ISBN 3-7991-5692-1
Umschlaggestaltung: Celestino Piatti unter
Verwendung des Gemäldes ›Mädchenkopf‹ von
Alois Erdtelt (Neue Pinakothek, München;
Foto: Blauel/Gnamm, Artothek Planegg)
Gesamtherstellung: C. H. Beck'sche Buchdruckerei,
Nördlingen
Printed in Germany · ISBN 3-423-10811-8

Das Buch

Der Großvater, ein ländlicher Tausendsassa, ist die prägende Figur einer idyllischen Kindheit, die Lena Christ im bayrischen Glonn, dem Heimatort der Eltern ihrer Mutter, verbrachte. Sie bleibt dort, bis sie acht Jahre alt ist. Ihre Mutter arbeitet in München und kann sich um ihr uneheliches Kind nicht kümmern. Nach der Heirat mit einem Metzger holt sie Lena zu sich. Doch sie liebt das Kind nicht, sie mißhandelt es und mißbraucht es als Dienstmagd. Das steigert sich noch, als sie in ihrer Ehe Söhne bekommt. Immer wieder versucht Lena zu fliehen. Als Siebzehnjährige lebt sie einige Zeit im Kloster. Mit zwanzig heiratet sie. Die Ehe endet katastrophal. Mit dreißig Jahren und kurz vor ihrer zweiten Heirat veröffentlicht sie als erstes Buch ihre Jugenderinnerungen. Ihr grandioses erzählerisches Talent offenbart sich.

Die Autorin

Lena Christ wurde am 30. Oktober 1881 in Glonn bei Ebersberg geboren und wuchs bei ihren Großeltern mütterlicherseits auf. 1888 holte sie die inzwischen verheiratete Mutter nach München. 1901 heiratete Lena Christ den Buchhalter Anton Leix. Drei Kinder aus dieser Ehe blieben am Leben. 1909 trennte sie sich von ihrem trunksüchtigen Mann und verdiente sich ihren Lebensunterhalt mit Schreibarbeiten. Sie wurde lungenkrank. 1912 heiratete sie den Schriftsteller Peter Benedix. Am 30. Juni 1920 beging sie nach einer Betrugsaffäre Selbstmord. Weitere Werke: ›Mathias Bichler‹ (1914), ›Die Rumplhanni‹ (1961), ›Madam Bäurin‹ (1919), Romane; ›Lausdirndlgeschichten‹ (1913), ›Bauern‹ (1919), Erzählungen.

Erinnerungen einer Überflüssigen

Oft habe ich versucht, mir meine früheste Kindheit ins Gedächtnis zurückzurufen, doch reicht meine Erinnerung nur bis zu meinem fünften Lebensjahr und ist auch da schon teilweise ausgelöscht. Mit voller Klarheit aber steht noch ein Sonntagvormittag im Winter desselben Jahres vor mir, als ich, an Scharlach erkrankt, auf dem Kanapee in der Wohnstube lag; es war dies der einzige Raum, der geheizt wurde.

Der Großvater war in seinem geblumten Samtgilet, dem braunen Rock mit den silbernen Knöpfen und dem blauen, faltigen Tuchmantel in die Kirche vorausgegangen, während die Großmutter in dem schönen Kleide, das bald bläulich, bald rötlich schillerte, noch vor mir stand und mich ansah, wobei sie immer wieder das schwarze seidene Kopftuch zurechtrückte. Neben der Tür aber stand in Hemdsärmeln der alte Hausl und wollte eben den Sonntagsrock vom Nagel nehmen, als sich die Großmutter umdrehte und zu ihm sagte: »Geh, Hausl, bleib du heunt dahoam und gib aufs Kind Obacht und tu's Haus hüten; i möcht aa amal wieda in d' Kirch geh'.«

Darauf ließ der Hausl seinen Rock hängen und zog wieder seinen blauen, gestrickten Janker an, und die Großmutter ging zu dem Wandschränklein, das in die Mauer eingelassen war, nahm daraus das Weihbrunnkrügl und wollte gehen. In der Tür aber wandte sie sich noch einmal um und sagte zu mir: »Also, daß d' schö liegn bleibst, Dirnei; i bet scho für di, daß d' wieda g'sund wirst.«

Als sie fort war, ging der alte Hausl in seine Kammer, sich zu rasieren. Da fiel mir ein, ich könnte wieder einmal zu unserer Nachbarin, der alten Sailergroßmutter, gehen. Geschwind stand ich auf und lief hinaus in den Schnee und vor ihr Haus. Ich fand aber die Tür zugesperrt und niemanden daheim; denn sie waren alle in der Kirche. Und da ich nun lange im Hemd und dem roten Flanellunterröckl barfuß im Schnee gestanden war und vergebens gewartet hatte, schlich ich wieder heim; denn es war bitter kalt. Als der Hausl mich kommen sah, machte er ein ganz entsetztes Gesicht und kopfschüttelnd nahm er mich auf den Arm und legte mich wieder nieder. Alsbald fiel ich in ein heftiges Fieber und soll darauf viele Wochen krank gelegen sein, und man hat geglaubt, daß ich sterben müßte. Aber der Großvater hat mich gepflegt, und so bin ich wieder gesund geworden.

Der Großvater nämlich verstand sich auf alles, und wo man im Dorf eine Hilfe brauchte, da wurde er geholt. Er war Schreiner, Maurer, Maler, Zimmermann und Kuhdoktor, und manchmal hat er auch dem Totengräber ausgeholfen. Und weil er so überall zur Hand war, hieß man ihn den Handschuster, und der Name wurde der Hausname und ich war die Handschusterleni.

Der Großvater war bartlos und groß und gerade gewachsen und hatte trotz der mannigfachen schweren Arbeit schlanke schöne Hände. Die habe ich in späterer Zeit oft betrachtet, wenn er am Abend auf der Hausbank saß und über irgend etwas nachdachte.

Er war überhaupt anders als die Leute im Dorfe; denn er sprach wenig, ging nicht ins Wirtshaus und war bei keiner Wahl, wie er auch sonst allem öffentlichen Wesen fernblieb. Statt dessen erzählte man, daß er oft im verborgenen geholfen habe; und wo einem Armen das Haus abgebrannt war, da habe er beim Aufbau mit zugegriffen, ohne lang nach dem Lohn zu fragen.

Damals, im Frühjahr nach meiner Krankheit, war es nun mein größtes Vergnügen, mit ihm auf dem Wagen, vor den unser Ochs gespannt war, aufs Feld hinauszufahren. Von den Äckern, die auf den Höhen rings um das Dorf lagen, konnte man die fernen Berge sehen, und der Groß-

vater sagte mir von dem höchsten, daß es der Wendelstein sei.
Während er nun pflügte oder säete, brockte ich Blumen und betrachtete sie und die Welt dahinter durch bunte Scherben, die ich vor dem Hause des Glasers aufgelesen hatte; oder ich lief mit dem Sturm über die Wiesen und suchte ihn zu überschreien.
Abends auf dem Rückweg setzte mich dann der Großvater rittlings auf den Ochsen, und so sah ich schon von weitem die bläulichen Rauchwölklein über unserem Dache, die uns anzeigten, daß die Abendsuppe schon auf dem Feuer stand.
Waren wir daheim angekommen, so sprang ich rasch in die Küche, steckte, wenn die Großmutter in der Speis war, die Nase in alle Hafen und Tiegel, zu sehen, was es Gutes gäbe, und lief dann hinter dem Großvater drein, der vom Hausflöz durch den Stall in die Scheune ging, dort die Ackergeräte verwahrte und hierauf in dem Schuppen Holz für den Herd herrichtete. Ich tummelte mich derweilen in der Tenne, die wie der Stall und Schuppen an das kleine, freundlich mit bläulicher Farbe getünchte Wohnhaus angebaut war und mit ihm unter einem Dache stand, das sauber mit Holzschindeln eingedeckt und mit Felsblöcken beschwert war. Rings um das Häuschen zog sich ein saftiger Grasgrund, und von den Fenstern der Wohnstube, an denen reichblühende Geranien und Menschenleben standen, sah man im Sommer ein zierliches Gemüsegärtlein, dessen Beete mit feurigen Nelken, Dahlien, fliegenden Herzlein und buschigen Rosensträuchern eingefaßt waren. Am Eingang des Gärtleins stand ein großer Rosmarinstrauch, den der Großvater bei seiner Heirat selbst gepflanzt hatte.
Von der Tenne nun schlüpfte ich des öfteren in den Hühnerstall und durchsuchte ihn nach Eiern. Besonders als

Ostern nicht mehr fern war, trieb es mich immer wieder dahin; denn um diese Zeit gab es unter uns ein großes Vergnügen, das Oarscheiben. Da zogen alle Kinder des Dorfes zu den großen Bauernhöfen, und dort wurden wir bewirtet und bekamen G'selchts, Osterbrot und bunte Eier. Diese aber wurden nicht gegessen, sondern zum Oarscheiben aufgehoben. Dabei teilten wir uns in zwei Parteien, und die einen standen hüben, die anderen drüben; dazwischen aber waren in schräger Lage zwei Rechen aneinandergelegt, und auf dieser Bahn ließen wir unsere Eier hinunterrollen. Die Partei nun, auf deren Seite das Ei fiel, hatte es gewonnen, und wo am Schluß die meisten Eier lagen, war der Sieg. Freilich begann dann oft erst der eigentliche Kampf, und die Eier, die zuvor gerollt waren, flogen jetzt.

Während aber die andern sich noch rauften, sammelte ich, ohne mich besonders sichtbar zu machen, mit flinker Hand die also zu Waffen gebrauchten Eier und lief alsdann mit meinem vollen Schürzlein heim, wo ich dem Großvater die Beute vor die Füße kugeln ließ.

Da gab's dann andern Tags ein gutes Gericht, den Oarsülot, zu dessen Bereitung ich schon am frühen Morgen mit der Großmutter den wildwachsenden Feldsalat von einer nahen Anhöhe brocken mußte, während der Großvater derweil daheim die Eier fein zerhackt und zerrührt hatte, was er alle Ostern selber tat, da keins ihm dies Geschäft recht machen konnte.

Auch sonst war er oft in der Küche draußen und half der Großmutter Rüben schälen oder Semmeln schneiden für die Alltagskost, die Knödel; denn diese durften keinen Tag fehlen. Auch am Sonntag kamen sie, freilich viel größer und schwärzer, als Leberknödel auf den Tisch.

Das Wasser, in dem die Knödel, die neben ihrer Schmackhaftigkeit auch noch den Vorzug der Billigkeit hatten, gesotten wurden, wurde bei uns nie weggeschüttet, sondern in einer großen bemalten Schüssel aufgetragen. Dazu stellte die Großmutter ein Pfännlein mit heißem Schmalz und braunen Zwiebeln und im Sommer auch ein Schüsselchen voll Schnittlauch. Der Großvater langte dann den von der Mutter selbstgebackenen Brotlaib, der mittels unseres großen Hausschlüssels ringsum mit einem Kranz von ringförmigen Eindrücken verziert war, aus dem Wandschränklein und begann langsam und bedächtig Schnittlein um Schnittlein in die Brüh zu schneiden. Danach goß er die Schmelz darüber, würzte gut mit Salz und Pfeffer und rührte mit seinem Löffel etliche Male um. Alsdann sagte er: »So Muatta, jatz ko'st betn.«

Fleisch kam bei uns nur zu ganz besonderen Gelegenheiten auf den Tisch, und selbst am Sonntag genügten meinen Großeltern die Leberknödel mit dem Tauch, einem Gemüse von Dotschen, Rüben oder Kohlraben. Nur der Großvater erhielt als Feiertagsmahl ein Stück gesottenes Rindsfett, das er gesalzen und gepfeffert nur mit einem Stücklein Brote aß.

An Ostern aber ließen sich's die Großeltern nicht nehmen, ein ordentliches Stück Geselchtes und dazu noch einen Tiegel voll von unserm selbstgemachten Kraut aufzustellen, nebst einem Körblein Eier, die samt dem mit viel Zyperben und Weinbeerln gebackenen Osterbrot schon in der Früh des Ostertags vom Großvater zur Weih' getragen wurden.

Auch sonst gab's allerlei Vergnügungen und Kurzweil für die Großen und die Kleinen, und es war auch um die Osterzeit, daß die Kinder, die ungefähr in meinem Alter waren, anfingen, etwas Heimliches untereinander zu treiben. Der Schlosserflorian und die Ropferzenzi hatten im Stall bei der Wagnerin die Zicklein angeschaut, und hierbei hatte der Florian der Zenzi, die vor ihm hockte, unter den Rock gesehen und hatte ihr darauf auch etwas gewiesen. Dabei überraschte sie die Wagnerin, und alsbald wußte es das ganze Dorf. Die Kinder aber, die fünf- und sechsjährigen, hatten nichts anderes zu tun, als dies sofort nachzuahmen, und alsbald saßen auf den Heuböden oder hinter der Planke vom Huberwirt die Pärlein im Gras und betrachteten einander.

Diese Vorfälle wurden nun von einem alten, frommen Fräulein dem Herrn Pfarrer hinterbracht, der dann am darauffolgenden Sonntag von der Kanzel herab wetterte über die Zuchtlosigkeit der Eltern, die nicht achtgehabt hätten auf das Heiligste der Kinder, auf ihre Unschuld. Viele von den Eltern hatten es aber in der Sorge um das Ihre übersehen, manche wohl auch übersehen wollen.

Mit dem beginnenden Sommer fingen wir an zu fischen. Da suchte man sich einen Stecken; daran wurde eine alte Gabel gebunden und mit ihr nach den Dollen oder Mühlkoppen, die sich im Bach unter Steinen, Scherben oder alten Häfen verborgen hielten, gestochen. Mit dem Stekken wurde der Stein zur Seite geschoben, und wenn der Fisch hervorschoß, wurde er angespießt. Ich war nun so geschickt, daß ich sie auch mit der Hand fangen konnte. Da nahm ich den Rock auf, stieg in den Bach hinein, bückte mich, tauchte vorsichtig den rechten Arm ins Wasser und näherte mich mit der Hand dem Fisch, bis er zwischen meinen Fingern stand; dann griff ich rasch zu. Gegen Abend trugen wir dann in einem alten Hafen den ganzen Fang heim. War die Großmutter im Stall, so schlug ich in der Küche die Fische mit einem Stein auf den Kopf, nahm heimlich Schmalz aus der Speisekammer und warf die Fische, nachdem ich noch schnell Salz, Mehl und ein paar Eier darangetan, in eine Pfanne. Die gebratenen Dollen brachte ich dann hinaus vors Haus, wo die anderen Kinder im Gras saßen und warteten. Unter dem Essen wurde nun erst die Schwimmblase und was sonst noch im Innern des Fisches war, mit dem Finger herausgeholt.

Einmal freilich wäre ich beim Fischen beinah ertrunken, und das kam so: Da hat die Großmutter mit unserer Nachbarin, der alten Sailerin, die sehr schwerhörig war, Wasch g'schwoabt, d. i. Wäsche im Bach gespült. Als sie beide mit dem schweren Zuber davongingen, rief mir die Großmutter zu: »Lenei, daß d' fei du dahoam bleibst und ja net abi gehst am Bach, net daß d' eini fallst und dasaufst.«

Ich aber nahm, dem Verbot zum Trotz, meinen Stecken mit der Gabel und einen großen Hafen und schlich leise hinterdrein.

Die Großmutter und die Sailerin hatten sich auf die große Waschbank, die in den Bach hineingebaut war, gekniet und wuschen und hörten bei dem Rauschen des Wassers nicht, wie ich mich hinter ihrem Rücken auf die Waschbank legte. Kaum hatte ich mit meinem Stecken einen Stein zur Seite gerückt, als schon ein großer Dollen herausfuhr. Ich ziele und steche mit der Gabel zu; aber die war nicht festgebunden und rutscht ab. Inzwischen war der Fisch zur Seite geschnellt und blieb nahe dem Ufer über dem Sand stehen. Mir schien die Stelle seicht genug, um ihn jetzt mit der Hand fangen zu können. Ich stülpe also meinen Ärmel auf, strecke den Arm aus und will den Fisch fassen, versinke aber mit der Hand tief in den weichen Ufersand; dabei verliere ich das Gleichgewicht und stürze in den Bach, jedoch so, daß die Füße noch auf der Waschbank blieben. Den Kopf unter Wasser zerre und zapple ich so lange, bis ich die Füße nachziehen konnte. Derweilen hatte mir aber das Wasser schon alle Kraft genommen und trieb mich nun unter der Waschbrücke hindurch grad unter die Hände meiner Großmutter.

»Jess', Mariand Josef, insa Lenei!« schrie sie und ließ das

Wäschestück fahren, packte die alte Sailerin am Arm, schüttelte sie heftig und schrie ihr ins Ohr: »He, Soalerin, hilf, insa Lenei datrinkt!«
Darauf zogen sie mich heraus und führten mich heim.
Als der Großvater mich sah, meinte er: »Aba Lenei, gel, jetz hast es; wie leicht kunntst dasuffa sei!«
Der Hausl aber, der auf dem Kanapee saß, spottete: »Gel, bist in Bach einig'falln, du Schliffi!«
Der Hausl, Balthasar Hauser, wie er eigentlich hieß, war im übrigen mein guter Freund. Im Dorf war er freilich wenig beliebt, weil er recht barsch war und ein großer Geizhals. Ging er umher, so streckte er die Arme weit hinter sich hinaus; denn er war schon ganz krumm und alt. Er lebte bei den Großeltern im Austrag und bewohnte die an unsere Wohnstube anstoßende Kammer. Darin hatte er aus der Mauer ein paar Ziegelsteine herausgebrochen, das Loch ausgemauert und vor die Öffnung als Tür ein dickes Brettlein gemacht, das in Scharnieren hing und an das der Schlosser ein Schloß hatte anbringen müssen. In diesen Behälter tat er sein Geld und seine Kostbarkeiten, schmierte das Türlein mit Kalk zu und machte mit einem Farbstift einen winzigen Punkt an die Stelle, wo sich das Schlüsselloch befand. So glaubt er seine Habe erst sicher vor den Menschen, denn außer mir wußte niemand um diesen geheimen Ort. Wenn er nun einige Pfennige brauchte, wie an den Sonntagen zum Bier, so ging er in seine Kammer, zog die Vorhänge zu, kratzte mit einem Messer den Kalk vom Schlüsselloch, und sobald er das Wenige, das er jeweils brauchte, herausgenommen hatte, strich er alles wieder zu und machte einen neuen Punkt. Das Häuflein mit dem Kalk bewahrte er unter dem Bett auf, das Nachtgeschirr darübergestürzt. Damit nun nicht etwa jemand diese Dinge fände, putzte er selbst seine Kammer und machte sein Bett. Auch wusch er selber seine Wäsche; denn er

fürchtete, der Großmutter etwas zahlen zu müssen; und zwar wusch er immer nur ein Stück, hängte es darauf in die Sonne und setzte sich dazu, damit es ihm nicht etwa gestohlen wurde. Kam ich an solchen Tagen und sagte: »Hausl, geh mit mir furt!«, so zeigte er auf sein Sacktüchl und sagte: »Wart a bißl, bis mei Schneuztüchl trucka is.«
Außer ihm waren bei meinen Großeltern noch Kostkinder im Hause, die die Großmutter aufzog.
Sie war eigentlich nicht meine rechte Großmutter, sondern nur die Schwester derselben. Meine leibliche Großmutter habe ich nicht gekannt; sie war schon lange tot. Von ihr hat mir die Großmutter im Winter, wenn sie mit der alten Sailerin und der Huberwirtsmarie am Spinnrad saß, viel erzählt. Sie sei eine sehr böse Frau gewesen, im ganzen Ort gefürchtet, und alle Leute seien froh gewesen, als sie endlich mit achtunddreißig Jahren gestorben sei. Sie hatte lange an Magen- und Leberkrebs gelitten; darum hatte ihre Schwester schon bei ihren Lebzeiten das Hauswesen beim Großvater geführt und die Kinder erzogen. Eigentlich aber war sie eine Nähterin.
Als nun der Großvater Witwer war, wollte er die Schwägerin heiraten; da sie aber in ihrer Jugend Mitglied und später Präfektin des weltlichen dritten Ordens des heiligen Franziskus geworden war, mußte er deswegen sich an den Papst wenden, der ihr unter der Bedingung Dispens erteilte, daß sie mit ihrem Manne eine sogenannte Josephsehe führe, das heißt, die gelobte Keuschheit bewahre. Daher kam es wohl auch, daß der Großvater sie immer mit großer Achtung behandelte und ihr niemals ein böses Wort gab. Nur einmal war eine Geschichte:
Von unsern Kühen gab eine, das Bräundl, zu wenig Milch. Da nahm sich der Großvater vor, sie nach Holzkirchen auf den Markt zu führen und gegen eine bessere umzutauschen. Obwohl nun die Großmutter dagegen war, hat er

sie doch fortgetrieben und dafür eine wunderschöne, schwarzfleckige Kuh heimgebracht.

Als sie nun das erstemal von der Großmutter gemolken wurde, gab auch sie nur ein paar Liter Milch. Da meinte man, es komme von der Anstrengung; aber es wurde nicht besser. Als sie nach ungefähr einer Woche nicht mehr als fünf Liter Milch gab, während wir sonst von unseren Kühen zehn bis zwölf Liter hatten, ward die Großmutter sehr ärgerlich und fing an, mit dem Großvater zu streiten, und sagte: »Da hättst aa nix Bessers toa könna, als wie dös Viech daherbringa; hättst halt's Bräundl g'haltn. Bringst da so an Ranka daher, der oan's Fuada wegfrißt und für nix guat is.«

Da wurde der Großvater zornig: »Sei stad! Was vastehst denn du, du Rindviech! Dös ko i da Kuah net o'sehgn, daß koa Milli gibt bei so an Trumm Euter. Na weis i's halt wieder furt in Gott'snam', daß d' an Ruah gibst, alt's Rindviech.«

Darauf erwiderte die Großmutter nichts, sondern ging in die Kuchl hinaus.

Als sie aber beim Nachtessen das Tischgebet sprach, fing sie plötzlich beim Vaterunser an ganz laut zu schluchzen und lief hinaus. Da sprach ich das Gebet zu Ende und sagte darauf zum Großvater: »Gel, jetz hast es, weilst so grob bist. Warum greinst denn a so, wo's es net braucht! Mei Großmuatta is brav, und balst es no amal schimpfst, nacha mag i di nimma!«

Darauf sagte der Hausl, der auch mit uns aß: »Woaßt, Handschuasta, dös sell muaß i selm sagn; da hast an schlechtn Tausch g'macht. Da hat d' Handschuasterin scho recht, und i moan, dösmal warst du's Rindviech g'wen.«

Diese Rede freute mich, und ich ließ das Essen stehen, lief zur Großmutter in die Küche, setzte mich auf ihren Schoß

und sagte: »Großmuatterl, sei stad und woan nimma. Der Großvata is dir scho wieda guat, und der Hausl sagt's aa, daß der Großvata 's Rindviech is. Jatz weist er d' Kuah wieder furt und kaaft dir a andere. Und i hab's eahm scho g'sagt, er darf di nimma ausgreina.«
Da nahm sie mich um den Hals und sagte: »Du bist halt mei Brave, gel Lenei.«
Darauf aß ich mit ihr draußen in der Küche zur Nacht, zog sie danach wieder in die Stube und rief: »So, Großvata, jatz is dir d' Großmuatta wieda guat und woant nimma; jatz muaßt aba verspredha, daß d' es wieda magst und nimma greinst.« Da lachte er: »No, in Gottsnam, Hex, na mag i 's halt wieda.«
In der Nacht hab ich zwischen ihnen beiden geschlafen und hab ein jedes bei der Hand genommen und ihnen die Hände gedrückt und sie festgehalten.
Auf einmal fängt die Großmutter aufs neue zu schluchzen an: »Naa, i ko's net vergessn, was d' g'sagt hast, wo i dir g'wiß a bravs, rieglsams Wei' g'wen bin.«
»Stad bist ma!« erwiderte der Großvater. »Bevor i harb wer'. Dös ko an jedn passiern; geh nur und kaaf du ei!«
Jetzt wurde ich wild, stieß den Großvater mit Füßen, schopfte ihn bei den Haaren und schrie: »Jatz werd's ma z' dumm! Jatz laß d' mei Großmuatta steh, sunst steh i auf und laaf furt und geh zu der Münkara Muatta; da is scheena, da werd net g'strittn und g'greint!«
Darauf mußte sich die Großmutter in die Mitte legen und ich legte mich hinaus. Der Großvater aber lachte: »Geh, schlaf, du Nachtei!«
Am andern Tag in der Früh fragte ich gleich die Großmutter: »Is er dir wieda guat, der Vata?«
»Ja«, erwiderte sie, »mir san scho guat.«
Aber beim Beten weinte sie wieder wie den Tag zuvor, und so ging es noch drei oder vier Tage fort.

Die Kuh aber hat der Großvater an den Huberwirt verkauft und dafür vom Schneider zu Balkham eine wunderschöne, trächtige heimgebracht.

Damit war der Streit geschlichtet, und ich brauchte nicht mehr zu der Münkara Muatta, das heißt zu meiner Mutter in München, zu gehen, die ich übrigens noch nie gesehen hatte und von der ich nur hatte reden hören. Zu dieser Zeit aber kam ein Brief an meine Großmutter, darin die Mutter schrieb, daß sie bald kommen würde, uns zu besuchen.

Da sagte mein Großvater zu mir: »Dirnei, jatz muaßt brav sei, d' Münkara Muatta kimmt; dö bringt dir ebbas Scheens mit. Bal' s' kimmt, na derfst es von der Bahn abholn.«

Ich glaubte natürlich, meine Münkara Muatta käme schon am selben Tag, an dem der Brief gekommen war; schlich mich also barfuß und ohne Hut oder Tüchl gegen die Sonnenhitze, es war im Spätsommer, fort und lief, so schnell ich konnte, über die Brücke den Berg hinauf durch Felder und Wiesen über Schloß Zinneberg und Westerndorf nach der Waldstraße, die gen Grafing führt. Dies war am Nachmittag nach der Vesperzeit. Ich lief durch den Wald, der anfangs ganz licht ist, bald aber dicht, finster und unheimlich wird, bis an eine Stelle, wo ein Feldkreuz mit einem Bild des Fegfeuers und daneben ein Marterl steht als Wahrzeichen, daß hier ein Bauer erschlagen aufgefunden wurde. Da fürchtete ich mich so sehr, daß ich kaum mehr zu atmen, noch mich vom Fleck zu rühren vermochte.

Derweil kamen zwei Radfahrer, die mich nach dem kürzesten Weg nach Grafing fragten. Da löste sich meine Angst und indem ich rief: »Ös derfts grad dera Straßn nachfahrn!« stürmte ich schon an den Herren, die von ihren Rädern abgestiegen waren, vorbei und lief, so rasch mich meine Füße trugen, bis nach Moosach, dem nächsten

größeren Dorfe. Dort bat ich eine Bäuerin um einen Trunk Wasser. Freundlich gab sie mir einen Weidling voll Milch und eine Schmalznudel dazu und fragte mich: »Wo kimmst denn her, Dirndei, und wo gehst denn hin?«
»I geh auf Grafing und geh meiner Münkara Muatta z'gegn.«
Sie mahnte noch: »Gel, tua di fei net volaafa, Kind!« und begleitete mich bis unter die Haustür. Mit einem lauten: »Gelt's Gott!« und »Pfüat Gott, Bäuerin!« lief ich wieder weiter, die Straße über Waldbach, Baumhau, den großen Untersumpf entlang nach Grafing.
Schweißtriefend und keuchend kam ich ungefähr um sieben Uhr abends dort am Bahnhof an und fragte einen Bediensteten: »Bitt schön, wißt's ös net, wenn daß der Zug vo' Münka kimmt?«
Der aber meinte, vor acht Uhr käme keiner mehr; denn der letzte sei um fünf Uhr schon gekommen.
Ich glaubte es ihm nicht und fragte einen andern: »Habt's ös mei Münkara Muatta net kemma sehgn?«
Da fing der Mann an zu schelten, und ich stand traurig da und wußte nicht, was anfangen. In diesem Augenblick kam ein Zug. Ich stürmte über den Bahnsteig und lief sofort auf eine vornehm gekleidete Frau zu, die grad ausgestiegen war, und fragte sie: »Bist du mei Münkara Muatta?«
Sie aber gab mir keine Antwort. Inzwischen hörte ich rufen: »Personenzug über Kirchseeon, Haar, Trudering nach München!« Da wurde es mir klar, daß es der Zug von Rosenheim war. Ich setzte mich also auf eine Bank und wartete, bis der Achtuhrzug aus München kam. Da stiegen aber nur wenige Männer aus, und ich mußte mich wieder auf den Heimweg machen, da es schon ziemlich dunkel geworden war. Ich fing nun wieder an zu laufen, zurück durch den Wald und den Sumpf.

Inzwischen war es fast Nacht geworden, und ich sah plötzlich, daß ich mich verirrt hatte.
Nach einem langen Umweg kam ich über Bruck nach Wildenholzen. Es ist das ein kleines, wundernettes Örtlein am Fuß eines schönen, bewaldeten Bergabhanges.
Ganz erschöpft bat ich in dem Wirtshaus, das am Berge stand, ob ich nicht rasten dürfe und wie weit ich wohl noch hätte bis zu meinem Großvater.
»Ja mei, Dirndei, da kimmst heunt nimma hin! Da is gescheita, wennst bei ins da bleibst; morgen fruah fahrst na mit an Bauern hoam. Aba jatz kimm eina, na kriagst was z'essn.«
Ich konnte vor Müdigkeit und Seitenstechen kaum etwas essen und auch nur schlecht schlafen. Schreckliche Träume verfolgten mich, und ich meinte in den Sumpf geraten zu sein und versinken zu müssen.
Am Morgen gab die Frau Wirtin mir noch einen Kaffee, und dann setzte mich der Bauer, der nach unserem Dorf fuhr, auf den Wagen.
In Westerndorf stieg ich ab, bedankte mich und ging zu meiner Nanni. Dies war die Schwester meiner Mutter, eine wohlhabende Bäuerin, die auch einen großen Obstgarten hatte. Man nannte sie die Maurerin von Westerndorf, weil der Schwiegervater ein Maurer gewesen war und die Hausnamen fast immer vom Handwerk des Besitzers hergeleitet werden.
Die Nanni führte mich dann auf meine Bitten hin zu meinen Großeltern. Diese hatten mich die ganze Nacht in Ängsten gesucht und beweinten mich schon als tot. Aber kein Wort des Vorwurfs kam aus ihrem Munde.
»Weilst nur grad da bist, Lenei, arms Nachtei, dumms!«
Ohne einen Laut fiel ich dem Großvater in die Arme. Da sah man erst, daß ich ganz heiß und voll Fieber war. Ich bekam Lungenentzündung, von der ich noch nicht genesen

war, als etliche Wochen später meine Mutter wirklich kam.

Da trat eine große Frau in die niedere Stube in einem schwarz und weiß karierten Kleide über einem ungeheuern Cul de Paris. Auf dem Kopf trug sie einen weißen Strohhut mit schwarzen Schleifen und einem hohen Strauß von Margeriten. Sie stand da, sah mich kaum an, gab mir auch keine Hand und sagte nur: »Bist auch da!«

Als sie am nächsten Tag wieder fortgefahren war, fragte mich der Großvater: »No, Dirnei, magst nachha eini zu der Münkara Muatta in d' Stadt?«

Da umhalste ich ihn, schüttelte den Kopf und sagte schnell: »Naa, naa!«

So durfte ich denn noch beim Großvater bleiben und wie zuvor mit ihm gehen, wenn er irgendwo zu arbeiten hatte.

In diesem Herbst war es nur, daß wir einmal zum Ausweißen gingen. Und als der Großvater bei der Arbeit war, schickte er mich wieder heim. Mein Weg führte mich am Obstgarten des Herrn Pfarrers vorbei, darinnen ich schon auf dem Hinweg einen großen Apfel hatte liegen sehen. Als ich jetzt wieder vorüberkam, suchte ich nach einer Zaunlücke, schlupfte hindurch und kroch auf allen vieren durchs Gras und holte mir den Apfel. Da ich noch einen zweiten liegen sah, aß ich diesen sogleich und nahm den schöneren mit heim, um meiner Großmutter eine Freude zu machen.

»Großmuatterl, da schaug her«, rief ich, »i hab dir was mitbracht; an schön'n Apfel vom Herrn Pfarrer!«

Da hatte die Großmutter eine rechte Freude; denn sie meinte, der Herr Pfarrer habe ihn mir geschenkt.

»Bist halt mei bravs Lenei; vergunnst deiner Großmuatta aa ebbas.«

Unter diesen Worten schälte sie den Apfel und schabte ihn; denn sie hatte fast keinen Zahn mehr im Munde.

»Ah, der is aba guat! Hättst'n net liaba selba gessn, Dirnei?«
»A naa, Großmuatta, i hab ja scho oan g'habt.«
Ein paar Stunden später sah ich den Herrn Pfarrer daherkommen. Da rührte sich mein schlechtes Gewissen, und ich hab mich hinter die Stiege verschlossen. Inzwischen war meine Großmutter in den Hausgang oder Flöz hinausgegangen, und jetzt seh ich, wie der Herr Pfarrer richtig zu ihr hereingeht und sagt: »Liebe Handschusterin, leider hab ich sehen müssen, daß Ihr Enkelkind, das Lenei, ein paar Äpfel in meinem Garten aufhob und damit davonlief. Hört, Handschusterin: es ist mir nicht um die paar Äpfel; aber die Begierde hätte das Kind bezähmen sollen. Hätte das Lenei mich gebeten, ich hätt' ihr mit Freuden etliche geschenkt.«
Nach diesen Worten trat der Herr Pfarrer ins Zimmer und unterhielt sich noch längere Zeit mit der Großmutter. Ich aber lief, was ich laufen konnte, nach Westerndorf zu meiner Nanni. Ich wollte auch zur Nacht nicht mehr heim, weil ich Strafe fürchtete; doch hat mich die Nanni schließlich überredet und heimgebracht. Ich hätte aber nicht so viel Angst zu haben brauchen; denn der Großvater hat mich verstanden. Und als die Großmutter anfangen wollte zu schimpfen, fiel er ihr ins Wort: »Stad bist ma! Nix sagst ma übers Kind; hat's dir 'n vielleicht net bracht? I sags allweil, 's Lenei hat a guats Herz!«
Da mußte die Mutter still sein. Später einmal traf mich der Herr Pfarrer und sagte: »Liebes Kind, ich hätte dir ganz gerne einen Apfel geschenkt, wenn du mich darum gebeten hättest. Aber selbst aufheben durftest du dir keinen; denn das nennt man Stehlen.«
Neben der Arbeit im Haus, Garten und Stall hat die Großmutter Mieder genäht und war weit und breit wegen ihrer Geschicklichkeit darin berühmt und gesucht.

Nun kam da zwei- oder dreimal im Jahr ein Mann aus Schwaben, der zog von Dorf zu Dorf mit seiner Kirm auf dem Rücken und gab für Haderlumpen den Leuten Nähnadeln, Steckklufen, Fingerhüte, Maßbandln und den Kindern Fingerringe. Meiner Großmutter aber gab er für die alten Flicken und die Abfälle von den Miedern neue Miederhaken und Schlingen, die er Moidala und Schloipfala nannte. Einmal waren ihm nun die Miederhaken ausgegangen, und als ihn die Großmutter fragte: »Hast heunt gar koani Miadein?«, sprach er: »Noi, gar koine Moidala geits mehr; lauta Schloipfala kannscht mehr haba.« Damit wollte er zugleich sagen, daß es jetzt gar keine braven Mädeln mehr in den Dörfern gebe und die meisten sogenannte Schloapfen, das will sagen leichtfertige Wesen seien, die auf jedem Tanzboden herumschleifen und die jeder leicht haben kann.

Zu all dieser Arbeit zog die Großmutter, wie ich schon sagte, Kostkinder auf, welche die Gemeinde ihr wegen ihrer Gewissenhaftigkeit und Sauberkeit übergab. Es waren dies Kinder von Bauerndirnen, von ledigen Gemeindeangehörigen, die wer weiß wo weilten und ihre Kinder der Gemeinde aufbürdeten; aber auch Kinder von Gauklern, die diese einfach den Leuten vor die Tür legten.

So war es auch einmal um die Weihnachtszeit. Draußen lag tiefer Schnee, und wir saßen in der Wohnstube beisammen und jedes hatte seine Beschäftigung: der Großvater band einen Besen, die Großmutter spann und der Hausl baute mir ein Haus aus großen Holzscheiten. Da klopft es mit einem Male ans Fenster. Erschreckt schreit die Großmutter auf; der Großvater aber geht hinaus, zu sehen, wer so spät noch Einlaß begehrt. Er sperrt auf und tritt vor die Tür; im gleichen Augenblick aber hören wir ihn rufen: »Heiliges Kreuz! a Kind!«, und herein bringt er ein kleines Bündel und legt's auf den Tisch. Die Großmutter springt auf und wickelt es aus. Da liegen zwei kleinwinzige Wesen vor ihr, und wie sie das eine nehmen will, kann sie es nicht heben, weil das andere auch mit in die Höhe geht. Als sie dann die Windeln aufmachte, sahen wir erst, daß die Kinder zusammengewachsen waren. Außen am Bündel war ein Papier befestigt; darin lagen die Taufscheine der Zwillinge und ein Brief des Inhalts, daß eine Seiltänzerin die Kinder geboren und bei der Geburt gestorben sei. Man habe von der Handschusterin gehört und bitte nun um Gottes willen um Aufnahme für die Kinder; die Gemeinde würde schon zahlen. Da sagte die Großmutter: »Um Gottes willen is aa was; auf die Mautschein geht's aa nimmer z'samm!«

Und so behielt sie die armen Waislein. Als sie aber größer wurden und sitzen lernen sollten, fand man, daß die gewöhnlichen Stühlchen zu klein, eine Bank aber nicht für sie geeignet war; denn das Gesäß, mit dem sie seitlich zusammengewachsen waren, war nicht breiter als das eines Kindes; von den Hüften aufwärts aber nahmen sie den Raum von zweien ein. Also verfertigte ihnen der Großvater ein eigenes Stühlchen, sowie ein Bänklein mit einer runden Lehne, in das er zwei Löcher schnitt, das Bänklein polsterte und die Löcher mit Deckeln versah. Darunter stellte dann die Großmutter bei Bedarf zwei Nachthäflein. Auch alle Kleidungs- und Wäschestücke mußte sie eigens machen und das Süpplein gab sie ihnen nicht aus der gebräuchlichen Saugflasche, sondern nahm ein großes Glas und ließ einen zinnernen Deckel mit zwei Löchlein machen, durch die sie zwei lange Gummischläuchlein zog. Daran befestigte sie dann die Sauger.

Als die Mädchen zwei Jahr alt waren, erkrankte eines von ihnen an Diphtherie, während das andere seltsamerweise ganz gesund blieb.

Sieben Jahre hatten meine Großeltern diese Zwillinge bei

sich, bis sie von der Gemeinde an den Besitzer einer Schaubude abgegeben wurden, der sie auf vielen Jahrmärkten herumzeigte.

Doch nicht immer waren es Kinder solch armer oder heimatloser Leute; mitunter wurde auch eins von besserem Stand uns vor die Tür gelegt.

So war eine reiche Dame in Rosenheim, die lange Zeit glücklich mit ihrem Manne, einem Doktor, gelebt hatte. Da ward sein Geist umnachtet und er vertat in kurzer Zeit all sein Gut. Zuletzt sperrte man ihn in ein Irrenhaus und wies die unglückliche Frau, die ihrer schweren Stunde entgegensah, von Haus und Hof. Dies brachte die Ärmste gleichfalls um den Verstand, und sie lief eines Nachts von Rosenheim fort und kam bis nach Ebersberg. Dort brachte sie in einem Schuppen das Kind, ein Mädchen, zur Welt. Sie hatte nichts, worein sie es wickeln konnte, und so zog sie ihren Rock aus, bettete das Würmlein hinein und band es mit den Strümpfen zusammen. In der Nacht machte sie sich wieder auf den Weg und lief, nun barfuß und nur halb bekleidet, bei bitterer Kälte, denn es war im Januar, fort bis in unser Dorf. Vor dem Haus des Bürgermeisters brach sie tot zusammen, und man brachte das Kindlein meiner Großmutter, die das erstarrte, halbtote Wesen wieder zum Leben brachte und aufzog.

Auch das Kind eines katholischen Priesters hatten wir einmal in der Kost. Es war von einem schönen Mädchen, einer Müllerstochter, die von dem Unhold betört und in großes Elend versetzt worden war. Sie ertränkte sich, während der Geistliche seine Pfarrei verlassen und mehrere Jahre lang einen Strafposten bekleiden mußte. Zum Glück starb das Büblein bald; es hatte den ganzen Kopf voll großer Blutgeschwüre gehabt.

Von den zwölf Kostkindern, die die Großmutter um diese Zeit aufzog, wuchsen zusammen mit mir die Urschl, der

Balthasar, genannt Hausei, der Bapistei und die Zwillinge auf. Sie schliefen alle mit mir bei den Großeltern in der gemeinsamen großen Schlafkammer, die vier Fenster hatte. Mein Bett war auf der Seite, wo der Großvater schlief, während bei der Großmutter drüben das der Zwillinge stand. Nahe an ihrem Bett hatte die Großmutter die alte, buntbemalte Bauernwiege stehen. Daran war ein Ring und an diesem hing ein langes Band, das die Großmutter beim Schlafengehen um die Hand wickelte. An dem Bande zog sie nun leise, wenn das Kind unruhig war, und oft hörte ich, wenn ich nicht schlafen konnte, die ganze Nacht hindurch das leichte Knarren der Dielen. In die Wiege kam das Kleinste, außer es war ein anderes krank, das dann hineingebettet wurde. Darum lag die meiste Zeit der Bapistei darin; denn er war ein recht schwächliches, streitiges Kind. Mitunter nahm der Großvater der Großmutter das Bandl aus der Hand: »Geh, Muatta, laß mi hutschen; tua jetz a bißl schlafa!«
Aber er konnte es nicht so leise wie sie, und da schrie denn der Bapistei so lang, bis die Großmutter wieder das Bandl nahm. Das Kostgeld für jedes Kind war von der Gemeinde auf monatlich vier bis fünf Mark festgesetzt; trotzdem sorgte die alte Frau für sie wie für eigene. Sie war auch in der Krankenpflege sehr erfahren und hatte viele Hausmittel und wußte Krankheiten zu beschwören, was beim Landvolk unter dem Namen Abbeten bekannt ist.
Als unser Bapistei durch das viele Schreien einen Nabelbruch bekommen hatte, heilte ihn die Großmutter auf folgende Weise: Sie suchte beim wachsenden Mond drei kleine Kieselsteine unter der Dachrinne und drückte jeden Abend beim Mondaufgang einen davon dem Kinde auf den Nabel, drehte ihn mit dem Daumen und sprach dazu:
»Bruch, ich drucke dich zu,
Geh du mit der Sonne zur Ruh;

Im Namen der Allerheiligsten Dreifaltigkeit,
Im Namen des Vaters und des Sohnes und
des Heiligen Geistes. Amen.«

Dann band sie das Steinlein mit einer Binde fest und gab dem Kinde einen heilkräftigen Tee. Nach einigen Tagen wurde der Bapistei wirklich gesund.

Eine meiner schönsten Erinnerungen aus dieser Zeit sind die Sonntagnachmittage im Winter. Da hat die Großmutter vorgelesen aus uralten, heiligen Büchern und mir erzählt von gottseligen Leuten und deren wunderbarem Tod; hat mir Beispiele von der Hilfe unserer Lieben Frau von Frauenbründl und Birkenstein erzählt und wundersame Gebete mir vorgebetet und mich gelehrt. Wenn sie dann beim Lesen eingenickt war und ich zu ihren Füßen auf dem Schemel saß, geschah es manchmal, daß ihr die alte Hornbrille von der Nase und in den Schoß fiel. Beim Erwachen wollte sie weiterlesen; da sie aber ohne Glas nichts sehen konnte, rückte sie das Buch immer näher an die Augen und griff endlich nach der Stelle, wo die Brille gesessen, um sie zurechtzurücken. Da merkte sie erst, daß sie ihr entfallen war.

Oft geschah es auch, daß sie in der Eile die Brille auf die Stirn schob, wenn sie mit jemandem sprach. Wollte sie dann später etwas lesen, so suchte sie überall: »Habt's es denn nindascht g'sehgn? Woaß neam'd, wo i s' hing'legt hab? I find s' scho wieda net!«

»Ja, was suachst denn, Muatta; was findst denn scho wieda net?« fragte dann der Großvater.

»Ah, was wer i denn suacha! 's Augenglas!«

»Jessas, Jessas! Hast es ja a so drobn am Hirn; bist da du dumm, Muatta!«

Mit diesen Worten schob er ihr die Brille wieder auf die Nase.

Ich hatte sie längst bemerkt; doch freute es mich, die Großmutter so ratlos zu sehen, und ich lief überall mit ihr herum und suchte. Kopfschüttelnd ging dann der Großvater in den Stall oder gegen Abend wohl auch auf den Heuboden, um für die Kühe das Gsott zu schneiden. Ich aber schlich mich in die Künikammer oder Königskammer, die zu betreten mir verboten war. Es war das die beste Stube des Hauses, angefüllt mit den Schätzen, die von den Ureltern auf uns gekommen waren; auch die Möbel darin stammten aus alter Zeit. Da standen zwei Truhen, an denen gar seltsame Figuren und Zierate zu sehen waren und darinnen der Brautschatz der Urgroßmutter lag. Es war dies ein bald bläulich, bald wie Silber schimmerndes Seidenkleid, ein köstliches, bunt und goldgesticktes Mieder, dazu eine goldbrokatene Schürze, in die leuchtend rote Röslein gewirkt und die mit alten Blonden besetzt war. Dabei lag eine hohe Pelzhaube, wie sie vor hundert Jahren die Bräute als Kopfputz trugen, und zwei Riegelhauben, eine goldene und eine schwarze, mit Perlen besetzt. Daneben stand ein Kästlein aus schwarzem Holz und mit Perlmutter eingelegt; darin lag das schwere, silberne Geschnür mit uralten Talern und einer kostbaren silbernen, neunreihigen Halskette und Ohrgehänge und silberne Nadeln. Ganz versteckt in der untersten Ecke aber lag, sorglich in ein zerschlissenes, seidenes Tuch gewickelt, das Brautkrönlein der Ururgroßmutter. Es war das ein zierliches Kränzlein, dessen Blumen und Blätter aus Rauschgold und Edelsteinen gearbeitet und mit Perlen und Filigran eingefaßt waren. Nach Art der Riegelhauben aber war es steif gefüttert, und über der verblichenen Seide lag noch ein matter, rötlicher Schimmer. Die andere Truhe war voll des feinsten, selbstgesponnenen Flachses und schöner, gestrickter Spitzen. In einem großen, buntbemalten Schrank lag handgewirktes Bauernleinen, darunter ein großes Tischtuch, in welches das heilige Abendmahl gewebt war.

Zwischen den beiden Fenstern, deren dichte Vorhänge keinen Sonnenstrahl hereinließen, stand das Kostbarste, ein Glaskasten, dessen Rückwand mit Spiegeln belegt war. Darin spiegelten sich zierliche Meißener Figuren, Teller und Tassen und bunte gläserne Krüge. Im Vordergrund auf einem Ehrenplatz aber stand die alte Hausapotheke. Sie war voller Geheimnisse und sah aus wie ein Bild, das die heilige Familie vor dem Hause zu Nazareth darstellte; nur waren die Figuren rund und in Silber getrieben. Rechts im Vordergrunde stand der heilige Joseph mit einer Axt und zimmerte an einem Balken, während ihm gegenüber Maria mit einer Spindel saß und spann. In der Mitte aber war das Jesuskindlein und hielt in der einen Hand eine Axt und in der andern ein Kreuzlein, das es selbst gezimmert hatte. Die Figuren konnte man abschrauben und fand dann im Innern ein Fläschlein mit Medikamenten. Schraubte man das Jesuskind ab, so lag darinnen ein kleiner Schlüssel; der sperrte das Schlüsselloch im Hintergrunde und öffnete das Haus von Nazareth. Da fanden sich im Innern Lanzetten, Scheren und silberne Büchslein für Pflaster und Salben. Umgeben war das Ganze von einem alten, silbernen Rahmen.
In der Kommode lag mein Taufzeug und das der Kinder, die die Großmutter in der Kost gehabt hatte, dazu eine Menge seidener Tücher für Hals und Mieder. Eine andere Schublade war voll von Büchern, deren Druck so alt war, daß ich kaum ein Wort zu lesen vermochte. Auf dem alten Sesselofen stand eine große Schüssel, darin die Eier unserer Hennen für den Verkauf gesammelt wurden; ferner ein großer Blechbehälter mit Schmalz, etliche Krüge voll Honig und in der Bratröhre das feine Eingekochte. Unter der Bettstatt, deren Bett kaum zu ersteigen war vor Höhe und Fülle des Flaums, stand eine große Holzschachtel, in der die Kränze und der Grabschmuck aufbewahrt

wurden. An den Wänden hingen alte Bilder mit sonderbaren Gestalten und Gesichtern und ein großes Kruzifix, dessen Christusfigur so erschreckend zerfleischt aussah, daß ich sie immer mit geheimem Grauen betrachtete.
Gewöhnlich aber blickte ich nicht lange nach den Wänden, sondern hockte mich vor eine Truhe oder Lade, wühlte darin herum, zog alles heraus und besah dies oder probierte das. Dazwischen schaute ich des öfteren in die Bratröhre, wo das Eingekochte stand. Diese Gläser voll Kirschen, Zwetschgen oder Himbeeren waren alle mit einem pergamentenen Deckel verschlossen -- und meine Großmutter verwunderte sich häufig darüber, daß das Pergament schon wieder geplatzt war: »I woaß net, Vata, was dös ist; bei dö Zweschbn is's Papier scho wieda hi'!«
Der Großvater aber meinte mit einem Seitenblick auf mich: »Dö wer'n halt austriebn ham, Muatta; dö müaßn bald gessn wer'n.«
Überhaupt ließ mir der Großvater zu jeder Zeit gern etwas Gutes oder Besonderes zukommen und brachte von jedem Holzkirchner Viehmarkt auch für mich etwas mit: ein lebzeltenes Herz, einen Rosenkranz von süßem Biskuit, ein Schächtelchen voll Zwiefizeltl und dergleichen. Auch war er stets besorgt, daß ich nichts Unrechtes äße. Als einmal bei uns Jahrmarkt war und ich mit einem Fünferl, dem Geschenk unseres Hausl, tanzend und singend dahineilte, mir etwas darum zu kaufen, ging mir der Großvater besorgt nach und erwischte mich gerade noch, als ich mir eben vor dem Stand eines Fleischhändlers, dessen Schild als Zierde rechts und links einen Pferdekopf trug, eine große schwarzrote Wurst schälte, die ich nach langem Hin- und Hersuchen endlich als das wohlfeilste und meiste für die Münze erstanden hatte:
»Ja mei, Nachtei, dumms, möchst net gar a Roßwurscht essn! Da kunntst schö krank wer'n!«

Und eiligst nahm er mir dieselbe und gab sie einem Hund; darauf führte er mich, nachdem er mir ein anderes Fünferl gegeben hatte, in die Post, wo schon Kopf an Kopf männiglich beieinander saß und aß und trank. Hier kaufte er mir eine lange Bratwurst und dazu ein Kipferl. Danach durfte ich mir bei einem alten, wunderlichen Mann eins von den bunten Päcklein, die zu einem großen Haufen aufgeschichtet vor seinen Füßen lagen, kaufen. Es war eine Überraschung, wie der Alte sie nannte und mit großem Eifer anpries.

Gewichtig trug ich, geführt vom Großvater, das in hochrotes Glanzpapier gerollte Päcklein heim und öffnete es, nachdem ich alle im Haus um mich versammelt hatte. Da lag ein Kettlein aus blauen Glasperlen, ein Bildchen und etliche süße Kügelchen vor mir, und ich pries froh die Umsicht des Großvaters: »Vaterl, du bist g'scheit! Du hast a glückhafts Geld, wo ma was g'winnt damit!« Und jubelnd hing ich mich an seinen Hals.

Noch war mir eine andere Art von Dankbarkeit fremd, und ich mußte noch nicht zum Dank für erhaltenes Gute besonders brav und folgsam sein; doch habe ich immer ohne jeden Antrieb besser gefolgt, wenn mein Großvater mir auf solche und ähnliche Weise seine Zärtlichkeit bewies. Da konnte ich stundenlang, ohne mich besonders bemerkbar zu machen, im Haus bleiben und für mich spielen. Und fehlten auch alsdann meine Spielkameraden, so ging mir doch niemand ab; denn ich schuf mir selber einen Ersatz, indem ich etliche Sacktücher des Großvaters mit Lumpen füllte, einen Kopf daraus formte und unter die herabhängenden Zipfel ein Scheitlein Holz steckte. Diese Fecklpuppen hatten alle möglichen Namen und Wesen; bald waren sie meine Kostkinder, bald meine Familie für sich. Oft mußten sie aber auch unsere Kühe und Hühner vorstellen, und da ward dann der Stiefelzieher zum Großvater, der Fußschemel aber zum Heuwagen, auf dem die Hühner nach Holzkirchen, das bei mir hinter dem Ofen lag, zu Markt gefahren wurden.

Mit dem Beginn des Frühjahrs mußte ich zur Schule gehen, wovon die Großmutter nicht viel hielt, da sie nie in der Volksschule gewesen und Schreiben und Lesen nur nebenbei in der Frauenarbeitsschule gelernt hatte. Kam ich heim, so hatte sie immer etwas für mich gemacht; sei es einen Gugelhopf, Rohrnudeln oder einen fetten Schmarrn mit einem Zwetschgentauch und meinte: »Arms Lenei; so vui Hunga hast kriagt. Wenn nur dö verflixte Schul glei der Teifi holn tat. Was braucht insa Dirndei a Schul; mir ham aa koane braucht und san aa groß wordn und taugn unta d' Leut.«
Sie mochte dabei wohl auch an den Großvater denken; denn als ich einmal auf der Hausbank sitzend mich an dem kleinen a versuchte und trotz aller Kraft auf meiner Tafel nichts zuwege brachte, schob ich sie dem Großvater hin und bat ihn: »Geh, Vata, mach ma du dös kloane a!«
»Ja mei, Dirndei, da muaßt scho zu der Großmuatta geh; i ko net lesn und net schreibn; dös ham mir net g'lernt!«
Am Sonntag zum Gottesdienst gingen wir im Feiertagsgewand, aber barfuß in die Kirche, weil wir sonst mit den genagelten Schuhen dem Herrn Pfarrer zu viel Lärm gemacht hätten; denn der Herr Pfarrer, obwohl er schon ein alter Mann mit schneeweißem Haar war, konnte noch immer recht zornig werden und hat bei der Predigt oft mit gar scharfen Worten die Verfehlungen seiner Pfarrkinder gerügt; so das Kegelscheiben am Sonntag während des Gottesdienstes, den Wirtshausbesuch, das Fluchen und vor allem das Kammerfensterln. Hatte ein Bursch oder ein Mädel gebeichtet, daß sie beieinander gewesen waren, so wurde das am darauffolgenden Sonntag vor der ganzen

Gemeinde von der Kanzel herab gegeißelt, und leicht konnte man erraten, wer gemeint war. Lebhaft erinnere ich mich noch an die Schlußworte einer Predigt, die er am Christi Himmelfahrtstage hielt, und wie er, nachdem er die Freuden im Himmel und die Glorie der Seligen geschildert hatte, mit lauter Stimme rief: »Heute ist der Tag, an welchem Christus, der Herr, hinaufgefahren ist in jene lichten Höhen, in denen die ewige Seligkeit wohnt, die wir auch erlangen sollen. Aber pfeifen tun wir euch was, ihr gscherten Bauernlümmel! Seit Jahren erhalten wir von euch keine Eier, Butter, Schmalz, oder was sonst eure Dankbarkeit bezeuge. Aufgefahren ist er zum Himmel, von wo er kommen wird, euch zu richten und in die ewige Verdammnis zu bringen. Amen!«

An den Sonntagnachmittagen mußten die Burschen und Mädchen unter sechzehn Jahren die Christenlehre besuchen; dabei hatten auch wir Kinder und die Erwachsenen Zutritt. Beim Beginn wurden alle mit Namen aufgerufen, und jedes mußte sich mit einem lauten »Hier« melden. Fehlte eines und war nicht genügend entschuldigt, dann mußte es, ob Bursch oder Mädel, am darauffolgenden Feiertag hinausknien zum warnenden Beispiel für die andern. Konnte eines die Fragen des Katechismus nicht beantworten, so schrie der Herr Pfarrer: »Was der Katechismus dich fragt, das weißt du nicht; aber was der Bursch dich beim Fensterln g'fragt hat, das weißt du noch!«

Darauf wetterte und schimpfte er während der ganzen Christenlehre.

Wurde jemand aus der Gemeinde begraben, der nur selten den Gottesdienst besucht und dem Pfarrer die schuldigen Abgaben in Naturalien nicht geleistet hatte, so war die ganze Grabrede eine Lästerrede auf den armen Verstorbenen und seine Angehörigen, und man sah ihn schon leibhaftig in der Hölle und der ewigen Verdammnis.

Kirchliche Handlungen machten damals einen großen Eindruck auf mich und vor allem bewegte mich das sonntägliche Memento und Requiem auf dem Friedhof. Dabei ging der Pfarrer nach der Predigt und den gemeinsamen christlichen Gebeten in Prozession mit den Gläubigen aus der Kirche auf den Gottesacker hinaus und hielt einen Umgang, währenddem der Herr Lehrer das Requiem sang und die Leute die Gräber ihrer Angehörigen mit Weihwasser besprengten, wofür ein jedes sein Weihbrunnkrügl mitgebracht hatte. Danach wurde am Grab gebetet, bis es zum Hochamt läutete. Während der feierlichen Handlung stand ich zwischen den Großeltern und fürchtete mich vor dem Tod.

Das tat ich aber nur an den Sonntagen; denn unter der Woche ging ich ohne Furcht auf den Gottesacker und richtete die Gräber der armen Leute wieder her, indem ich die Blumen von den Gräbern der Reichen nahm. Nach dieser Arbeit ging ich in die Kirche und wusch mir in dem großen Weihbrunnenzuber, der im hintersten Winkel stand, meine Hände. Darauf machte ich in den Bänken Ordnung, trug die liegengebliebenen Gebetbücher auf einen Haufen zusammen und betrachtete eins nach dem andern. Die Heiligenbildl, die ich dabei fand, verteilte ich am andern Tage unter die Schulkinder; bisweilen aber habe ich sie auch gegen einen Schmalznudel eingetauscht. Ein andermal schmückte ich die ganze Wallfahrtskapelle zu Frauenbründl mit Feuerlilien, die ich heimlich aus dem Garten eines unbewohnten Hauses genommen hatte; denn ich wußte damals nur, daß der Zweck die Mittel heilige.

Einmal freilich war es doch anders; als nämlich die Kirschen reif waren. Da rief eines Tages ein Bub aus Adling, einem benachbarten Dorf, der zu uns in die Schule ging, vor Beginn des Unterrichts: »D' Kersch san zeiti bei der Schmiedin z'Olling; wer geht mit zum Stehln?«

»I«, schrie ich sofort und suchte mir gleich noch mehr Genossen: »Wer tuat mit? zum Kerschnstehln werd ganga!« Da meldeten sich noch fünf oder sechs, und nach der Schule um zwei Uhr zogen wir ab. Als wir nach Adling kamen, fuhren sie bei der Schmiedin grad mit dem Wagen fort, um Heu einzuführen. Wir meinten, jetzt würden sie recht lang ausbleiben; darum stieg ich und einer der Buben auf den Baum, während die andern drunten Hüte und Schürzen aufhielten und unaufhörlich schrien: »Schmeißt's amal oa oba! Schmeißt's halt oa oba!« denn wir zwei saßen droben und aßen, und erst als uns der Bauch weh tat, warfen wir auch den andern etwas hinunter. Auf einmal schreit einer der Buben: »Steigt's oba, d' Schmiedin kimmt und der Knecht mit an Fuada Heu!« und damit nahmen die andern Reißaus. Zum Hinuntersteigen war es aber schon zu spät; denn der Knecht kam scho daher und rief: »Ja natürli, d' Handschuastalena halt! Schaugt's, daß 's oba kemmt's, ös Sakramenta!«

»Bal ma mögn scho! Geh auffa, na kriagst aa Kersch!«

Damit riß ich ein paar Kirschen ab und warf sie ihm ins Gesicht. Da mußte er lachen und ließ uns ohne Strafe fort. Derweilen hatte uns die Schmiedin erblickt und schrie: »Ja, was is denn dös! Jetz stehln ma dö gar meine Kersch! Glei tuast es hera!« Dann ich hatte noch meinen ganzen Schurz voll.

»I mog net«, schrie ich, und damit liefen wir davon.

Später, als die Kriecherl, kleine Pflaumen, zeitig waren, haben wir ihr noch einmal einen Besuch gemacht; denn ich war inzwischen das schlimmste Lausdirndl vom Dorf geworden, das mit allen Buben raufte und überall dabei war, wo es etwas anzurichten gab.

Ja, als wir am Feste Christi Himmelfahrt nach uraltem Brauch Blüten und Kräuter sammelten, zu großen Sträußen banden und damit zur Kirche wanderten, um sie weihen zu lassen zum Segen unserer Fluren und Äcker und als heilsame Arznei für erkranktes Vieh, da schlug ich dem um etliche Jahre älteren Bachmaurer Franzl, der sich unterstanden hatte, in der Kirche vor mich hinzustehen und mit seinem Kräuterbuschen mich an den Augen zu kitzeln, mit meinem Strauß so heftig ins Gesicht, daß er seine Blüten fortwarf und aus der Kirche lief, worauf ich lachend auch seinen Buschen nahm und für uns weihen ließ.

War im Ort eine Hochzeit angesagt, so erfuhr ich dies sogleich durch die alte Sailerin; und da lief ich denn überall herum bei Buben und Mädchen, ihnen die Neuigkeit zu berichten und sie zum Mittun anzufeuern; denn da gab es für uns einen hübschen Spaß: Wir holten uns lange Stricke oder Bänder und stellten uns, wenn die Hochzeitsleute zur Kirche fuhren, an den etwas engeren Gassen auf, spannten das Band über den Weg und schrieen und wünschten Glück zur Brautfahrt. Die also angehaltenen Brautleute aber hatten, dem alten Brauch und Herkommen nach, sich mit einem nicht zu kleinen Säcklein neuer Kupfermünzen wohl versorgt und warfen nun etliche Hände voll unter uns, sich loszukaufen. Während jedoch die einen sich darum balgten, stürmten wir in fliegender Eile weiter und wiederholten die List, bis wir sahen, daß der Säckel fast leer war. Den erhielten sodann wir, die das Band gehalten, und teilten ihn ehrlich, wenn auch nicht ohne Streit und Prügel.

Nur eins gab es, wovor ich mich fürchtete, die Zigeuner mit ihren Affen und die Dudelsackpfeifer; doch auch meine Großmutter teilte diese Scheu. Kamen solche vagabundierende Leute in den Ort und in die Nähe unseres Hauses, so lief ich, was ich konnte, heim und schrie: »Großmuatta, da Dudlsack kimmt!«

Eilends lief sie dann an alle Türen und verriegelte und versperrte das ganze Haus, zog die Vorhänge der unteren

Stube zu und versteckte sich mit mir unter dem kleinen Fensterchen des Hausflözes.

Meist waren die Musikanten zu dreien, und der dritte hatte, während die andern aufbliesen, sich um den Sold und etwaige nicht sicher genug verwahrte Habe, die des Findens wert war, umzuschauen. Da schlich er denn ums Haus, versuchte alle Türen, lugte an den Fenstern herum und gab endlich in seiner verworrenen Sprache den mißmutigen Bescheid, daß niemand zu Hause sei. Fluchend machten sie alsdann, daß sie weiter kamen, während die Großmutter ängstlich und Gebete murmelnd auf den Dachboden ging und nach den Entschwindenden Ausschau hielt, ehe sie es wagte, wieder zu öffnen.

Während ich also sorglos dahinlebte, geliebt von den Großeltern, getadelt von Lehrer und Pfarrer, gefürchtet von jenen Kameraden, die mich einmal in meiner Wildheit verspürt hatten, gesucht von denen, die meine Streiche verstanden und dazu halfen, kam eines Tages die Nachricht, daß die Mutter in München geheiratet hatte. Ich war nämlich nur ein lediges Kind, und mein Vater war, als ich kaum zwei Jahr alt, auf der Reise nach Amerika mit dem Dampfer Cimbria untergegangen.

Bald nach der Hochzeit meiner Mutter kam an einem Sonntagvormittag ein Brief. Die Großeltern saßen gerade mit der Nanni bei der Vesper, während ich hinter dem Rücken der Großmutter einen Riß in meinem Sonntagsgewand mit ein paar Klufen zusammensteckte.

Auf einmal schlägt der Großvater mit der Faust auf den Tisch und springt auf: »Ja, hast jatz so was scho derlebt!«

Erschreckt fragt die Großmutter: »Was hast denn, Vata? Is leicht gar ebbas passiert bei der Lena z' Münka drin?«

»Naa, aber 's Lenei sollt i eahna eini bringa; sie verlangts!«

»Was!« schrie ich und sprang auf. »I in d' Stadt! Naa, naa, dös tua i net!«

»Stad bist, du hast gar nix z' redn!« fuhr mich da die Nanni an. »Froh sollst sein, daß d' eini derfst in d' Stadt, wo's d' was Feins werdn kunntst!«

»Ja mei«, meinte die Großmutter, »gar so leicht is net. D' Leut han oamal z' schlecht in der Stadt, und a Kind is glei verdorbn.«

Während nun die Großmutter und die Nanni noch lange hin und her berieten, hatte sich der Großvater nachdenklich auf das Kanapee gesetzt und stand jetzt mit den Worten auf: »In Gott's Nam', müaß' ma's halt hergebn.«

Dabei blieb es auch, und mir half weder Toben noch Bitten noch Schmeicheln etwas.

Also kam die Näherin auf die Stör, und ich wurde mit Stoffen behängt und mit Nadeln besteckt und mußte den ganzen Tag stillstehen.

Und als der Morgen der Abreise gekommen war, badete mich die Großmutter und zog mir, nachdem der Großvater mit zufriedenem Schmunzeln meinen Rücken und das rundliche Bäuchlein befühlt und beklopft hatte, ein neues Hemd und die ersten Unterhosen an. Als ich in den Spiegel sah, ärgerte mich der hintere Hemdzipfel, der nicht in der Hose bleiben wollte, sondern wie ein Hennenschwanz starr und steif herausstand. Doch verschwand er bald unter einem roten Flanellröcklein, worüber ein grünes Bareschkleid kam, das mir bis auf die Fersen ging und dessen Spenzer mit bunten Glasknöpfen besetzt war. Am Ende band mir die Großmutter noch ein himmelblaues Fürta und eine gestickte Halsbarbe um und steckte in das in zwei Zöpfen aufgemachte Haar einen silbernen Pfeil. Darauf wickelte sie mir den Gesundheitskuchen, den sie noch gebacken hatte, in ein buntes Tuch; der Großvater aber brachte einen Kletzenweck vom Bäcker und legte ihn in das Körblein zu den Schmalznudeln und Zwiefiäpfeln, die die Nanni geschickt hatte.

Als mir der große, schwarze Strohhut mit den roten Blumen und den karierten Bändern aufgesetzt worden war, nahm ich Abschied, wobei die Großmutter recht weinte. Auf dem Weg zum Postwagen sagte ich noch dem ganzen Dorf »Pfüat Gott«.

Unterwegs während der Fahrt gab mir der Großvater noch viele Ratschläge und sagte: »Dirnei, jatz muaßt a recht a g'scheits und recht a richtigs Madl werdn und muaßt dein neu'n Vatan recht mögn und der Münkara Muatta recht schö folgn. Muaßt aa recht g'schickt sei und überall zuawi springa, wo's was z' arbatn gibt. Jatz derf ma nimma Kuchei sagn, jatz hoaßts Küch, und statt der Stubn sagt ma Zimmer und statt'n Flöz sagt ma Hausgang. Und Kihrwisch sagt ma aa nimma, sondern Kehrbesen.«

Da versprach ich ihm, recht Obacht zu geben und brav zu bleiben.

Am Ostbahnhof stand schon meine Mutter und empfing uns mit großer Freude. Ich reichte ihr die Hand und sagte, der eben erhaltenen Lehren eingedenk, möglichst nach der Schrift: »Grüß Gott, Mutter!«

»Schau, schau, wie gebildet die Leni schon wordn ist! Da wird aber der Vater viel Freud habn, wenn er so ein g'scheits und vornehmes Töchterl kriegt.« Mit diesen Worten zog sie mich rasch an sich und führte mich an der Hand, während der Großvater sich hinter uns immer mit seinem Schneuztüchl zu schaffen machte.

Wir stiegen in eine Pferdebahn, und während sich die Mutter mit dem Großvater unterhielt, sah ich unverwandt durchs Fenster und starrte die hohen Häuser und Kirchen an und staunte über die kurzen Röcke und Hosen der Kinder, die gerade aus einer Schule kamen. Am Marienplatz, wo wir aussteigen mußten, denn damals führte noch keine Pferdebahn nach Schwabing, vergaß ich beim Anblick des Fischbrunnens plötzlich meine ganze gerühmte Bildung

und schrie, indem ich eilig darauf zulief: »Großvatta, do schaug hera, wie dö Fisch 's Mäu aufreißn!«
Entsetzt wandte meine Mutter sich ab, während mein Großvater mich am Ärmel ergriff und mir zuflüsterte: »Bscht, sei stad, Dirnei! Mäu derf ma ja jatz nimma sagn, Mund hoaßt's do jatz!«
Und damit nahm er mich bei der Hand und zog mich weiter. Doch vor der Residenz gab es einen neuen Zwischenfall. Dort zog eben die Wache auf, und ich rief beim Anblick der im Paradeschritt aufmarschierenden Soldaten: »Ah, Muatta, Vata, dö schaugts o! Dö gengan ja grad wia meine hülzern' Mandln, dö wo . . .«
»Um Gottes willen, Leni«, fiel mir die Mutter ins Wort, »sei doch still! Das ist ja Majeschtätsbeleidigung!«
Während ich noch über dies letzte Wort nachdachte, zogen sie mich schon durch die Ludwigsstraße, und stillschweigend trottete ich nun nebenher, bis wir nahe dem Siegestor in eine Seitenstraße einbogen.
Vor einem hohen Hause, auf dessen rötlicher Fassade mit großen Buchstaben das Wort »Restaurant« geschrieben stand, machten wir halt. Unter dem Tore stand schon mein neuer Vater und empfing uns mit herzlichen und guten Worten. Wir traten durch den Hausgang in einen kleinen Garten, von dem aus eine Tür in die Küche führte. Nachdem uns die Mutter dort an einen kleinen Tisch gesetzt hatte, lief sie schnell in die Wohnung und zog sich um; denn es war Mittag, und die Köchin begann schon zu jammern, weil sie bei der großen Zahl der Gäste mit dem Anrichten allein nicht fertig zu werden vermochte. Die Gastwirtschaft, die der Vater schon vor der Hochzeit übernommen hatte, war nämlich damals wegen der guten Küche von den Studenten sehr besucht. Mit offenem Munde sah ich nun dem Trubel im Gastzimmer und in der Küche zu und getraute mir mit dem Großvater kaum ein Wort zu

reden vor Angst, die Mutter in ihrer aufgeregten Geschäftigkeit zu stören. Als es etwas ruhiger geworden war und die meisten Gäste fort waren, bekamen auch wir zu essen und gingen danach in die Gaststube zum Vater, der den Großvater nach vielem fragte: was die Großmutter mache, wie es mit dem Vieh gehe, wie es mit der Arbeit daheim sei und auch, was ich bisher getrieben. Da gab ihm der Großvater über alles Auskunft.

Am Abend gingen wir zeitig ins Bett, und man führte mich in ein kleines Kammerl, in dem nur ein Bett und ein Stuhl stand; denn meine Eltern besaßen damals nur das Allernötigste. Mein Großvater teilte das Bett mit mir und gab mir noch viele Ermahnungen, bis ich endlich in seinem Arm einschlief. Andern Tags reiste er wieder heim, und ich mußte nun alles ländliche Wesen ablegen. Zuerst bekam ich ebenfalls kurze, städtische Kleider, und dann wurden mir meine schönen, langen Haare abgeschnitten, weil ich Läus' hätte, wie die Mutter sagte. Auch lernte ich jetzt arbeiten. In der Wirtschaft mußte ich kleine Dienste tun: Brot und Semmeln für die Gäste in kleine Körbchen zählen, den Schanktisch in Ordnung halten, Sachen einholen und manchmal auch den Kegelbuben ersetzen.

Meine Mutter war damals eine sehr schöne Frau und sprach immer sehr gewählt; denn sie war jahrelang Köchin in adligen Häusern gewesen. Darum schalt sie nun täglich über meine bäuerische Sprache, wodurch sie mich so einschüchterte, daß ich oft den ganzen Tag kein Wort zu sagen wagte. Auch in der Schule spotteten mich die Kinder aus und nannten mich nur den Dotschen oder die Gscherte. So dachte ich oft des Nachts, wenn ich allein in meiner Kammer war, denn bei Tag hatte ich nicht viel Zeit zum Nachdenken, mit Sehnsucht zurück an das Leben bei meinen Großeltern und erzählte unserer großen Katze, die ich mit ins Bett nahm, mein Unglück.

Im Sommer des darauffolgenden Jahres kam der Großvater das erste Mal auf Besuch. Hiefür hatte die Mutter mich ein Trutzliedlein gelehrt; und als er nun bei uns in der Küche saß und mich auf dem Schoß hielt, drängte ich ungeduldig: »Großvata, Großvata, i kann was; du, Vata, hör doch! I kann was!«
»Glei derfst es sagn, Dirnei, glei«, entgegnete er; denn er sprach noch mit der Mutter.
Und als ich es endlich sagen durfte, da sang ich: »Was braucht denn a Bauer, a Bauer an Huat; für an so an gschertn Spitzbuam is a Zipflhaubn guat!«
Da sah ich statt des erwarteten Beifalls Tränen, die dem Großvater über die Wangen liefen, und nun merkte ich erst, was ich angestellt hatte.
»Großvata, i kann fei nix dafür!« rief ich. »D' Mutter hat mir's g'lernt.«
Er antwortete nichts darauf und strich mir nur wie zur Beruhigung übers Haar.
Nachts dann im Bett, ich schlief bei ihm, klagte ich ihm mein Leid und bat ihn, mich doch wieder mitzunehmen.
Und als er am Abend des darauffolgenden Tages vom Ostbahnhof fortfuhr, hängte ich mich an ihn, und als er eingestiegen war, sprang ich auf das Trittbrett und klammerte mich fest, so daß es der Mutter nur mit großer Mühe gelang, mich von dem fahrenden Zuge herunterzureißen. Danach bekam ich meine Prügel, die wohl berechtigt, aber nicht das rechte Mittel waren, um die Dinge besser zu machen.

Nachdem mein Stiefvater das Geschäft einundeinhalb Jahr geführt hatte, konnte er das Anwesen mit gutem Nutzen wieder verkaufen; denn er war ein tüchtiger Metzger und Schenkkellner und hatte die Wirtschaft in kurzer Zeit in die Höhe gebracht. Daraufhin beschlossen die Eltern, einige Zeit zu privatisieren und nachträglich ihre Hochzeitsreise zu machen.

Während ihrer Abwesenheit blieb ich bei der Tante Babett, einer Schwester meines Stiefvaters, die den Haushalt bei uns führte. Sie war fast den ganzen Tag in der Kirche und hat mich recht gequält und geschunden; denn sie wollte mich auch zu einer so heiligen Person machen, wie sie war. Ich wurde allen Pfarrern vorgestellt, und denen klagte sie, wie mürrisch und ungut ich sei, worauf mich die geistlichen Herren ermahnten, ich solle mich bessern.

Als die Eltern von der Hochzeitsreise, die sie zu Verwandten in die Schlierseer Berge gemacht hatten, nach zwei Monaten zurückkamen, begann die Mutter zu kränkeln, stand oft nicht auf, mußte sich häufig erbrechen und wurde doch von Tag zu Tag dicker. Die Tante aber saß hinter verschlossenen Türen und nähte an Hemdlein, an Tüchlein und Windeln. Inzwischen hatte der Vater die Wohnung gekündigt und ein Haus mit einer Altmetzgerei in der Corneliusstraße gekauft. Mit dem Umzug dahin begann für mich ein ganz anderes Leben; denn die Tante Babett übernahm jetzt die Führung des Haushalts bei einem geistlichen Herrn, und da meinte die Mutter, ich sei nun groß genug, ihre Stelle zu versehen. Ich war damals neun Jahre alt. In aller Frühe mußte ich zuerst das Fleisch austragen, dann Feuer machen, Stiefel putzen, Stiegen wischen und der Mutter die Sachen einholen, die sie zum Kochen brauchte. Sie blieb jetzt immer am Morgen liegen, und so ging ich gewöhnlich nüchtern in die Schule.

In einer Februarnacht aber kam das Kind, und damit begann für mich eine harte Zeit. Nun hieß es um fünf Uhr aufstehen und zu den übrigen Arbeiten noch das Bad, Wäsche und Windeln für den kleinen Hansl herrichten. Kam ich mittags aus der Schule, wurde ich meistens mit

Schlägen empfangen; denn ich hatte nachsitzen müssen, weil ich in der Früh zu spät gekommen war. Vor dem Essen mußte ich noch den Laden und das Schlachthaus putzen und das Nötige einkaufen. Bei Tisch hatte ich dann laut das Tischgebet zu beten. Als ich einmal beim Vaterunser statt auf das Kruzifix zum Fenster hinaussah, schlug mich die Mutter ins Gesicht, daß mir das Blut zu Mund und Nase herauslief; auch bekam ich nichts zu essen und mußte während der Mahlzeit am Boden knien. Nach Tisch hatte ich das Geschirr zu spülen, die Kindswäsche zu waschen und den Buben einzuschläfern. Ganz abgehetzt kam ich dann des Nachmittags in die Schule und konnte während der Handarbeitsstunden nur mühsam den Schlaf bekämpfen. Deshalb lernte ich nur schlecht handarbeiten und bekam in diesem Fach meist die Note »Ungenügend«. Zudem strengte mich besonders das Stricken an und verursachte mir stets heftiges Kopfweh. Das wußte die Mutter. Hatte ich nun bei der Hausarbeit etwas nicht recht gemacht, so gab sie mir mit einem spanischen Rohr sechs und manchmal zehn Hiebe auf die Arme und die Innenfläche der Hände, daß das Blut hervorquoll. Hierauf mußte ich mir die Hände waschen und an einem Strumpf in einer gewissen Zeit einen großen Absatz stricken. Vermochte ich vor Schmerzen bis zu der bestimmten Minute nicht fertig zu werden, so wurde die Züchtigung wiederholt.

Im übrigen machte ich in der Schule gute Fortschritte und war bald die Erste. Meine Lehrerinnen nahmen sich meiner sehr an, und als ich einmal in der Früh barfuß in die Schule kam, schickte mich mein Fräulein mit einem Brieflein nach Hause, worin sie der Mutter Vorwürfe machte. Doch hatte dies nur eine erneute Züchtigung mit einem Spazierstock meines Vaters zur Folge, einem sogenannten Totschläger oder Ochsenfiesel, in den ringsherum kleine Bleikugeln eingegossen waren.

Geliebt hat mich meine Mutter nie; denn sie hat mich weder je geküßt noch mir irgendeine Zärtlichkeit erwiesen; jetzt aber, seit der Geburt ihres ersten ehelichen Kindes, behandelte sie mich mit offenbarem Haß. Jede, auch die geringste Verfehlung wurde mit Prügeln und Hungerkuren bestraft, und es gab Tage, wo ich vor Schmerzen mich kaum rühren konnte.

Der Hunger, den ich zu leiden hatte, und der Umstand, daß ich in der Früh selten ein Frühstück bekam, veranlaßten mich, Trinkgelder, die ich von den Leuten für das Fleischbringen erhielt, oder auch etliche Pfennige von dem Betrag für das gelieferte Fleisch zu nehmen und mir Brot dafür zu kaufen. Als die Mutter durch Zufall dies entdeckte, mißhandelte sie mich so, daß ich mehrere Tage nicht ausgehen konnte. Da ich ein Kleid mit kurzen Ärmeln trug, sah die Lehrerin, als ich wieder in die Schule kam, an meinen Armen sowie auch an Hals und Gesicht die blauen und blutrünstigen Flecken, und ich mußte, trotzdem ich neue Strafen zu befürchten hatte, dem Oberlehrer, der herbeigerufen worden, alles der Wahrheit gemäß berichten. Ein Brief an meine Mutter hatte nur den Erfolg, daß ich den ganzen Tag nichts zu essen bekam und die Nacht auf dem Gang unserer Wohnung, auf einem Scheit Holz kniend, zubringen mußte.

Zu dieser Zeit war es auch, daß mir einmal beim Austragen des Fleisches das ganze Geld gestohlen wurde. Mittwoch und Samstag nachmittags mußte ich nämlich immer in die Briennerstraße zu einem Kommerzienrat das Fleisch bringen, bei dem die Mutter früher Köchin gewesen war. Meistens waren es ganz große Stücke: ein ganzes Filet, ganze Lenden, Kalbschlegel oder Rücken. Bei der Ablieferung wurde mir das Geld und ein Büchlein übergeben, in welches die Bestellung für das nächstemal geschrieben wurde. An einem Samstag trug ich nun auch wieder ein großes Stück Fleisch dahin und bekam ungefähr zwanzig Mark und das Buch, das ich samt dem Geld in ein Säcklein tat und in den Korb legte. Auf dem Heimweg hielt ich mich längere Zeit vor der Feldherrnhalle bei den Tauben auf, die von den Kindern gefüttert wurden. Da schlug es vier Uhr und dabei fiel mir die Mahnung der Mutter ein, die beim Fortgehen gesagt hatte: »Daß d' um viere längstens z'Haus bist und daß d'ma Obacht gibst aufs Geld!«

Also fing ich an zu laufen, so schnell ich nur konnte, und machte erst am Viktualienmarkt halt, um ein wenig zu verschnaufen. Da schau ich in meinen Korb und sehe das Säcklein mit dem Geld nicht mehr. Ich durchsuche ihn genau, durchwühle fieberhaft meine Taschen; aber es war nicht mehr da. Voll Verzweiflung rannte ich den ganzen Weg zurück bis in die Briennerstraße und fragte dort, ob ich es vielleicht mitzunehmen vergessen hätte. Doch die Köchin meinte, sie wisse gewiß, daß ich das Säcklein in den Korb gelegt hätte. Mitleidig fragte sie noch:

»Moanst, du kriegst Schläg, Lenerl?«

»I glaab scho!« antwortete ich, und damit war ich schon wieder über die Stiegen hinunter. Nun lief ich wieder zur Feldherrnhalle und fragte dort die Leute: »Sie, bitt schön, ham Sie nöt da a Sackerl liegn sehgn mit an Büacherl drin und zwanzig Mark Geld?« Da lachten die einen, die andern bedauerten mich; aber gewußt hat keiner was. Nun packte mich die Angst und ich fing an zu weinen und traute mich nicht mehr heimzugehen. Ich lief durch die Maximilianstraße über die Brücke und immer weiter, bis ich zum Ostbahnhof kam.

Plötzlich fiel mir mein Großvater ein, und als es in diesem Augenblick fünf Uhr schlug, dachte ich: »Jatz derfst nimma hoam kommen, jatz is fünfe; Geld hast aa koans mehr, jatz laafst zum Großvater, der hilft dir schon.«

Ich lief also durch die Bahnhofshalle, und da ich noch wußte, auf welchem Gleis er damals abgefahren war, sprang ich zwischen die Schienen und rannte davon, so schnell ich konnte, immer auf dem Bahndamm dahin, an den Bahnwärterhäuschen vorbei, bis ich nach Trudering kam.

Als ich dort an dem Bahnhof vorbeilaufen wollte, schrie mich einer an: »He, du, wo laafst denn hin mit dein Körbl?«

»Furt!« rief ich und damit sauste ich weiter.

Indem hörte ich einen Zug hinter mir herkommen und zur Seite springend dachte ich: »Wennst jatz no a Geld hättst, na kunntst mitfahrn!«

Als der Zug vorbei war, lief ich hinterdrein; doch der war schneller als ich. Bald darauf kam auf dem andern Gleis ein Zug, der nach München fuhr. Da schauten die Leute aus den Fenstern mir verwundert nach, wie ich so mit meinem Korb zwischen den Schienen dahinsprang.

Schon wurde es dunkel, als ich ganz erschöpft nach Zorneding kam. Ich schleppte mich vom Bahnhof in das Dorf; denn ich konnte nicht mehr weiter vor Seitenstechen und Herzklopfen. Neben dem ersten Hause war ein Brunnen, und als ich trinken wollte, lief eine Frau auf mich zu und rief: »Ja, mein Gott, Kind, trink doch net! Dir rinnt ja der Schweiß übers Gsicht; dös kunnt ja dei Tod sein, wannst jatz trinka tatst.« Und erst, als sie mir Gesicht und Hände mit Wasser gekühlt hatte, ließ sie mich trinken.

Inzwischen war es Nacht geworden. Mein Seitenstechen, das immer heftiger wurde, zwang mich, im Dorf zu bleiben, und als ich vor einem kleinen Hause eine Bank fand, legte ich mich darauf und nahm den Korb zu einem Kopfkissen; aber ich schlief nur schlecht und träumte schwer.

Als es Tag wurde, wollte ich weiter; aber ich war so elend, daß ich mich nicht rühren konnte. Während ich noch so

dalag, trat eine Frau aus dem Haus, und als sie mich sah, rief sie erschrocken: »Jessas, wo kimmst denn du her, Kind, und wo möchst denn hin?«
»Zu mein Großvater!« entgegnete ich leise; denn ich war heiser, »der muaß ma helfa, wissn S', i hab's Geld verlorn beim Fleischaustragen und da hab i ma nimma hoam traut; denn mei Muatta wenn mi findt, dö bringt mi um.«
»No, no, so g'fährli werd's net sei; dei Muatta werd aa koa Ungeheuer sei! Geh nur wieder schö hoam!« So redete sie mir zu und tröstete mich und nahm mich mit in die Stube, gab mir einen Kaffee, rief ihren Mann und erzählte ihm, was ich ihr gesagt hatte. Der brachte mich dann am Vormittag wieder mit der Bahn nach München zurück zu meinen Eltern und bat sie, mich nicht zu strafen; denn ich sei anscheinend recht krank.
An dem Tag hat meine Mutter mich nicht geschlagen, doch redete sie mich mit keinem Worte an und tat, als sei ich gar nicht da. Am Abend aber mußte der Vater einen Arzt holen, weil ich heftiges Fieber hatte. Während der schweren Lungenentzündung, an der ich nun lange krank lag, hat der Vater mich fast allein gepflegt; denn die Mutter sprach nur das Nötigste und kümmerte sich im übrigen nicht um mich. Das verlorene Geld hatte die Frau Kommerzienrat inzwischen ersetzt.
Etliche Wochen später kam mein Großvater, und als ich mit ihm allein war, begann ich ihm weinend mein Leid zu erzählen. Da wurde er recht aufgebracht und sagte, er wolle gleich mit der Mutter reden; aber ich bat ihn, dies nicht zu tun; denn was wäre die Folge gewesen! Auf meine Bitten versprach er mir, ich dürfe, wenn die Mutter mich noch länger so behandle, wieder zu ihm. Das geschah denn auch bald auf die folgende Begebenheit hin.
Ich hatte zwei Freundinnen, die bei uns im Hause wohnten und die ich an den Sonntagen nachmittags manchmal

besuchen durfte, wenn die Eltern fortgingen. Da sprachen wir denn über verborgene Dinge und trieben mancherlei Heimliches, was wohl die meisten Kinder in diesem Alter, ich war damals elf Jahre alt, tun. Auf Verschiedenes, was ich nicht wußte, war ich freilich erst durch meinen Beichtvater und Religionslehrer aufmerksam gemacht und durch seine Fragen dazu verführt worden.

»Hast du dich unkeuschen Gedanken hingegeben?« pflegte er bei der Beicht zu fragen. »Wie oft, wann, wo, über was hast du nachgedacht? – Hast du da an unzüchtige Bilder oder an Unreines am Menschen oder an Tieren, an gewisse Körperteile gedacht und wie lange hast du dich dabei aufgehalten? – Hast du unzüchtige Lieder gesungen, schamlose Reden geführt mit andern Kindern? – Hast du dich unkeuschen Begierden hingegeben? – Ist dir niemals die Lust angekommen, einen unreinen Körperteil an dir zu berühren? – Hast du dieser Begierde nachgegeben? – Wann, wo, wie oft, wie lange hast du dich bei dieser Sünde aufgehalten? – Hast du das mit dem Finger, mit der Hand oder mit einem fremden Gegenstand getan? – Hast du mit andern Kindern Unkeuschheit getrieben? – Wie habt ihr das gemacht? – Hast du Tieren zugesehen, wenn sie Unreines taten? – Hast du Knaben angesehen oder berührt an einem Körperteil?«

Als der Herr Kooperator das erste Mal so fragte, erschrak ich heftig; denn, wie gesagt, wußte ich von manchem dieser Dinge noch gar nichts und schämte mich sehr. Mit jeder neuen Beichte aber verlor sich diese Scham mehr und mehr; besonders, seit er mich in der Religionsstunde des öfteren aufforderte, ihn zu besuchen, unter dem Vorwand, ihm etwas zu bringen, wobei er dann in seiner Wohnung mich unter Hinweis auf die letzte Beichte wieder bis ins einzelne über diese Dinge ausfragte.

Davon sprachen wir Mädchen nun auch auf dem Schulweg

oder wenn wir in der Pause beisammen waren, und die eine erzählte der anderen ihre kleinen Sünden.
Da wurde ich eines Tages zu dem Herrn Oberlehrer gerufen, und als ich vor ihm stand, begann er in strengem Ton: »Ich habe durch eine deiner Mitschülerinnen vernehmen müssen, daß du in Gemeinschaft mit andern Mädchen unsittliche Handlungen vollführt hast. Ich muß dich deshalb ebenso wie die andern, die dir wohl bekannt sind, mit Karzer bestrafen. Deinen Eltern wird es mitgeteilt werden. Hast du darauf etwas zu erwidern?«
Ich hatte nichts zu erwidern und machte mich, nachdem ich um sechs Uhr aus dem Karzer entlassen war, zitternd auf den Heimweg; denn ich wußte, wie es mir ergehen würde. Geraden Weges heimzugehen vermochte ich nicht, sondern ich kam auf einem Umweg in die Isaranlagen, wo ich mich auf eine Bank setzte und überlegte, ob ich nicht lieber ins Wasser springen sollte. Am End aber siegte doch die Schneid, und ich stand auf und ging nach Haus.
Ganz langsam schlich ich mich dort über die Stiegen hinauf, stand lange vor der Wohnungstür und betete: »Vater unser, der du bist im Himmel! Laß mi net umbracht werdn! Heilige Maria, Mutter Gottes, laß mi net derschlagn werdn! Heiliger Schutzengel, hilf mir do! I will's g'wiß nimma toa!«
Endlich läutete ich.
Hinter der Tür aber lehnte schon der Totschläger; und als ich eintrat, empfing mich die Mutter mit einem wuchtigen Schlag. Hierauf gebot sie mir, mich auszuziehen. Als ich im Hemd war, schrie sie mich an: »Nur runter mit'n Hemd! Nur auszogn! Ganz nackat!«
Darauf mußte ich niederknien, und nun schlug sie mich und trat mich mit Füßen wider die Brust und den Körperteil, mit dem ich gesündigt hatte. Da schrie ich laut um Hilfe, worauf sie mir ein Tuch in den Mund stopfte und

abermals auf mich einschlug. Dabei trat ihr der Schaum vor den Mund, und keuchend schrie sie mich während der Züchtigung an: »Hin muaßt sein! Verrecka muaßt ma! Wart, dir hilf i!«
Als sie erschöpft war, rief sie dem Vater, der im Schlachthaus gearbeitet hatte, und ruhte nicht eher, bis auch er den Stock nahm und mich noch einmal strafte. Darauf sperrten sie mich in meine Kammer und gingen fort.
Durch meine Hilferufe war die Frau Baumeister Möller, die über uns wohnte, aufmerksam geworden; und als sie mich in meiner Kammer noch lange Zeit laut weinen hörte, rief sie mir von ihrem Balkon aus zu: »Warum hat s' di denn wieder so prügelt? Komm, mach auf, dann komm i zu dir nunter!«
Ich sagte ihr, daß ich eingesperrt sei. Da rief sie unserm Nachbarn, dem Schlosser. Der mußte aufsperren; und als sie hereinkam und mich sah, erschrak sie sehr; denn mir lief das Blut über die Arme und den Rücken herunter, und Brust und Leib waren ganz blau und verschwollen. Sie war so erregt über die mir widerfahrene Behandlung, daß sie meiner Bitte, mich zu meinem Großvater zu bringen, sofort nachgab. Sie zog mich sauber an, und wir fuhren noch mit dem Abendzug heim.

Es war schon tiefe Nacht, als wir ankamen, und ich mußte lange unter dem Fenster rufen, bis mich die Großeltern hörten. Der Großvater öffnete das Haus und fragte, indem er uns in die Stube führte, erschreckt: »Insa liabe Zeit! Lenei, wo kimmst denn du no so spät her? Was is denn nur grad passiert, und wer is denn dös Wei da?«
Da berichtete ihm Frau Möller kurz das Geschehene, worauf er sagte: »Naa, Dirnei, da kimmst ma nimma eini! Jatz bleibst bei mir da; so viel ham ma, daß 's g'langt!«
Nachdem die Frau Baumeister die Einladung des Groß-

vaters, bei uns zu übernachten, ausgeschlagen und sich nach einem Gasthof begeben hatte, wollte die Großmutter mich ausziehen; aber sie mußte mich erst in ein Schaff mit Wasser setzen, bevor sie die an den Wunden klebenden Wäschestücke vom Körper lösen konnte. Als ich endlich nackt vor ihnen stand, geriet der Großvater vor Zorn ganz außer sich und schrie, daß alles zitterte: »Dös muaß ma büaßn, dös Weibsbild, dös verfluachte! Oonagln tua i's! Aufhänga tua i's! Umbringa tua i's!«

Nach dem Bad wurde ich mit sauberen Linnen abgetrocknet, und die Großmutter holte den Salbtiegel und begann meinen »Wehdam einzuschmierbn«. Der Großvater aber nahm die Kinderstup und stäubte, finster vor sich hingrollend, mit dem Pudermehl meinen Rücken, die Arme und Beine ein, während der Hausl mit weit hinter sich hinausgespreizten Armen in der Stube auf und ab schritt und nur von Zeit zu Zeit den Kopf schüttelte oder ausspuckte.

Andern Tags in der Früh holte der Großvater den Bader der mir überall, wo es vonnöten war, ein Pflasterl auflegte und dafür sorgte, daß möglichst viele die Begebenheit inne wurden. Die Großmutter aber mußte des Vaters Feiertagsgewand herrichten; denn er wollte noch am Vormittag in die Stadt fahren. Ehe er fortging, sagte ich ihm noch den Grund, warum die Mutter mich so gestraft; doch erwiderte er aufs neue erzürnt nur: »Dös is gleich! So was redn alle Kinder amal; dös tuat a jeds Kind amal. Dös is dös G'fahrlicha no lang net!«

Als er von München zurückkam, sprach er, wie das so seine Art war, mit keinem Wort mehr von der Sache; aber ich durfte wieder ein ganzes Jahr bei den Großeltern bleiben.

Im September dieses Jahres war im Dorf das große Haberfeldtreiben; kurz vorher starb unser Hausl ganz plötzlich und ohne irgendeine Vorbereitung.

Es war ein recht schwüler Augusttag gewesen, und der Hausl hatte schon seit dem Morgen über die Hitze und seinen großen Durst gejammert; doch reute ihn immer wieder das Geld zu einem Trunk Bier. Am End aber konnte es die Großmutter nicht mehr mit ansehen und sagte: »Geh, Hausl, laß dir halt vo da Lena a Bier holn! Wenn di's Geld gar a so reut, na zahl's halt i!«

Da fühlte er sich doch in seinem Stolz gekränkt und sagte: »In Gott's Nam', Handschuasterin, laßt halt a Halbe holn!«

Mit diesen Worten schlürfte er in seine Kammer, riegelte hinter sich zu und brachte nach einer geraumen Weile die paar Kreuzer heraus.

Da legte die Großmutter noch ein Zehnerl darauf und sagte zu mir: »Lenei, holst glei a Maß, na derfa ma aa amal trinka.«

Als ich dann den vollen Krug vor ihn hinstellte, brummte er ärgerlich: »Warum habt's denn enka Bier net in an andern G'schirr g'holt! Woaß ma net, was oan zuaghört und was net!«

Damit nahm er den Krug, setzte sich auf das Kanapee und trank; die Großmutter und ich aber saßen am Tisch, wartend, daß er sage: »Da, dös g'hört enk.«

Doch er sagte nichts, so daß ich bei mir dachte: »Der trinkt ja dös unsa aa no aus!«

Auf einmal läßt er die Hand mit dem Krug sinken und neigt den Kopf tiefer und tiefer. Da schreit auch schon die Großmutter: »Jess Mariand Josef, Hausl, der Krug fallt oicha!« und springt hinzu und will ihn auffangen.

Aber die knöchernen Finger umklammern fest den leeren Krug und sind eiskalt. »Gott steh ma bei! Was is denn dös?« kreischt sie auf; denn der Hausl war tot.

Als er eingegraben wurde, kamen seine Verwandten und fielen über seine Sachen her. Dabei stritten sie heftig, und

als sie endlich eins waren und wieder fortgingen, sagten sie zum Großvater: »So, Handschuasta, was jatz no da is vo eahm, dös g'hört enk.«
Da war aber nichts mehr da wie sein alter, gestrickter Janker. Den nahm ich vom Nagel, und während ich ihn betrachte und betaste, greif ich unwillkürzlich auch in die Taschen und finde darin einen Schlüssel. Da fällt mir sein Wandschränklein ein. Ohne ein Wort lauf ich in die Kammer und sperre zu, suche nach dem Pünktlein, kratze den Kalk von der Wand und bringe am End nach vieler Müh das Türlein auf. Da lagen in dem Kästlein weit über hundert Mark Geld, ein Haufen Silberknöpfe und alte Münzen, seine silberne Uhr mit der Kette und den großen Talern daran und etliche schöne, silberbeschlagene Bestecke und silberne Löffel; daneben sein Rasierzeug und ein kleines, hölzernes Spieglein.
Voller Freude riß ich die Kammertür auf und rief: »Großvata, da geh rei! I hab was g'fundn vom Hausl und dös g'hört alles uns!«
Als der Großvater meinen Fund sah, war er zuerst sprachlos vor Verwunderung; dann aber sagte er: »Dirnei, dös g'hört alls dei. Du bist eahm dö Liaba g'wen und dir hätt er's do vermacht.«
Der Großmutter war das auch recht, und so haben sie mir die Sachen immer aufgehoben. Als aber nachher der Großvater starb, sind die Verwandten darüber gekommen, und mir ist nichts geblieben als das Spieglein und das Besteck. Das nahm dann meine Mutter in Verwahrung, und so hatte ich nichts mehr.
Die Rede, welche der Herr Pfarrer am Grabe unsers Hausl gehalten hatte, war wieder eine Verdammungsrede gewesen; eine noch schlimmere aber hielt er kurze Zeit danach dem Schmittbauern, dem reichsten der Gemeinde, den auch der Schlag getroffen. Dieser Mann war in der ganzen

Umgegend wegen seiner Gutherzigkeit und Rechtlichkeit angesehen und beliebt; nur beim Pfarrer stand er schlecht angeschrieben. Einen besonderen Groll auf ihn hatte auch der Posthalter, der sich gern durch den Bau einer Straße berühmt gemacht hätte, daran aber durch einen Acker des Schmittbauern gehindert wurde, den dieser um keinen Preis hergeben wollte. Ein jahrelanger Prozeß war zugunsten des letzteren entschieden worden.

Nach der Beerdigung begaben sich nun damals die Leidtragenden, die in großer Zahl von nah und fern gekommen waren, zum Leichenschmaus beim Huberwirt. Nur einige waren noch am Gottesacker zurückgeblieben und hörten dort, wie der Posthalter mit Bezug auf die Rede des Pfarrers zum Lehrer sagte: »Recht hat er g'habt, der Herr Hochwürden! Dem g'hört 's net anderscht. Mit dene werdn ma aa no ferti; mir zoagn 's eahna scho!«

Diese Worte hinterbrachten die Bauern, die sie gehört hatten, sofort den beim Leichentrunk Versammelten, und nun kannte die Erbitterung keine Grenzen. Zur Stund ward beschlossen, den Schmittbauern zu rächen.

Am Samstag vor dem Fest Mariä Geburt erschienen bei anbrechender Nacht plötzlich etliche hundert Männer mit geschwärzten Gesichtern im Ort, zogen, mit Sensen, Dreschflegeln, Heugabeln und Äxten bewaffnet, durch das Dorf und sangen Trutzlieder auf die Geistlichkeit und besonders auf unsern Pfarrer. Dazu vollführten sie mit Johlen, Pfeifen und Zusammenschlagen der Äxte und Sensen einen höllischen Lärm. Vor dem Pfarrhof angelangt, schlugen sie dort die Fenster ein, beschmierten die Türen mit Schmutz, hieben die Obstbäume um oder rissen sie aus; sogar den Heustadel wollten sie in Brand setzen, doch zündete es nicht.

Danach zogen sie zum Posthalter und besudelten dem alle Fensterscheiben und Läden mit Menschenkot, den sie in einem großen Kübel mitführten, und schrieben an das große Tor der Einfahrt mit einem langen Pinsel, der mit demselben Schmutz getränkt war, diesen Vers:

Auf'n Pfarrer is g'schissn
Auf'n Posthalter damit,
Warum hant s' so verbissn
Am Sebastian Schmitt.

Noch am andern Tag konnte jedermann diese Worte lesen.

Von den Gendarmen hatte keiner gewagt, sich den Haberern in den Weg zu stellen, und eine Untersuchung, die man später einleitete, hatte nicht den geringsten Erfolg; denn keiner verriet den andern, weil man noch von Hausham her wußte, daß das Haberfeldtreiben sehr streng bestraft wurde.

Geraume Zeit ging noch die Rede von diesem Treiben, und an den langen Winterabenden, wenn die Großmutter mit der Huberwirtsmarie und der alten Sailerin, einer achtundneunzigjährigen Greisin, in der Stube saß und spann, während der Großvater auf der Ofenbank lange, kunstvolle Späne schnitt, fiel noch manches Wort über diese Geschichte.

Aber auch andere abenteuerliche und seltsame Dinge wurden da erzählt. Besonders die Sailerin, im Dorf nur die alt' Soalagroß' genannt, die wegen ihrer bösen Zunge sehr verrufen und von manchen als Hexe gefürchtet war, wußte aus längst vergangener Zeit die wunderlichsten Begebenheiten zu berichten: von Leuten des Dorfes, die durch ihren sündhaften Lebenswandel den Teufel selber zu Gaste geladen und mit ihm wirkliche Verträge abgeschlossen hatten. Sie war selber Zeuge gewesen, wie ein Bauer in jungen Jahren verliebt war in das Weib eines Nachbarn; wie er diesen eines Mordes an einem armen Handwerksburschen zieh und, nachdem der Unglückliche peinlich verhört und am Ende unschuldig zum Tode verurteilt worden, die Wittib heiratete. Da kam eines Tages der Teufel in Gestalt eines fürnehm gekleideten Herren zu ihm und wollte eine Kuh kaufen. Als ihn der Bauer in den Stall führte, fing alles Vieh zu brüllen an und zeigte große Unruhe. Der Fremde suchte eine schwarze Kuh aus und zählte darauf den hohen Preis in lauter Goldmünzen auf den Tisch; und als der Bauer dieselben einstreichen wollte, verbrannte er sich die Hände, so heiß waren sie. Erschrokken sah er sich nach dem Fremden um; der aber war verschwunden, und statt seiner stand eine erschreckliche Gestalt an der Tür und rief: »Wart nur! I kriag di scho no!« Damit verschwand sie; die Kuh aber, die nicht geholt wurde, gab von Stund an blutige Milch. Etliche Wochen später wurde der Bauer tot und ganz schwarz auf dem Felde gefunden. Oft nach dem Abendläuten sprachen sie auch von den verstorbenen Angehörigen, und da erzählte die Sailerin von den armen Seelen im Fegfeuer und wie sie denen helfen, die fleißig für sie beten. So sei einmal ihre Mutter am Herd gestanden und habe die Abendsuppe gekocht. Indem läutete es zum Angelus, und während sie halblaut den englischen Gruß betete und, wie gewohnt, noch ein Vaterunser für ihre verstorbene Mutter hinzufügte, tat sich die Haustür auf, und herein lief eine alte Frau, die der Verstorbenen aufs Haar glich. Diese zog sie hastig mit sich über die Stiege hinauf, riß die Tür zum Heuboden auf, wies mit der Hand hinein und verschwand. Ihrer Mutter aber sei fast das Herz stillgestanden vor Schreck: Ganz oben unter dem Dach hing ihre Lisl mit dem zerrissenen Rock an einem Nagel des Gebälks und konnte jeden Augenblick hinunter auf den Dreschboden stürzen. Das Kind, das die Katze bis dorthin verfolgt hatte, konnte nur mit vieler Mühe gerettet werden.

Auch wußte sie viel von alten Sitten und Gebräuchen: So legten in der Thomasnacht die jungen Mädchen die gekochten Beinlein eines in der Nacht zum Andreastage getöteten Marders, einige Holunderzweige, die am St.-Barbara-Tag abgeschnitten worden, und einen Zettel, darauf ein geheimnisvolles Gebet geschrieben stand, auf die Schwelle ihrer Kammertür. In der Mitternachtsstunde erblickten sie dann, wenn sie in den Spiegel sahen, ihren Hochzeiter. Auch eine ihrer Schwestern habe einmal, nachdem sie alles recht gemacht, dies getan; aber mit einem lauten Aufschrei sei sie davongestürzt; denn statt eines jungen Mannes habe der Tod aus dem Spiegel geschaut. Nach langem Siechtum sei sie dann auch wirklich unverheiratet gestorben.
Atemlos lauschte ich stets diesen Erzählungen und bekam nach und nach eine große Hochachtung vor der alten Sailerin; und da sie immer recht freundlich mit mir war und auch bei den Großeltern viel galt, hielt ich mich häufig bei ihr auf. Da konnte ich denn, als das warme Frühjahr wiedergekommen, oft stundenlang bei ihr auf der Hausbank sitzen, wo sie den ganzen Tag über die Vorübergehenden prüfend betrachtete und mit sich selber lange Gespräche führte, während ihre Hände unablässig an einem ungeheuern Strumpfe strickten. Dies Stricken und Mitsichselberreden war ihr schon so zur zweiten Natur geworden, daß sie überall, wo sie ging und stand, die Lippen und die Zunge bewegte und in den gefalteten Händen die Daumen umeinanderdrehte.

Während dieses Jahres gebar die Mutter in München ihr zweites Kind, den Maxl. Kurz zuvor hatte der Vater sein ganzes Geld, bei dreißigtausend Mark, auf dem Anwesen, das er gekauft hatte, durch einen Bauschwindler verloren, so daß er sich an eine Brauerei um Hilfe wenden mußte.

Diese gab ihm, nachdem sie ihn eine Zeitlang in ihrer Flaschenfüllerei beschäftigt hatte, eine Kantine im Lechfeld. Den Hansl nahm die Mutter mit, und der Maxl kam zur Großmutter in die Kost.
Nach einem Jahr schrieb die Mutter, man solle uns wieder nach München schicken, und sie versprach, mich jetzt besser zu behandeln; es gehe ihnen gut und sie hätten im Lechfeld so viel Gewinn gehabt, daß der Vater in München wieder eine Wirtschaft pachten könne.
So brachte mich denn der Großvater wieder in die Stadt, nicht ohne Kummer und Besorgnis. Doch behandelte mich meine Mutter jetzt wirklich besser und sparte nicht an Lob und Belohnung, wenn ich etwas zu ihrer Zufriedenheit gemacht hatte. Zu Weihnachten schenkte sie mir eine Puppe, die so groß wie ein zweijähriges Kind war und einen wunderschönen, wächsernen Kopf mit echtem Haar hatte. Doch die Freude währte nicht lange; bald nach Ostern nahm sie mir die Puppe weg, weil ich zu viel Zeit mit dem Spiel vertrödelte, und schenkte sie später der Großmutter für die Kostkinder. Die Großmutter aber hob sie noch lange Jahre für mich auf und gab ihr einen Ehrenplatz in der Künikammer. Der Tag meiner Firmung brachte dann eine weitere Enttäuschung, wohl die bitterste, die ein Mädchen in diesem Alter erleben kann; denn noch an dem gleichen Tage verkaufte die Mutter mein weißes Firmkleid an den Vetter Bastian, einen Fuhrknecht, der es für seine Tochter brauchte, und ich mußte mich in meinem alten Sonntagskleid von der Nanni, meiner Firmpatin, in den Methgarten an der Schwanthalerstraße führen lassen, wo die andern Firmlinge in ihren weißen Kleidern und mit der offiziellen Firmuhr prangten und mich verächtlich von der Seite ansahen und von mir wegrückten. Das Firmgeschenk, das mich sehr freute, bestand in dem silbernen Geschnür, der Halskette

und Riegelhaube der Nanni; es wurde aber bald danach alles von der Mutter verkauft mit dem Versprechen, ich bekäme etwas Praktischeres dafür.
Die Tante Babett hatte inzwischen ihre Stellung wieder aufgegeben und war als Kinderfrau in dem Hause meiner Eltern angenommen worden. Unter ihrem Einfluß wurde auch die Mutter fromm und ging von nun an jede Woche zur Beichte und zum Tisch des Herrn, fast jeden Tag in die Messe, hörte jede Predigt, wurde Mitglied aller Erzbruderschaften und des dritten Ordens und machte Wallfahrten. Zu Hause aber schimpfte und fluchte sie mit bösen Worten, und die Dienstboten und ich waren in ihren Augen keine Menschen.
Weil ich nun von dieser Frömmigkeit, die vor allem den Pfarrern zu gefallen suchte, nichts wissen wollte, mußte ich gar viele Mißhandlungen und Schmähungen von der Tante Babett ertragen, der jede Gelegenheit willkommen war, über mich bei der Mutter zu klagen und ihr meine Zukunft und mein Seelenheil als hoffnungslos vorzustellen. Ich wurde darum jetzt gezwungen, jeden Morgen um sechs Uhr die heilige Messe zu besuchen und alle vierzehn Tage zu beichten. Da ward es mir oft seltsam zumut, wenn ich, kaum von der Kommunionbank weg, hören mußte, wie die Mutter wegen jeder Kleinigkeit die gräßlichsten Flüche ausstieß und doch ihre Frömmigkeit für eine echte und heilige hielt.
Zu dieser Zeit kam von Niederbayern eine zweite Schwester meines Stiefvaters zu uns. Es waren daheim noch mehrere; denn der Vater meines Stiefvaters hatte vierzehn Frauen gehabt, mit denen er neununddreißig Kinder zeugte. Als er mit dreiundzwanzig Jahren das erstemal heiratete, kurz nachdem sein Vater, der reichste Bauer vom ganzen Rottal, unter Hinterlassung von mehr denn einer Million Gulden gestorben war, brachte ihm die Frau

noch über hunderttausend Gulden Heiratsgut mit, und als nach einem Jahr ihr das Wochenbett zum Todbett ward, erbte er noch ihr ganzes übriges Besitztum; denn sie war eine Waise. Kurz danach nahm er die zweite Frau, eine Magd, mit der er sechs Jahre lebte und vier Kinder hatte. Als sie an der Wassersucht gestorben war, heiratete er noch im selben Jahr eine Kellnerin, die er aber nach wenigen Monaten davonjagte, als er eines Tags den Oberknecht bei ihr im Ehebett fand. Die vierte Frau, die Tochter eines reichen Gutsbesitzers, holte er sich aus dem bayerischen Wald, verlor sie aber schon nach zwei Jahren, nachdem sie ihm ein Kind geboren hatte. Die Leute erzählten, er habe sie durch sein wüstes, ausschweifendes Leben zugrunde gerichtet. Bald nach ihrem Tode nahm er mit dreiunddreißig Jahren die fünfte Frau, die ihm vier Kinder mit in die Ehe brachte, von denen böse Zungen behaupteten, daß sie von ihm gewesen; denn diese Frau hatte er zuvor als Oberdirn auf seinem Hof gehabt. Während einer fünfjährigen Ehe gebar sie ihm zweimal Zwillinge und einen Buben, an dem sie starb. Man sagte aber auch, sie sei aus Kummer krank geworden; denn um diese Zeit hatte er begonnen, offen ein wüstes Leben zu führen. Als Viehhändler trieb er oft zwanzig bis dreißig Stück Rinder oder auch Pferde zu Markte und hielt danach mit andern Genossen große Zechgelage. Hierbei wurde gewürfelt, und da er sehr hoch spielte, verlor er oft seine ganze Barschaft samt dem Erlös und mußte nicht selten noch Boten heimschicken um Geld.

Inzwischen war die Frau, von der er sich hatte scheiden lassen, an der Schwindsucht gestorben, so daß er nun, als er mit neununddreißig Jahren das sechstemal heiratete, wieder kirchlich getraut wurde; doch, noch ehe ein Jahr um war, starb die Frau im Kindbett. Nun holte er sich ein Weib aus Österreich, eine junge, sehr schöne Linzerin. Von ihr berichtet man, daß er einmal, als er den ganzen Erlös für das verkaufte Vieh und all sein bares Geld verloren hatte, sie auf einen Wurf setzte und an einen reichen Gutsbesitzer um tausend Mark für eine Nacht verspielte. Während dieser Nacht soll sich die Frau gar sehr gewehrt und den Gutsherrn so schwer an der Scham verletzt haben, daß er bald darauf sterben mußte. Mit dieser Frau lebte er acht Jahre sehr unglücklich, und nachdem sie ihm zehn Kinder geboren hatte, starb sie an dem letzten. Kurz darauf heiratete er mit fünfzig Jahren zum achtenmal und hatte während einer sechsjährigen Ehe sechs Kinder. Auch diese Frau hatte keine guten Tage bei ihm; denn ihr eingebrachtes Vermögen war gleich dem der anderen Frauen bald verspielt, und nun mißhandelte er sie oder verfolgte sie im Rausch mit seinen Zärtlichkeiten, was das gleiche war; denn er war herkulisch gebaut und massig wie seine Stiere. Auch hatte er noch zu ihren Lebzeiten eine heimliche Liebschaft mit einer anderen, die nach ihrem Tode seine neunte Frau wurde, aber schon nach vierjähriger Ehe mit sechsundzwanzig Jahren an ihrem vierten Kinde starb. Obwohl nun im Orte heimlich die Rede ging, daß er seine Frauen auch im Kindbett besuche, davon ihnen das Blut gehend worden wär und daran sie gestorben seien, willigte doch eine Nähterin aus der Pfarre in des Vierundsechzigjährigen Heiratsantrag; denn sie hatte schon zwei erwachsene Kinder von ihm. Doch auch ihr wurde das gleiche Schicksal, und sie starb nach zwei Jahren zugleich mit dem Kinde im Wochenbett. Mit siebenundsechzig Jahren heiratete er zum elftenmal, und als die Frau schon nach zwei Monaten gestorben war, ging er mit neunundsechzig Jahren die zwölfte Ehe ein. Mit dieser Frau lebte er vier Jahre und nahm nach ihrem Tode mit vierundsiebzig Jahren die dreizehnte. Diese letzten Ehen waren alle unglücklich; denn daheim prügelte er die Frauen und in den

Wirtshäusern verspielte er alles, was er besaß. Beim Tode der dreizehnten Frau hatte er nichts mehr, und als er jetzt mit neunundsiebzig Jahren in das Armenhaus kam, fand er da eine Armenhäuslerin, die seine vierzehnte Frau wurde. Mit ihr lebte er noch sieben Monate und starb danach als Bettler; sie hat ihn dann noch kurze Zeit überlebt.

Die zweite Schwester meines Vaters, die vierzehnjährige Zenzi, kam damals grad aus dem Kuhstall zu uns und sollte jetzt die Haus- und Küchenarbeit lernen. Gleich nach ihrer Ankunft ließ auch ihr die Mutter die Haare abschneiden, und ich mußte ihr alle Tage das Ungeziefer vom Kopf suchen. Dann mußte ich sie beten lehren; denn sie konnte nicht einmal das Vaterunser, worüber die Mutter sehr aufgebracht war. So wenig angenehm diese Aufträge für mich waren, so belustigend war es anderseits, ihr bei der Hausarbeit zuzusehen, besonders wenn sie mit dem Schrubber putzte. Da hob sie, wenn sie zu wischen begann, das Bein in die Höhe, wie man es auf dem Felde tut, um die Gabel in den Mist zu treten, und sang dazu. Gewöhnlich war es das Lied von der unglücklichen Fahrt über den Inn, bei der fünf Burschen und drei Mädchen ertranken, und das ein Bauernbursche aus dem Rottal gedichtet hatte. Sie sang es ohne Stimme und Gehör, und das Lied lautete:

Leut, seid's a weng ruhig
Und mirkt's a weng auf,
Und den trauringa Fall
Leg enk ich wieda auf.

Und den heuringa Jahrgang,
Den ma achtadachtzg schreibt,
Den hamand dö altn Leut
Scho lang prophezeit.

So viel Wolkenbrüch und Hagelschlag
Wia heuer san g'west;
A Schauer geht oan über,
Wenn ma d'Zeitunga lest.

Will koa Mensch nimma betn,
Halt neamd nix für a Sünd;
Wen tat's'n da wundern,
Wenn über uns nixn kimmt.

Und gehn ma von dem wega
Und drah' ma uns anderscht wo ei,
Und den oasa'zwanzigstn Mai
Muaß der Pfingstmontag sei.

Da hat's in Pocking in Bayern
Zwoa Pferderennats gebn;
Die Witterung war günstig
Und hübsch lustig is aa g'wen.

Es kimmt a Menge Menschen z'samm,
Ja dös Ding, dös is leicht;
Aba net grad vom Haus Bayern,
Sondern auch vom Haus Österreich.

»Das Renn' ging glücklich vorüber«,
So hört man allgemein lobn,
Aber die Heimkehr auf Östreich
War traurig genung.

Fünf bluatjunge Burschen
Von oana Pfarr z'haus,
Dö gehnd in Tod hinüber
Kimmt koana mehr raus.

Sie glaubn, sie gehnd über Schärding,
Aber, weils Wasser zu hoch
Und der Umweg zu weit,
Wann ma's wirklich betracht.

Da sagt der Brüahwassermathias:
»Dös war ma scho z'dumm!
Wir fahrn den pfeilgradn Weg
Vorüber in Hunt!«

Sie sitzn si eini
Und haltn sie mäusstad,
Aba mitn Hong ham sie si vostocha,
Jatz hot's as halt draht.

»Jesus, Maria und Josef!«
War das Jammergeschrei;
Drei hand auskemma,
Aba mit acht is vorbei.

Fünf hand vo Österreich,
Drei hand vo Boarn,
Und oana davo
War bal ganz vergessn wordn.

Und am oasa'zwanzigstn Mai
Werdn die Gottsdeansta g'haltn,
Aber der Schmerz vo dö Eltern
Is net zum aushaltn.

Iatz pfüat enk Gott, Eltern!
Die Gräber hand zua,
Teat's fei für uns betn
Um dö ewige Ruah!

Sang sie nicht, so war das ein Zeichen ihrer schlechten Laune, und da konnte sie dann auch bösartig sein und einem alles zum Trotz tun. Schalt ich sie, so lief sie zu ihrer Schwester, der Tante Babett, diese lief zur Mutter, und die Mutter kam über mich; und hatte ich zuvor nur eine wider mich gehabt, so waren es jetzt drei.

Da überwarf sich die Tante Babett mit meinem Vater und verließ ganz plötzlich das Haus. Es war nämlich aufgekommen, daß sie jeden Morgen auf einem Umweg in die Kirche gegangen war. Auf diesem Weg aber wohnte ein Bräubursch. Der hat sie jedoch nicht geheiratet, weil sie, wie er sagte, ihm zu fromm sei und es mit den Pfarrern hielte. Nach ihrem Weggang wurde die Zenzi in der Küche und dem Hauswesen verwendet, und ich mußte wieder die Kindsmagd machen.

Da geschah es oft des Abends, daß die Kinder nicht einschlafen wollten; ich mußte mich aber schicken, um wieder hinunter in die Wirtschaft zur Arbeit zu kommen. Da das Zureden nichts nützte, half ich mir schließlich auf folgende Weise: Aus einem Bettuch machte ich mir ein weißes Gewand, aus gelben Bierplakaten zwei Flügel und aus einem Lampenreif die Krone. So ging ich zu ihnen ins Schlafzimmer, wo nur ein rotes Nachtlicht brannte, trat an das Bett des zweijährigen Maxl und fing leise an zu singen. Ganz andächtig mit geschlossenen Augen hörte er mir zu, während der vierjährige Hansl mich beobachtete, ohne mich zu erkennen. Am andern Tag erzählte der Jüngere es dem Älteren und sagte: »Du, Hansl, heut auf d'Nacht is mei Schutzengel da g'wen mit goldene Flügeln und an weißen Kleid; der hat schön gsunga!«

Darauf sprach der Hansl: »I hab's scho g'sehgn, aba i hab mi nix z'sagn traut, sonst hätt i'hn verjagt.«

Ich verbot ihnen, irgend jemandem etwas davon zu sagen und machte nun jeden Abend den Schutzengel.

Wie ich nun wieder einmal vor dem Bett stehe, geht die Tür auf und die Mutter kommt herein. Der Hansl ruft ihr noch zu: »Sei stad, Mama, da Schutzengel is da!«, als sie schon schreit: »Du Herrgottsackermentsg'ripp, du zaundürrs! Dir werd i's austreibn, an Engl z'macha!« Und damit reißt sie mir die Flügel herunter und jagt mich unter Püffen aus der Stube. Die Kinder begannen zu schreien und zu weinen, und die Mutter beruhigte sie, indem sie sie über den Frevel, wie sie sagte, aufklärte und ihnen Schokolade gab.

Von der Stunde an betrachteten mich die Brüder mit kindlicher Verachtung und wollten mir lange nicht mehr folgen.

Dann kam eine Zeit, wo die Mutter mich wieder besonders quälte; sie war aber auch gegen andere Leute recht barsch, vor allem gegen den Vater. Dabei wurde sie immer stärker, und nun wußte ich, daß wieder ein Kind kam. Daß dem so war, das hatte ich eines Tages nach der Turnstunde erfahren, als ich mit mehreren Mädchen meiner Klasse, ich war damals dreizehn Jahre alt, nach Hause ging. Da begegnete uns eine Frau, die in andern Umständen war, und auf die Frage der Babett: »Warum is denn dö unten so dick und obn so mager?« entgegnete ich: »Ja, weils halt ihr Korsett verkehrt anhat.«

»Du irrst!« sagte darauf die Else, eine Lehrerstochter. »Die Frau trägt überhaupt kein Korsett, sondern die bekommt ein Kind.«

»Ja, die Else hat recht«, mischte sich eine vierte, die Anna, ins Gespräch, »mei Mutter war auch so dick, dann ham ma zwoa Bubn kriegt; dann is s' im Bett g'legn, und wie s' wieder aufg'standn is, war s' wieder ganz mager. Jetzt möcht i nur wissn, wie dö rauskomma san.«

»Das kann ich dir schon sagen«, erwiderte die Else. »Mein Papa hat zu Hause ein Buch, darin hab ich's gelesen: Wenn

ein Mann mit einer Frau ins Bett geht und mit ihr was Schlimmes treibt, legt er ihr ein Ei in ihren Körper; dann tut er wieder was Böses mit ihr, dadurch kommt das Ei in den Magen der Frau, und die brütet es aus, und aus dem Nabel kommt das Kind mittels der Nabelschnur.«
»Du spinnst ja!« rief jetzt die Theres. »Da hast halt aa net recht g'lesn! I woaß von meiner Schwester, die von dem Doktor dös Kind hat: dös Ei liegt net im Magn, sondern im Bieserl. Da tut der Mann mit der Frau was Böses und dann kommt's in Bauch und nach einem halben Jahr kommt 's Kind unten raus. Und da braucht ma die Hebamm zum Aufschneidn und Zunähn.«
Mit Gruseln hörten wir zu, und daheim untersuchte ich, als ich allein war, sogleich mit einem Spiegel, ob das mit dem Kind wirklich möglich sei; da hab ich gefunden, daß es unmöglich sei.
Aber die Mutter bekam bald danach doch den Ludwigl, und da ich in Ermangelung einer Wochenbettpflegerin alle bei einer Niederkunft notwendigen Arbeiten tun mußte, so konnte ich ziemlich den ganzen Verlauf der Geburt beobachten.
Als ich dann die Mutter laut jammern und klagen hörte, hatte ich viel Mitleid mit ihr und nahm mir zugleich fest vor, niemals mit einem Mann was Böses zu tun. Im übrigen hatte ich nicht viel Zeit zum Nachdenken; denn den ganzen Tag bis spät in die Nacht ging es treppauf, treppab und hieß es arbeiten, damit die Mutter zufrieden war.

Von dem Besuch höherer Schulen hielt meine Mutter damals noch nicht viel, und so mußte ich, als ich aus der Werktagsschule entlassen war, in die Mittwochschule gehen, die meist von Dienstmädchen und den Töchtern der Armen besucht wurde. Bei den geringen Anforderungen, die hier an die wenig wißbegierigen Mädchen gestellt wurden, war ich bald das verrufene und doch zur rechten Zeit vielbegehrte »G'scheiterl« und brachte am Schluß des ersten Jahres die beste Note nach Hause. Zum Lohn dafür durfte ich mit einem jungen Mädchen aus dem Nachbarhause, das ebenso bleichsüchtig wie ich war, in den Ferien zu den Großeltern aufs Land.

Da nun mein Großvater damals schon ziemlich schwer erkrankt war, schien es der Großmutter um der Ruhe willen, deren der Kranke bedurfte, ratsamer, uns zur Nanni zu schicken. Diese hatte in einem unverständlichen Anfall von Besorgnis, daß das Anwesen in Westerndorf ihr zum Ruin werde, dasselbe verkauft und erst nach einem halben Jahr gemerkt, welch schlechten Tausch sie gemacht hatte, indem sie dafür eine ganz alte, morsche Hütte ohne Obstgarten in Haslach genommen, lediglich um der Äcker willen, die zwar bedeutend größer waren, aber jedes Jahr von schweren Hagelwettern heimgesucht wurden. Sie war also froh, etwas an uns zwei bleichen Hopfenstangen, wie sie uns nannte, zu verdienen. Freilich wäre ich gern beständig um meinen Großvater gewesen; aber die Großmutter litt meine Anwesenheit nie lange und schien förmlich eifersüchtig darauf zu sein, ihn allein zu pflegen. So streiften wir zwei Mädchen durch Wald und Wiesen, fingen Fische und Krebse und hingen mit einer Zärtlichkeit aneinander, daß wir nachts zumeist in einem Bett beisammen schliefen; ja, als wir nach Vakanzschluß wieder heimwärts fuhren, gelobten wir uns noch im Bahncoupé ewige Treue und Freundschaft.

Einige Monate später, es war an einem Dezembertag, rief meine Lehrerin mich kurz nach Beginn des Unterrichts hinaus und reichte mir ein Telegramm. Da ich schon seit einigen Tagen die Sorge um meinen kranken Großvater nicht loswerden konnte und besonders in der letzten

Nacht durch einen schweren Traum geängstigt ward, so war mein erster Gedanke: Er ist tot. Als ich die Worte: »Lenei, komm, Vater stirbt!« gelesen hatte, rannte ich, ohne mich zu entschuldigen, oder meine Kleider und Schulzeug zu nehmen, halb besinnungslos nach Hause. Aber die Mutter ließ mich nicht fort, und so lief ich in Groll und Verzweiflung umher, weinte und schlug meine Fäuste gegen den Kopf und fand doch keinen Ausweg. Und als am andern Tag ein weiteres Telegramm kam des Inhalts: »Vater tot, wird Samstag früh eingegraben«, war ich ganz gebrochen; denn es schien mir, als wäre mit dem Toten alle Hilfe und Stütze dahin. Jammernd und wehklagend lief ich durchs Haus, und die Mutter erreichte weder mit guten noch bösen Worten etwas. Und als sie mir auf meinen Vorwurf: »Warum habt's mi nimma zu ihm lassn!« Strafe androhte, stürmte ich von der Wirtsküche die vier Stiegen hinauf und wollte mich in den Hof hinunterstürzen. Doch in diesem Augenblick riß mich jemand vom Fenster herab, worauf ich ohnmächtig zusammenbrach.

Von dem darauffolgenden Tage ist mir keine Erinnerung geblieben; am übernächsten Morgen aber war ich schon früh um fünf Uhr mit der Mutter auf dem Wege zur Bahn, beladen mit Kränzen und von Schmerz und dumpfer Trauer ganz betäubt. Ich weinte keine Träne mehr im Zug, wo wir mit den Verwandten der Mutter und den Kostkindern zusammentrafen. Stumm blickte ich aus dem Coupéfenster in die verschneite Landschaft und sah überall das gütige Antlitz des Toten.

Als wir daheim in die Stube traten, wo der Verstorbene aufgebahrt lag, stürzte ich der Großmutter, die auf dem Kanapee saß, an den Hals und wir vergaßen ganz, daß so viele mit ihr reden wollten. Als mich endlich die Mutter wegzog und sagte: »Komm, Mutter, red mit den Kindern!«, sah ich beim Aufstehen erst, daß die Frau ganz schneeweiß und fast erblindet war vor Gram und Kummer. Indem traten die vier Männer, welche nach der Aussegnung den Sarg zum Friedhof zu tragen hatten, in die Stube. Flehentlich bat ich sie, ihn nochmals zu öffnen, damit ich den Großvater noch einmal sähe. Und als sie endlich meinen Bitten nachgaben, schrie ich laut vor Schreck und Weh: Der Tote hatte Augen und Mund weit offen und war furchtbar entstellt, teils von dem entsetzlichen Leiden der letzten Tage, teils von der vorgeschrittenen Verwesung.

Da ertönte lautes Beten, und herein in die Stube trat der alte Pfarrer mit den Ministranten und dem Lehrer, die Leiche auszusegnen, gefolgt von einer teilnehmenden und neugierigen Menge.

Unter dem wimmernden Geläute des Totenglöckleins setzte sich der Zug in Bewegung. Ich führte die Großmutter, und wir waren beide ganz still geworden; meine Mutter aber hatte schon, während die Geistlichkeit ihre Psalmen und Gebete sang, laut zu schreien begonnen, und auf dem ganzen Wege durchs Dorf bis zum Gottesacker hörten wir ihr Schluchzen und Jammern.

Schier endlos war der Zug der Leidtragenden, und erst jetzt merkte man, wie geehrt und beliebt der Handschuster in der Gegend gewesen war; ja, lange nach seinem Tode konnte man noch gelegentlich hören: »Ja, der Handschuasta, dös is a kreuzbrava, rechtla Mo g'wen; da derfst lang geh, bis a söllana wieda amal z'findn is; mir hat er aa selbigsmal bei dem Brand mein Buam aus'n Feuer g'holt und hernach 's ganze neue Haus umasinst ausg'weißt.«

Nachdem nun der Sarg niedergestellt und eingesegnet war, schickten die Männer sich an, ihn ins Grab hinabzulassen: Da vergaß ich alles um mich her und ganz in dem Gedanken, daß bei dem Toten auch für mich Ruhe sei, stürzte ich auf das offene Grab zu und fiel besinnungslos fast hinein. Man bemühte sich um mich, und als ich wieder zu mir kam, hörte ich eine alte Bäuerin neben mir sagen: »Dös is a schlechts Zoacha g'wen, ich moan allweil, da Handschuasta holt si's Lenei bal; schaugt a so aus wia dö teuer Zeit, dös Dirndl!« Da hoffte ich im stillen, dieses Zeichen würde bald wahr werden, und wurde wieder ruhig, so daß man mich abermals ans Grab führen konnte.

Der Herr Pfarrer hielt eben die Grabrede und sprach gerade von dem felsenfesten Glauben, den der Verstorbene in all seinem Tun gezeigt habe: »Herr, wir haben die ganze Nacht gearbeitet und nichts gefangen; aber auf dein Wort hin will ich das Netz nochmals auswerfen! Diese Worte des heiligen Petrus hat der Handschuster sich in allen Lebenslagen zur Richtschnur gesetzt. Es war ihm gleich, ob bei einer Arbeit, einer Dienstleistung oder einem guten Werk etwas herausschaue und zu profitieren sei, oder ob er dies Werk umsonst verrichten müsse. Ihm genügte es, daß seinem Nachbar damit geholfen war. Dieser seiner Überzeugung verdanken auch die hier versammelten Leidtragenden und Kostkinder des Handschusters ihre wohlbegründete Existenz, ja teilweise ihren Wohlstand, und haben sie ja selbst, wie sie durch ihr Hiersein beweisen, gegen den teueren Verstorbenen und dessen selbstlose Liebe und Fürsorge einer Pflicht der Dankbarkeit genügen wollen. Dieser große Glaube, der nicht fragt und nicht zweifelt, nicht zögert und nichts verbessern will, dieser Glaube überzeugt auch mich davon, daß unser lieber Herr, gleich wie zu Petrus, auch zu ihm sagt: ›Selig bist du, weil du geglaubt hast!‹ Weinet nicht, die ihr hier am offenen Grabe steht; er wird auferstehen. Weine nicht, treue Mutter, die du ihn gepflegt hast Tag und Nacht und mit ihm getragen hast Freud und Leid, Sorg und Arbeit in stiller

Entsagung dessen, was andern die Ehe bietet! Viele sind berufen, wenige auserwählt, und wer es fassen kann, der fasse es. Drum weine nicht, Mutter der Gemeinde, Mutter unserer Verlassenen und Verwaisten; weinet nicht, ihr Kinder; denn er will nicht euere Tränen, sondern euer Gebet. Darum wollen wir uns vereinigen zu einem andächtigen Vaterunser und Ave-Maria.«

Nach dem Trauergottesdienst in der Kirche, der dem Begräbnis folgte, begaben sich meine Mutter, die Nanni mit ihren Angehörigen, der Bastian und die Kostkinder zum Huberwirt, um den Leichenschmaus zu halten. Die Großmutter wollte nicht mitgehen; doch ließ sie sich am End überreden, wenigstens in der Wirtsküche ein paar Worte mit einigen Bekannten und dem Huberwirt zu sprechen. Ich war mit in die Gaststube getreten und stand nun in einer stumpfen Teilnahmslosigkeit am Ofen, während die Verwandten, noch ehe sie die Wintermäntel abgelegt hatten, in lebhaften Streit geraten waren wegen der Habseligkeiten des Großvaters, die noch nicht verteilt worden. Jedes wollte das Schönste und Meiste haben, und des Hausls Schatz, den der Großvater sorgsam für mich aufbewahrt hatte, wurde mir auch genommen. Nach den letzten Bestimmungen des Verstorbenen, der kein Testament gemacht hatte, mußte das Haus noch vor seinem Tode verkauft werden, und der Erlös wurde gleichmäßig unter die Kinder verteilt, nachdem für die Großmutter tausend Mark beiseite gelegt waren. Diese tausend Mark nahm dann die Nanni an sich und behielt dafür die Großmutter bis zu deren Tod.

Während meine Mutter und die andern sich noch stritten, kam der Huberwirt in die Gaststube herein, führte die Großmutter am Arm und sagte zu meiner Mutter gewendet: »Dös is der Handschuasterin scho dös Irgst, daß 's Lenei nimma kemma hat derfa, bevor der Handschuasta

g'storbn is; er hätt no so viel z'redn g'habt mit ihr und hat in oan Trumm g'sagt: ›Kimmt's Lenei no net? Geh, Muatta, schaug, ob's jatzat kimmt!‹«
Verlegen entgegnete meine Mutter: »Lieber Gott, 's Telegramm ist eben zu spät g'schickt wordn.«
Da stürzte ich voller Zorn aus meinem Winkel hervor, trat vor die Mutter hin und schrie sie an: »Net wahr is! Sag's nur, daß d' mi net raus hast lassen! O mein Gott, und er hat so viel nach mir verlangt! I hab's ja g'spürt und hab koan Ruh g'habt Tag und Nacht. Dös vergiß i dir net, Muatter, daß d' so hart und ohne Herz g'wen bist!«
Damit nahm ich die Großmutter am Rock und zog sie zur Tür hinaus. Sie folgte mir ohne Widerstreben, während die andern alle ganz still geworden waren und die Mutter sich umständlich schneuzte.
Auf der Straße sagte die Großmutter plötzlich: »O mei, mir kinnan ja nimma hoam!« und begann laut zu schluchzen. Da meinte ich: »Komm, Muatter, gehn ma zum Vater 'nauf!« Und so gingen wir wieder zum Friedhof, und am Grabe redete sie mit dem Toten, wie wenn er noch lebte und mit ihr auf der Hansbank säße: »Woaßt, Vata, z'lang sollst mi nimma da lassn; i mag s' nimma, dö Welt, jatz wo i di nimma hab. Tua mi net vergessn, Vata, gel, und denk aa aufs Dirndl, daß 's net z'grund geht bei dem schlechten Wei.«
Weinend hockten wir uns auf den frisch geschaufelten Hügel, unbekümmert um die Blumen und unsere schwarzen Gewänder, und nun erzählte mir die Großmutter von den letzten Tagen des Toten: »So viel leidn hat er müssn, der Arme; zwoa Strohsäck hat er durchg'fäu't, weil er's Wasser nimmer haltn hat kinna und der ganz Leib und d'Füaß oa Fleisch und Wehdam warn, daß ma 'n kaam mehr o'rührn hat derfa. Aber er is so geduldi g'wen dabei und nur seltn hat ma 'n jammern hörn. Nur grad nach dir

hat er allweil g'fragt und hat si recht kümmert, wia's dir geh werd, wenn er g'storbn is.« Nach einer Weile fuhr sie fort: »Wenn i nur grad in insan Haus bleibn kunnt und net's Gnadnbrot beim Sepp und bei der Nanni essn müaßt; da werd's ma net gar z'guat geh bei dene.«

Nach diesen Worten versank sie in Nachdenken, und ich lehnte mich ganz an sie, weil mich fror; denn ich hatte Tuch und Mantel beim Huberwirt gelassen. Ich war eben ein wenig eingeschlafen, als ich durch die Stimme des Herrn Pfarrers aufgeschreckt wurde: »Ja, meine liebe Handschusterin, wir sind halt alle Fremdlinge in dieser Welt! Es wird Euch wohl recht schwer, von Ort und Haus zu scheiden? Wollt Ihr nicht ins Gemeindehaus ziehen? Da ging's Euch ja auch nicht schlecht!«

»Vergelts Gott, Herr Hochwürden, aba d' G'meinde is ma allweil no g'wiß; i hab ja no Kinder, dö wo si um mei Geld reißn!« meinte die Großmutter mit einem schwachen Lächeln und grüßte den sich zum Gehen Wendenden noch mit einem leisen: »Gelobt sei Jesus Christus!«

Danach gingen wir doch noch einmal heim ins Haus. Aber da waren schon die neuen Besitzer eingezogen, und alle möglichen Gegenstände lagen bunt durcheinander in den Räumen und vor dem Haustor. Unter der Stiege stand eine alte Truhe, in die sonst die Kleie für das Vieh kam; wir setzten uns darauf und konnten nichts reden. Aus dem Stall tönte das kurze Brüllen der Kühe, denen die gewohnte Hand abging. Da kam aus der Wohnstube die neue Hausfrau, sah uns ganz erstaunt an und fragte fast unfreundlich: »Was möcht's denn no, Handschuasterin? Habt's leicht ebbs vergessn?«

»Naa, i han nix vergessn; geh Lenei, gehn ma wieder!« erwiderte die Großmutter und ging mit mir aus dem Haus. Nun mußten wir doch zum Huberwirt; denn die Verwandten hatten schon herumgefragt, wo wir wären. Als wir in

die Gaststube getreten waren, brachte der Huberwirt ein Glas Rotwein mit Zucker und stellte es vor die Großmutter hin, indem er sagte: »Handschuasterin, balst es net trinkst, kriagt da Vata dö ewi' Ruah net!«
Da tauchte sie eine Semmel darein, sprach aber nichts, und als dann die Nanni mit ihrem Mann sich zum Heimgehen bereit machten und sie einluden, gleich mitzukommen, da nickte sie nur ein paarmal mit dem Kopfe und stand auf. Der Huberwirt aber ließ seinen großen Schlitten, auf dem sonst das Bier oder Getreide gefahren wurde, herrichten und einspannen: »Ös werd's ja a so glei all' z'samm auf Hasla' fahrn, net? I han enk mein Schli'n eing'spannt, daß d' Handschuasterin net z'geh braucht. A paar Deckn han scho drobn zum Einwickeln!«
Wir fuhren also alle zusammen zur Nanni; diese kochte Kaffee, und in der gemütlichen Wohnstube wurde auch die Großmutter wieder etwas gefaßter; ja, sie fing sogar an, einiges über den Großvater zu erzählen. Man hatte ihr eine nette Kammer zu ebener Erde angewiesen und diese auch geheizt. Spät am Nachmittag, als es Zeit wurde, auf die Bahn zu gehen, denn wir mußten abends wieder zu Hause sein, führte die Nanni uns noch in diese Kammer, um uns zu zeigen, daß die Großmutter bei ihr gut aufgehoben sei. Auch mich beruhigte diese Fürsorge und ich sagte noch beim Abschied zu ihr: »Großmuatterl, du brauchst koa Angst z'habn wegn der Nanni; dö mag di scho!« Ich blieb noch bei ihr in der Kammer und half ihr ihre Habseligkeiten ein wenig ordnen. Dann legte sie sich ins Bett und schlief bald ein. Ich hatte ihr noch leise Lebewohl gesagt, die andern aber ließ ich nicht mehr zu ihr.
Gegen Abend fuhren wir wieder in dem Schlitten zur Bahn und hierauf heim.
In München erst sprach ich einiges mit den Verwandten; denn während der Fahrt war ich still und teilnahmslos in

der Ecke gesessen, während es um mich summte und schwirrte von der lebhaften Unterhaltung.
Nach der Ankunft ging die ganze Verwandtschaft noch in unsere Wirtschaft, wo sie von meinem Vater mit Freibier und einem guten Mahl bewirtet wurden.

Kaum ein halbes Jahr nach dem Tode meines Großvaters kam eines Tages meine Großmutter und beklagte sich bitter über die rohe Behandlung, die ihr bei der Nanni und deren Mann widerfahre. Laut weinend wünschte sie sich den Tod und wollte nicht mehr zurück, sondern zu dem neuen Besitzer ihres Hauses, um bei ihm im Austrag zu bleiben. Meine Mutter suchte ihr dies wieder auszureden und wollte sie bei sich behalten; denn, meinte sie, um die tausend Mark, die der Nanni für die Verpflegung der Großmutter zugekommen waren, könnte die alte Frau gerade so gut bei ihr sein, und es ginge ihr gewiß gut. Auch der Bruder meiner Mutter lauerte auf die tausend Mark, und es entspann sich bald ein heftiger Streit unter ihnen, wer die Großmutter bekäme. Doch erkannte diese gar bald die wahre Ursache jener plötzlichen Bereitwilligkeit und fuhr wieder zur Nanni. Diese hatte gehofft, daß die Großmutter den Vater höchstens etliche Monate überleben würde und war voll Verdruß, als sie sah, daß die Frau nach einem und nach zwei Jahren immer noch lebte. So behandelte sie sie nicht zum besten und mißgönnte ihr sogar das wenige, womit sie ihr Leben fristete. Oft schlich dann die alte Frau, wenn sie vom Grabe ihres Mannes kam, in ihre ehemalige Heimstatt und klagte der neuen Besitzerin ihre Not. Diese, eine mit vielen Kindern gesegnete, kränkliche Frau hatte viel Mitleid mit ihr und behielt sie oft tagelang bei sich. Da mag sie wohl manchmal mit Bitterkeit diese seltsame Fügung bedacht haben, daß sie, die auch den Ärmsten Heimat bot um Gottes willen, nun

selbst heimatlos und der Willkür ihrer Kinder preisgegeben war.
Als sie dann nach langem Leiden durch einen Schlaganfall gelähmt worden und ganz auf die Handreichungen ihrer Stieftochter angewiesen war, kamen harte Tage für sie. Hilflos lag sie in ihrem Bett, so erzählt man, und niemand kümmerte sich um sie; man ließ sie hungernd und starrend vor Schmutz im eigenen Kot liegen. Und als um diese Zeit ihr Schwiegersohn sein Haus verkaufte und ein neues Anwesen übernahm, wurde die kranke Frau, obwohl es Winter war, mit ihrem Bett zu oberst auf den mit Möbeln beladenen Leiterwagen gebunden und so den weiten Weg auf der holprigen Landstraße nach dem neuen Wohnort gefahren. Bald nach dieser Reise starb sie, und als sie tot war, wollte niemand das Begräbnis zahlen. Die Kinder, die damals sich um die Pflege der Lebenden gestritten hatten, fanden alle erdenklichen Ausreden, um der Toten ledig zu bleiben, und endlich mußte die Gemeinde sie auf ihre Kosten begraben lassen. Doch kam meine Mutter zum Begräbnis und brachte große Kränze mit. Danach aber gab es heftigen Streit um die letzte Habe der Verstorbenen; denn die Nanni hatte alles schon beiseite geschafft.

Mit der Geburt des Ludwigl, meines dritten Stiefbruders, hatten auch die letzten an die Kindheit erinnernden Spiele und Freuden ein Ende, und ich mußte nun von früh bis spät arbeiten, um alles recht zu machen. Trotzdem gab es manchen stürmischen Tag mit der Mutter, die in einem fort haderte und schalt und es an Züchtigungen nicht fehlen ließ. Zu all dem wurde ich seit dem Tode meines Großvaters von einer großen Schwermut und Traurigkeit befallen, so daß ich mir nicht mehr viel aus meinem Leben machte. Doch fand ich in dieser schweren Zeit einen Trost in meiner Stimme. Unser Pfarrer veranlaßte meine Aufnahme in den Kirchenchor, nachdem ich schon etliche Jahre in der Zentralsingschule ausgebildet worden war. Bald durfte ich bei den Gottesdiensten Solo singen, und das Bewußtsein, einmal öffentlich anerkannt zu sein, bereitete mir so hohe Freude, daß ich darüber selbst den Neid meiner Kolleginnen vergaß.

So sang ich auch einmal aushilfsweise bei einer großen Vereinsfeier, an der auch der würdige Prälat und Pfarrer Huhn von der Heiliggeistkirche teilnahm. Als dieser meine Stimme gehört hatte, ließ er mich zu sich kommen und fragte mich, ob ich nicht Lust hätte, ein braves Pilgermädchen bei der Münchner Wallfahrerbruderschaft zu werden und an den heiligen Stätten zu Andechs, Altötting und Grafrath Gottes und Mariä Lob zu singen. Ich sagte hocherfreut zu und holte mir sogleich von meiner Mutter die Erlaubnis, die sie mir in Anbetracht ihrer frommen Gesinnung nicht verweigerte. Also durfte ich noch im selben Jahr an den großen, volkstümlichen Wallfahrten als Pilgermädchen teilnehmen.

Die schönste und auch am feierlichsten begangene war die nach dem uralten, weltberühmten Gnadenorte Altötting. Da ich immer schon eine große Liebe zur Mutter Gottes getragen, konnte ich den Tag der Fahrt kaum erwarten. Schon wochenlang vorher mußte ich mit den anderen Sängerinnen zahlreiche Marienlieder einstudieren, und wir betrachteten die Generalprobe schon als ein kleines Fest; denn da kam die ganze Geistlichkeit, an ihrer Spitze der hochwürdige Herr Prälat Huhn, der selbst ein eifriger Pfleger und Förderer des Gesanges war, sowie der ehrwürdige Präses des Wallfahrervereins, Benefiziat Stein, ein Mann, so recht, wie man sagt, nach dem Herzen Gottes: so schlicht und uneigennützig, so ganz aufgehend in seinem Beruf. Wir Pilgermädchen hingen daher mit großer Liebe an ihm und fühlten uns immer hochbeglückt, wenn er

einige von uns aus dem Haufen hervorholte, am Ohrläppchen zupfte und fragte: »San d'Stimmbandln alle guat g'schmiert, Kinder? Sonst müaß ma s' halt no schmiern z'vor!« Und damit brachte er eine riesige Tüte voll Malzzucker aus seiner hinteren Rocktasche, die durch die vielen Näschereien, welche er uns immer zu schenken pflegte, schon so mitgenommen und ausgeweitet war, daß sie samt dem Rockfutter weit unter den Schößen des abgetragenen Gehrocks hervorlugte. Im übrigen war er von einer angenehmen Natürlichkeit, wenn er bei der Neuaufnahme eines Pilgermädchens auf die Unschuld zu sprechen kam. Man konnte ihm ohne das lästige Gefühl einer falschen Scham, die durch das aufdringliche Fragen mancher Seelsorger einem so leicht den Mund verschließt, alle begangenen Torheiten erzählen. Ich weiß nicht, wie er schwerere sittliche Verfehlungen behandelte; was meine Jugendsünden anlangt, so meinte er darauf nur: »So, dös is brav, daß d's Kleidl no net z'rissn hast, Kind; a bissl staubig is scho, dös is wahr, aber dös putzt ma halt mit an frommen, reuigen Seufzer wieder weg, gelt! Und jetzt gibt ma schö Obacht, daß oan nix mehr passiert als Marienkind.«
Am Vorabend des für die Wallfahrt ausersehenen Julisonntags hatte die Mutter zur allgemeinen und besonderen Reinigung schon ein Bad vorbereitet, während ich meine Seele durch eine sehr gewissenhafte Beichte von allem anhaftenden Staub zu befreien suchte. Am Abend durfte ich schon früh zu Bett gehen, um andern Tages zeitig munter zu sein. Schon um halb vier Uhr war ich aus den Federn und lief ans Fenster, zu sehen, ob das Wetter schön sei. Doch grau und neblig war der ganze Himmel, und ich begann, während ich die »Uniform unserer lieben Frau« anzog, immer dieselben Worte vor mich hinzusagen: »Liebste Mutter Gottes mein, laß doch heut gut Wetter sein!« Derweilen war auch die Mutter aufgestanden und

half mir nun beim Ankleiden. Über das weiße Kleid kam ein himmelblaues Schulterkräglein und vor die Brust ein großes silbernes Herz, das an einem blauen Bande hing, und nachdem die Mutter mir das weißblaue Kränzlein ins Haar gedrückt, nahm ich den langen Pilgerstab mit dem silbernen Kreuz und eilte nach einem raschen »Pfüat Gott, alle mitanand!« aus dem Haus, der Kirche zu, verwundert angeglotzt oder auch derb angerufen von heimkehrenden Nachtlichtln oder verschlafenen Bäckerjungen. Besonders am Marienplatz wäre ich beinah von einer Rotte frecher Burschen, die mit ihren Dirnen aus dem »Ewigen Licht« herausstritten, mißhandelt worden; doch kamen mir etliche Leute, die wie ich an der Wallfahrt teilnehmen wollten, zu Hilfe.

Mächtig brauste schon die Orgel, als wir in das Gotteshaus traten, und rasch begab ich mich auf den Chor, wo schon die meisten Sängerinnen versammelt waren. Nach einem herrlichen Hochamt feierte die ganze Pilgerschar, wohl mehr als fünftausend, die Generalkommunion. Der Eindruck war für mich ein so überwältigender, daß ich nur mit großer Mühe das ergreifende Marienlied, dessen Soli mir übertragen waren, zu Ende brachte. Und als dann endlich wir Pilgermädchen, ungefähr zweihundert an der Zahl, uns gemessen und in tiefer Andacht dem Tisch des Herrn nahten, während ein bestellter Knabenchor uns ablöste, ging eine große Bewegung durch das Gotteshaus, und manche Träne unseres greisen Pfarrers fiel in den Kelch, aus dem er uns das Brot des Lebens reichte. Der heilige Vater Leo und unser geliebter Erzbischof Antonius von Thoma hatten uns noch ihren Segen übermitteln lassen, und nach diesem feierlichen Akt traten wir unter dem Geläute sämtlicher Glocken unsere Wallfahrt an.

Voran schritten wir Pilgermädchen, und die kräftigsten von uns trugen unsere Fahnen und die Statuen unserer

Patrone, der Mutter Gottes, des Erzengels Raphael mit dem Tobias und des heiligen Aloysius. Unter Liedern und Gebeten ging es durch die Straßen der Stadt zum Ostbahnhof, von wo aus uns ein Sonderzug rasch nach Mühldorf brachte. Im Zuge erzählte uns unser Präses mit großer Einfachheit von Gnadenbezeigungen Mariens, besonders von jenen gegen Kinder und Jungfrauen.
Von Mühldorf aus gingen wir nach einem einfachen Frühstück zu Fuß nach dem Gnadenort, den wir gegen Mittag erreichten. Empfangen von dem Geläute sämtlicher Glokken, dem Jubel der Bewohner, der Geistlichkeit, des ansässigen Ordens und einer Musikkapelle, betraten wir den geweihten Ort und begrüßten die Gnadenvolle, ein jeder nach Drang des Herzens oder Größe des Kummers, den er hier am Gnadenaltar niederlegen wollte. Meiner hatte sich eine fast überirdische Stimmung bemächtigt und ich fühlte mich so frei und aller Sorge ledig, daß ich nur ganz verklärt das alte, mit unsäglich vielen und köstlichen Kleinodien aller Zeiten geschmückte Gnadenbild anschauen konnte, während meine Lippen mechanisch murmelten: »O Maria, hilf doch mir; es fleht dein armes Kind zu dir. Im Leben und im Sterben laß meine Seele nicht verderben.« Nach langer Zeit erst fiel mir eins nach dem andern ein, was ich gern von der Mutter Gottes erlangt hätte.
Inzwischen hatten die Pilger sich in Gruppen geteilt, die einen weilten im Kloster, die andern in den verschiedenen Kirchen des Ortes. Draußen vor der Gnadenkapelle aber hatten jene, die besonders viel von der Gnadenreichen erlangen oder für irgendeine geheime Schuld Sühne tun wollten, eins der zahlreich daliegenden Holzkreuze auf die Schulter geladen und schleppten dieses nun, bald aufrecht gehend, bald auf den Knien rutschend, laut betend und weinend um den sogenannten Kreuzgang. Ich weiß nicht,

wie es kam und was ich wollte: kurz, ich befand mich plötzlich unter den Kreuztragenden; da das massive Eichenkreuz aber meiner Schulter ziemlich weh tat, ließ ich es bei dem dreimaligen Umgang bewenden und übergab mein Kreuz einer dicken Frau, deren böse Zunge weit und breit gefürchtet war. Mit einigen Freundinnen besah ich mir dann den ganzen Ort, die Kirchen, das Kapuzinerkloster und den Markt für Wallfahrtsandenken und verwunderte mich über den üppigen Handel und die Gewinnsucht an dieser frommen Stätte. Dazwischen sorgten wir auch für des Leibes Notdurft; denn es war alles schon vorausbestellt worden von unserm vorsorglichen Präses. Den Tag beschloß noch eine schöne Feier mit Illumination der Kapelle, und nach einem einfachen Nachtmahl begaben wir uns in unsere Schlafkammern. Die Vermögenderen hatten sich ein Bett für sich allein gesichert; die Ärmeren aber mußten je zwei in einem Bett schlafen. Da mir meine Mutter die Ausgabe für ein eigenes Bett nicht bewilligt hatte, so mußte ich es mit einer Mitschwester teilen. Ich fragte daher meine liebste Freundin, ob sie mich als Störenfried wolle. Sie war gern bereit, und so verbrachten wir die Nacht unter Flüstern, Kichern, Scherzen und Kosen.

Der neue Tag brachte wieder viel des Erbaulichen und Ernsten, doch wurde ich zuletzt müde von allem und war froh, als am Dienstag in der Früh das Schlußamt mit Generalkommunion am Gnadenaltar gefeiert wurde. Als aber hierbei am Chor plötzlich die kindlichen Stimmen von etwa zwanzig Knaben an mein Ohr tönten und sie das uralte Abschiedslied von der »schwarzen Mutter Gottes« sangen, ward es mir schwer ums Herz und ich konnte mich kaum losreißen von dem Gnadenbilde. Ganz traurig schloß ich mich den andern an und brachte beim Singen kaum mehr einen Ton heraus.

So kam es, daß ich recht niedergeschlagen daheim ankam und ernste Vorwürfe von meiner Mutter wegen meiner scheinbaren Undankbarkeit zu hören bekam.

War ich schon vorher nicht gerne in der Gastwirtschaft tätig gewesen, so hatte ich jetzt, seit ich Pilgermädchen war, die ganze Freude an dem öffentlichen und lauten Leben verloren; doch wurde ich von meiner Mutter, trotzdem sie so religiös schien, fest angehalten, überall, wo es vonnöten war, einzuspringen. Bald war ich in der Küche das Spülmädchen oder die Köchin, bald in der Gaststube die Kellnerin; denn da die Mutter oft recht grob mit dem Dienstvolk war, lief bald die eine oder andere wieder weg. Am meisten zuwider war mir der Aufenthalt in der Gaststube; denn war ich bei den Gästen ernst und schweigsam, so schalt die Mutter, daß ich ihr die Leute vertreibe; war ich aber freundlich und heiter, so nützten das viele rohe und wüste Kerle aus und belästigten mich nicht nur mit allerhand Zoten und zweideutigen Fragen, sondern quälten mich manchmal in der unsaubersten Weise, indem sie mich an den Beinen faßten, Küsse verlangten oder sonstige aufdringliche Zärtlichkeiten versuchten.
Kam ich dann also gehetzt zur Mutter und klagte ihr solche Dinge, so wurde sie sehr erbost und schalt mich heftig, daß ich mich nicht zu benehmen wisse: »Was muaßt di denn hi'stelln dafür? Scham di; bist fünfzehn Jahr alt und no so dumm! Da sagt ma halt, ich hab jatz koa Zeit, und geht freundli weg!«
Oft dachte ich über diese Worte nach und versuchte mich danach zu richten; doch waren alle meine Bemühungen, die Zudringlichkeiten solcher Burschen mit Liebenswürdigkeit abzuwehren, erfolglos, und ich fürchtete ständig, meine Unschuld zu verlieren. Da faßte ich am Ende den Entschluß, meinem Beichtvater diese Vorfälle mitzuteilen,

ich hatte aber nicht den Mut, dem alten Kooperator, der immer noch mit Vorliebe nach den Heimlichkeiten seiner Beichtkinder fragte, davon zu erzählen.
Da kam ein neuer Geistlicher an unsere Pfarrei, der noch sehr jung war und erst vor kurzem seine Primiz gefeiert hatte. Diesem beichtete ich nun ausführlich und er sprach mir gut und freundlich zu, fragte mich nur wenig und gab mir am Schluß noch viele Ratschläge. Ich war sehr beruhigt nach dieser Beichte und ging nun regelmäßig zu ihm. Bald wurden wir auch wegen des Singens näher bekannt, und ich besuchte ihn des öfteren in seiner Wohnung. Dabei entwickelte sich zwischen uns bald eine Art Freundschaftsverhältnis und ich fand bei ihm Trost und Zuspruch, wenn ich ihm erzählte, wie es mir daheim erging. Als er nach kurzer Zeit in eine andere Pfarrei versetzt wurde, wurde ich durch seine Vermittlung an dieser Kirche erste Sopranistin und Solosängerin. Als auch hier die Besuche ihren Fortgang nahmen, wußte ich bald, daß ich ihn liebte, und ich mußte mich oft mit aller Gewalt zusammennehmen, um ihm das nicht zu sagen; denn ich sah wohl, daß auch auf seiner Seite eine Neigung war. Doch immer wußte er sich zu beherrschen und verstand auch meine Gefühle im Zaum zu halten. Wie oft stand ich zitternd vor ihm und sah ihn mit den verliebtesten Augen an oder küßte stürmisch seine Hand. Dann blickte auch er mich freundlich an, streichelte mir die Wange und sagte: »Ja, ja, Kind, du bist halt mei Singvogel! . . . Was schaust denn no? . . . Ja so, a Bildl magst no, gel!«, worauf ich hochrot, mit leiser Stimme entgegnete: »Ja, bitt schön, Herr Hochwürden!«
»So, Kind, such dir eins aus. Magst na an Kaffee aa?«
In meiner Verwirrung vermochte ich ihm keine rechte Antwort zu geben.
Da rief er der halbtauben Wärterin: »Lies, mein' Kaffee!« und zu mir gewandt fuhr er fort: »Woaßt, Kind, i hab

aber bloß oa Taß. Trinkst halt du z'erst den dein', gel!« und damit führte er mich zum Kanapee, setzte sich zu mir und plauderte von erbaulichen Dingen. Ich aber hörte kaum zu, sondern betrachtete unausgesetzt seine Hände und Knie und dachte nur den einen Gedanken: »Wann i dich nur bloß ein einzigs Mal so viel lieb haben dürft!«

Da brachte er mich mit den Worten: »Hast aber aa g'nug Zucker drin?« wieder zu mir selber, worauf er den Kaffee versuchte, mir noch ein Stücklein hineintat und mich trinken hieß. Als ich getrunken hatte, meinte er: »So, Kind, jetzt hast von mir an Kaffee kriegt und a Bildl. Was kriag jetzt i?«.

Da dachte ich voller Ängsten, er würde sagen: »Ein Bußl«, aber er fuhr fort: »Gel, jetzt kriag i dafür a recht a schöns Lied; aba koa heiligs, denn di hör i so allweil!«

Da sang ich das Lied von dem Dirndl, das um Holz in den Wald geht, ganz zeiti in der Fruah, und dem sich nachischleicht a saubrer Jagasbua.

Als ich die erste Strophe gesungen hatte, wobei er mich am Harmonium begleitete, meinte er: »Ah, dös war aber schö; aber recht arg verliabt. No, es macht nix; von den Wirtstöchtern woaß ma's scho, daß was solches aa lernen. Kannst no mehr von dem Liedl?«

»Bloß noch eine Stroph', Herr Hochwürden! Aber die is no verliabter.«

»Dös macht nix, Kind Gottes, sing nur weiter!«

So sang ich:

Drauf sagt der Jaga zu der Dirn,
Geh, laß dei Asterlklaubn;
I möcht so gern mit dir dischkriern
Und dir in d'Äugerln schaugn.
Das Dirndl sagt: Dös ko net sei,
Daß du mir guckst in d'Augn,
Denn d'Jaga derfan, wia i woaß,
Ja nur ins Greane schaugn.

Da läutete es. Er sah nach, und eine alte Betschwester stand an der Tür; da hieß er sie warten und verabschiedete mich mit den Worten: »Jetzt muaßt geh, liabs Kind, jetzt haben d'Mauern Ohren kriagt.« Damit schob er mich durch sein Schlafzimmer an die Tür, und während ich heraustrat, sah ich ihn schon die alte Frau empfangen. Doch nicht lange mehr dauerten diese Besuche; denn er wurde abermals befördert und kam als Benefiziat in ein geistliches Institut. Als ich dann von ihm Abschied nahm und ihn zum letzten Mal um seinen Segen bat, stand er ergriffen auf und trat zum Weihbrunnkessel, während ich vor ihm niederkniete. Plötzlich aber umfaßte ich seine Knie und preßte mein Gesicht daran, indem ich laut weinend rief: »O mein lieber, lieber Hochwürden!«

Da machte er ganz ruhig seine Knie frei, zog mich in die Höhe und sagte, indem er meinen Kopf zwischen seine Hände nahm: »Kind, geh jetzt, es wird Zeit, du mußt hoam«, und dabei rannen ihm ein paar Tränen über die Wangen. Da ergriff ich nochmals seine Hand, küßte sie drei-, viermal heftig und lief dann davon.

Auf der Straße schaute ich noch einmal um. Da stand er am Fenster und winkte mir freundlich zu.

Einmal noch sah ich ihn, ohne aber mit ihm reden zu können; denn es war, als wir uns eben in feierlicher Prozession zur Wallfahrt nach Grafrath auf den Weg machten. Er stand mit einer alten, ehrwürdigen Dame, die wohl seine Mutter sein mochte, an einer Straßenecke, und ich mußte hart an ihm vorbei. Als er mich erblickte, huschte es wie große Freude über sein Gesicht, und lächelnd nickte er mir einige Male grüßend zu und wandte sich danach schnell zur Seite. Ich war über dieses Wiedersehen, so flüchtig es war, sehr beglückt und dachte während der Wallfahrt viel an ihn und empfahl ihn an der dem heiligen Rasso geweihten Stätte inbrünstig der Fürbitte dieses Heiligen.

Fröhlich kehrte ich von dieser Pilgerfahrt zurück und nahm mir vor, den Freund an einem der nächsten Tage aufzusuchen. Doch ich kam nicht dazu; denn daheim fand ich meine Brüder an Diphtherie erkrankt.

Indem ich sie noch pflegte, wurde ich selbst davon ergriffen und konnte erst nach Wochen das Bett verlassen.

Als ich aufgestanden war, versuchte ich sofort wie zuvor mich wieder um das Hauswesen zu kümmern.

Da dies die Mutter sah, hielt sie mich schon für gesund und trug mir daher mehr auf, als ich leisten konnte. So kam es, daß ich wieder täglich kränker wurde und endlich vor Mattigkeit mich alle Augenblicke niedersetzen oder anlehnen mußte. Das nahm man aber für Faulheit, und besonders die Mutter beklagte sich darüber: »Nur schö langsam! Heut a Trumm, morgen a Trumm! Bis i an Steckn nimm und zoag dir, wie ma arbat!«

Ich nahm mich nun recht zusammen; doch während ich das Schlafzimmer meiner Eltern aufräumen wollte, befiel mich wieder eine solche Müdigkeit, daß ich mich aufs Sofa setzen mußte, um zu rasten. Ich schlief ein und erwachte erst, als meine Mutter mir einige Schläge auf den Kopf gab; denn es war inzwischen Mittag geworden und sie kam, frische Servietten für die Stammgäste zu holen. Voll Zorn schrie sie mich an: »Da hört si do scho alles auf! Mittn am Tag legt si dös faule Luder hin und schlaft, anstatt z'arbatn! Aber wart, i hilf dir! Augenblickli wichst ma jetzt den Schlafzimmerboden; und sauber wann net alles ist, dann gnade Gott! Jatz is elfe; um zwoa komm i rauf, da will i alles ferti sehgn!«

Mir war ganz dumm im Kopf, aber ich begann trotzdem wieder zu arbeiten. Als ich etwa ein Drittel des Zimmers mit Stahlspänen abgerieben hatte, drehte sich plötzlich alles vor meinen Augen und ich wußte nichts mehr.

Lange muß ich so dagelegen sein; denn kaum hatte ich

wieder zu arbeiten begonnen, schlug es zwei Uhr. Ich war vor Schrecken ganz ratlos, denn ich hörte die Mutter kommen. Als sie sah, wie wenig ich gearbeitet hatte, schrie sie: »Was, du bist no net ferti! Ja, da is ja no net amal richti o'g'fangt! Du willst mi, scheint's, zum Narren haltn, du Kanallje!« Dabei trat sie mich mit Füßen und riß mich an den Haaren in die Höhe.

Mühsam fing ich wieder an zu arbeiten, während die Mutter an den Waschtisch gegangen war und sah, daß ich das Wasser noch nicht ausgeleert hatte. Da schrie sie: »Ja, was is denn dös! Net amal d'Waschschüssel hat s' ausg'leert und a frisch Wasser reitragen!«

»Ja mei, i hab ma's ja net z' tragen traut, die teure Schüssel, weil mi alle Augenblick der Schwindel anpackt.«

»Was Schwindel! Dir treib i dein' Schwindel aus. Sofort leerst die Schüssel aus! I möcht wissen, für was ma dir z'fressn gibt, du langhaxats G'stell!« rief sie und stieß mich an den Waschtisch.

Ängstlich faßte ich die schöne Schüssel, die von zarter, himmelblauer Farbe war, mit einem goldenen Rand, und eine Muschel darstellte. Im Innern war ein Bild, das zwei Mädchen in fremder Tracht zeigte, die am Meeresstrand standen und einen in einem Segelboot sitzenden Burschen aus flachen Schalen mit Wasser bespritzten. Den Krug schmückte eine ähnliche Szene; das Geschirr war alt und kostbar, und der Name des Künstlers stand darauf geschrieben.

Schwankend trug ich also die Schüssel durch das Zimmer, als ich plötzlich einen Stoß verspürte, worauf ich zu Boden stürzte. Die Mutter hatte es getan; denn ich war ihr zu langsam gegangen.

Starr blickte ich erst auf die Wasserlake, dann auf die Scherben und vergaß, aufzustehen, bis mich die Mutter mit dem Ochsenfiesel des Vaters daran erinnerte.

Eine halbe Stunde später, als ich, die blutigen Striemen an meinem Körper betrachtend und vor Schmerzen an Brust und Rücken stöhnend, bemüht war, das Unheil wieder gut zu machen, ging die Mutter fort mit der Drohung: »Dawerfa tua i di, wenn i net die gleiche Schüssel kriag!«
Ich hielt das letztere für ausgeschlossen bei der Kostbarkeit derselben und zog deshalb meinen Regenmantel an und schlich mich, nachdem ich aus meiner Sparbüchse noch etwas Geld zu mir gesteckt hatte, davon.
Planlos und ohne an etwas zu denken, lief ich durch die Nymphenburger Straße hinaus über Laim und befand mich endlich auf der Straße, die nach Großhadern führt. Die Sonne war schon im Untergehen, und über den Feldern stand ein leichter Nebel; denn es war schon im Spätsommer. Ich blieb stehen und sah mich um. Da durchfuhr mich ein kalter Schauer, und als ich weitergehen wollte, wurde mir schon nach wenigen Schritten so übel, daß ich mich erbrechen mußte und danach ohnmächtig auf der Landstraße hinfiel.
Spät abends fand mich ein Bauer, der Milch nach der Stadt gefahren hatte und jetzt auf dem Heimweg war. Der hob mich auf und brachte mich mit seinem Fuhrwerk nach Großhadern und lud mich bei einem großen Wirtshaus ab. Die Wirtin brachte mich freundlich zu Bett und befahl einer alten Frau, daß sie die Nacht über bei mir bleibe. Sie selbst kam am andern Tag und fragte mich mitleidig, wo ich in diesem Zustand denn herkomme oder hinwolle. Da erzählte ich ihr mein ganzes Unglück und bat sie, sie solle mich doch bei sich behalten, ich sei eine Wirtstochter und könne ihr viel helfen.
»Ja, mei liabs Kind«, meinte die gute Frau, »deine Leut wer'n halt recht Sorg um di habn und di wieder z'rückverlanga; denn dös kann do net sei, daß a Muatter so schlecht is.«

Weinend wiederholte ich meine Bitte und beruhigte mich erst, als sie mir versprach, mich in ihren Dienst zu nehmen: »Aba z'erscht muaßt wieder g'sund wer'n. Drum bleibst heut lieber no liegn. Vielleicht kann ma morgn mehra sagn.«
Gegen Abend hielt ich es nicht mehr im Bett aus und ging zu der Wirtin in die Küche und fragte sie, ob ich ihr was helfen könnte.
»Ja mei, Kind, in dem Zuastand! Sitz di liaber ins Nebenzimmer und iß was G'scheits. Du schaust ja aus wie inser liaber Herr am Kreuz!« Damit nahm sie mich bei der Hand und führte mich ins Nebenzimmer, wo an einem Tisch fünf oder sechs Herren beisammen saßen und mich verwundert ansahen.
»Wen bringen S' denn da, Frau Obermeier? Dös is g'wiß a Basl«, fragte einer, während ein anderer hinzufügte: »Jess Maria, is dös Madl kasi! Is 'leicht krank?«
»Ja mei, Herr Oberförster«, sagte die Wirtin, »dös is a g'spaßige G'schicht!« Und sie erzählte die Sache den Herren, von denen einer der Bürgermeister, ein anderer der Arzt und ein dritter der Herr Benefiziat war.
Nachdem die Wirtin meine Geschichte erzählt hatte, bestürmten sie mich mit allen möglichen Fragen; doch der Arzt sagte: »Laßt's dem armen Kind sei Ruh, meine Herrn! Ma sieht's ja auf den ersten Blick, daß 's schwerkrank is . . . Geh amal her, Fräulein, und laß dir in'n Hals neischaun! . . . Ach, Herrjesses«, schrie er da, »wie schaut's da drin aus, und so ham s' di rumlaufa und arbat'n lassen. A so a Bagasch g'hört do glei o'zoagt!«
»Und sie möcht zu mir in Dienst gehn!« rief die Wirtin dazwischen.
»Sonst nix mehr«, schrie der Bürgermeister, »ins Krankenhaus g'hörst! Net wahr, Herr Doktor?«
»Allerdings wär's das Beste, denn es ist nicht ausgeschlos-

sen, daß das Mädel a starke Lungenentzündung kriagt auf dö Strapazen.«

Da sagte der Herr Benefiziat: »Wie heißt du denn eigentlich und woher bist du?«

Als ich es ihm gesagt, fragte er weiter: »Moanst wirkli, daß di dei Mutter totschlagt?«

»Ja, i glaab scho; denn halbert umbracht hat s' mi a so scho.«

Da lachten sie alle, bis der Herr Benefiziat wieder ganz ernst fortfuhr: »Es ist doch a Sünd und a Schand, wie heutzutag mit den armen, ledigen Kindern umgegangen wird. Z'erscht setzt ma's her, dann gehn s' oan im Weg um. So ein Weibsbild g'hörat doch schon an die Zehen aufg'hängt und mit Brennesseln g'haut!«

»Ganz recht, Herr Benefiziat, früher hat ma aufgramt mit solchene Leut, aber heutzutag baun s' eahna ja extrige Häuser, daß sie s' leichter auf d' Welt bringa eahne armen G'schöpferln!« rief der Tierarzt, und der Bürgermeister sagte: »Jetzt ham's mir da! Was tean jetzt mir damit? Uns geht's eigentlich nix o, schiabt's es nur der Münchner G'meinde zua!« – »Ganz recht, Herr Bürgermeister«, sagte der Oberförster, »für dös arme Deanderl is am besten, wenn's z' Münka ins Krankenhaus geht, bis g'sund is. D' G'meinde soll's nur zahln. Die ham mehra wie mir.«

Ich hatte heftig zu weinen begonnen, so daß die Wirtin rief: »Aber meine Herren, dös is scho net recht, daß d's ma dem arma Deanderl an solchen Schrecken einjagt's. Laßt 's do wenigstens mit Ruah essen!« Damit führte sie mich an den Tisch und gab mir den Löffel in die Hand, und ich mußte von dem Kalbslüngerl, das die Kellnerin hingestellt hatte, essen. Ich brachte aber vor Weinen und Halsweh nichts hinunter. Die Wirtin kehrte wieder in ihre Küche zurück, während die Herren sich lebhaft über mich unterhielten.

Nach einer Weile stand der Herr Benefiziat auf, setzte sich zu mir und gab mir folgenden Rat: »Liabs Kind, i moan, 's wär's G'scheitste, du tätst morgen früh von Pasing nach der Stadt fahren, dort auf die Polizei gehen, die ganze G'schicht anzeigen und dich in ein Krankenhaus schaffen lassen. Nachher bist gut aufg'hoben, und deiner Mutter schiab'n s' hoffentlich an Riegel vor ihre Brutalitäten.«
Ich gab ihm keine Antwort und weinte nur. Die Wirtin aber brachte mich darauf wieder ins Bett und erwiderte mir auf meine Frage, was ich schuldig sei: »An Vergelt's Gott und an B'suach, wann's dir amal guat geht.«
Am andern Morgen stand ich sehr früh auf, und ein Milchfuhrwerk nahm mich wieder mit nach Pasing. Von da fuhr ich mit der Bahn nach München.
Als ich ratlos vor dem Sterngarten am Bahnhofplatz stand und nicht wußte, wohin ich mich wenden sollte, begegnete mir der Sohn einer im Haus meiner Eltern wohnenden Familie und sagte mir: »Geh fei net hoam, Leni! Dei Muatter is in der größten Wut. Die ganze Nachbarschaft hetzt s' über di auf und sagt dir alles Schlechte nach. Durch d'Gendarmerie laßt s' di scho überall suacha.«
Da begann ich zu weinen und fragte ihn um Rat; denn wir hatten uns sehr gern. Er meinte auch, ins Krankenhaus gehen wäre das Gescheiteste; doch zuvor solle ich auf die Polizei, daß man nicht weiter nach mir suche. Er begleitete mich dann auch dorthin und ging darauf in sein Geschäft. Ich aber trat in die Einfahrt des Polizeigebäudes und fragte den Gendarm, der dort auf Posten stand: »Sie, entschuldigen S', bitt schön, wo is denn da dös Zimmer, wo verlorengegangene Personen o'g'meldt wer'n?«
Er lachte herzlich und gab mir zur Antwort: »San vielleicht Sie verloren ganga, schön's Fräulein? Dann melden S' Eahna parterre, ganz hinten auf Zimmer Nummro sieben.«
Dort fragte man mich nach meinem Begehr.

»Entschuldigen S', is bei Ihnen ein junges Mädchen angemeldet, dös wo verloren ganga is, oder vielmehr, dös wo davog'laafa is? Wissen S', i bin davo von dahoam, weil mi mei Muatter sunst derworfa hätt, weil i d' Waschschüssel derschlagn hab und Diphtherie hab.«
Lächelnd führte mich der Beamte in das Zimmer des Polizeiarztes, und als ich dem meine ganze Geschichte erzählt hatte, untersuchte er mich und sagte darauf: »Herr Rat, ich bitte Sie, lassen Sie die Ärmste nach dem Krankenhaus schaffen. Benachrichtigen Sie jedoch die Angehörigen nicht davon. Recherchieren Sie vielmehr, ob solche Sachen bei dieser Frau öfter vorkommen; denn so etwas gehört exemplarisch bestraft.« Hierauf mußte ich mich ausziehen und ihnen die Beulen und Striemen an meinem Körper zeigen. Als der Arzt einen großen grünlichen Fleck an meiner linken Brust bemerkte, rief er: »Unverantwortlich! Ein weibliches Wesen so zu mißhandeln! Die Megäre denkt gar nicht, welche Folgen das haben kann!«
Danach wurde ich in das Krankenhaus an der Nußbaumstraße geschafft, wo ich alsbald in ein heftiges Fieber verfiel und an einer schweren Lungenentzündung erkrankte.
Als es mir besser ging, wollten alle meine Geschichte hören; denn durch den Polizeiarzt war an unsern Arzt, Doktor Kerschensteiner, schon ein aufklärendes Schreiben gelangt, und der freundliche Herr hatte in seiner Entrüstung ganz laut im Saal geschrien: »Die Bestie! Das Schandweib! Und so was nennt sich Mutter!«
Nach drei Wochen aber meinte er: »Jetzt müssen wir es doch der Mutter schreiben, wo Sie sind. Es handelt sich nämlich um die Zahlung, ob das Ihre Mutter übernimmt oder die Gemeinde.«
Als ich darauf zu weinen begann, beruhigte er mich mit den Worten: »Sie müssen nicht Angst haben. Die Frau tut Ihnen nichts. Dafür bin ich auch noch da.«

Man schrieb ihr also, und an einem Dienstagnachmittag zur allgemeinen Besuchsstunde kam sie. Ich lag im ersten Bett, gleich neben der Tür. Sie blickte im ganzen Saal herum und sah mich lange nicht, nachdem sie mich aber bemerkt hatte, schrie sie, daß es alle hörten: »So, da bist! Was du deinen armen Eltern angetan hast, übersteigt alle Grenzen. Da heraußen muß ma di finden und hätt'st es so schön g'habt dahoam. Hätt dir koa Mensch was tan!« Dabei brach sie in Tränen aus, ging durch den Saal an das Fenster und sagte ganz laut und mit schluchzender Stimme: »So ein ungeratenes Kind! Oan so vui Verdruß z'macha!«

Die andern Patientinnen, die den wahren Sachverhalt wußten, begannen bei diesen Worten zu kichern und zu lachen, und eine sagte mit komischem Ernst vor sich hin: »Tja, tja, solchtene Kinder!«, worauf im ganzen Saal lautes Gelächter erscholl.

Da mußte auch ich lachen, und die Mutter entfernte sich wütend mit den Worten: »Daß d' di z'ammrichst morgen. Morgen nachmittag hol i di!«

Am Abend machte der Herr Doktor wie gewöhnlich die Runde, und es wurde ihm das Vorgefallene berichtet. Da trat er an mein Bett und sagte lachend: »Ah, Sie leben ja noch! Also ist sie doch nicht so schlimm.« Als er aber erfuhr, daß ich am andern Tag wieder nach Haus müsse, rief er: »Unter keinen Umständen! Sie sind noch nicht gesund, und jede Aufregung sowie Luftwechsel schadet Ihnen! Ich werde niemals meine Einwilligung dazu geben.«

Er mußte sie aber doch geben, als die Mutter am andern Tag unter vielen Tränen versicherte, ich solle kein unrechtes Wort mehr hören, noch viel weniger eine Mißhandlung erdulden.

Nachdem ich ziemlich bedrückt von den Krankenschwestern

und den übrigen Patientinnen Abschied genommen hatte, trat ich mit der Mutter den Heimweg an.
Vorerst aber hatte die Mutter an der Kasse noch sechsundneunzig Mark für meine Verpflegung zu bezahlen, doch ließ sie mich den Ärger darüber nicht merken.
Unterwegs in der Trambahn sagte ich ihr, ich wolle nicht mehr heim, sondern eine Stellung als Dienstmädchen annehmen. Sie schien anfangs entsetzt darüber, ging aber dann doch mit mir in die Marienanstalt, wo bessere Stellen für Dienstboten vermittelt wurden.
Während sie mit der Oberin verhandelte, mußte ich auf dem Korridor warten. Nach längerer Zeit trat die Mutter heraus und sagte, spöttisch lächelnd: »So, geh nur nei! D' Frau Oberin woaß allerhand für di.«
Mit den besten Hoffnungen trat ich ins Zimmer, gefolgt von der Mutter. Aber es kam anders, als ich erwartet hatte.
»Weißt du«, begann die sehr beleibte Oberin, indem sie mit hochrotem, erzürntem Gesicht vor mich hintrat, »was einem Kind gebührt, das seine Eltern mit Füßen tritt und das Elternhaus mißachtet und nicht mehr dahin zurückkehren will? ... Einem solchen Kind gehört nichts anderes, als daß man es an einen Haken anhänge und mit einem Stock oder Strick so lang schlage, bis es lernt, das Elternhaus zu schätzen und Vater und Mutter zu lieben!«
Als ich dies vernommen, verlangte ich nicht mehr zu wissen und eilte nach der Tür, riß sie auf und lief davon, heim zum Vater.
Nachdem dieser mich freundlich empfangen und mir seine Hilfe versprochen hatte, erzählte ich ihm auch dies mein letztes Erlebnis. Da gab er mir recht, und als die Mutter heimkam und über mich klagte, sagte er: »Dös is aa koa G'redats an a krank's Madl hin. Da kann 's freili koa Liab und koa Achtung lerna bei dera Behandlung. Sei du

mit'n Madl, wie es si g'hört, na werd si bei ihr aa nix fehln!«
Darauf brachte mich die Mutter zu Bett und behandelte mich von nun an gut und freundlich.

Inzwischen nahte der Hochzeitstag meiner Eltern wieder heran. Es war der zehnte, seit sie geheiratet hatten, und auf den gleichen Tag fiel auch mein Geburtsfest. Ich wurde damals siebzehn Jahre alt.
Da die Eltern es gern sahen, daß ich ihnen zu den üblichen Familienfesten meine Glückwünsche darbrachte und auch die Brüder irgendein Gedichtlein lernen ließ, so beschloß ich, ihnen zu ihrem zehnten Hochzeitstage eine rechte Freude zu machen. Ich schmückte also das Nebenzimmer mit Papiergirlanden, stellte ein selbstverfertigtes Transparent auf und dazu ein Brett, in das ich zehn Nägel schlug und darauf zehn Wachskerzen befestigte. Auf einen weißgedeckten Tisch legte ich die Festesgaben, zu denen ich einen eigenen Vers gedichtet hatte. Es waren ein Paar zierliche Samtpantoffeln für die Mutter und ein gesticktes Käpplein für den Vater, nebst zwei Blumenstöcken und einem Kuchen. Auch den Stammgästen teilte ich meine Absicht mit, und sie waren gern bereit, die Feier noch durch Musik zu verschönern.
Als nun am Vorabend des Hochzeitstages meine Eltern plaudernd am dichtbesetzten Stammtisch saßen, ertönte plötzlich im Nebenzimmer Musik, und man brachte ihnen ein Ständchen. Erschrocken sprang die Mutter auf und lief hinüber. Da erglänzte der also geschmückte Raum im Licht der Kerzen und des Transparents. Doch, o Wunder! es stand noch ein Brett auf dem Tisch, an dem siebzehn kleine Lichtlein brannten. Meine Brüder hatten mich damit überrascht. Während die Mutter immer noch starr an der Tür lehnte, war auch der Vater hinzugetreten, und nun brachte ich

meinen Prolog vor, worauf die Gäste ein dreimaliges Hoch brüllten.

Dann stand einer von den Stammgästen auf und brachte in umständlicher, stotternder Rede die Wünsche der Gäste zum Ausdruck und rief zum Schluß: »Unser wertes Hochzeitspaar und unser liebes Geburtstagskind mögen noch lange Jahre froh und glücklich sein! Sie leben hoch, hoch, hoch!«

Da rief die Mutter, der während des Ganzen eine dunkle Röte bis zu den Schläfen über das Gesicht lief, aus: »Ja, seid's denn alle verrückt wordn! Was red's denn allweil von zehn Jahr? Mir san do scho zwanz'g verheirat'!«

Ich wunderte mich über diese Rede sehr; denn ich wußte doch bestimmt, daß der Vater jetzt fünfunddreißig, die Mutter aber achtunddreißig zählte, und wenn sie nun vor zwanzig Jahren schon geheiratet hätten, so . . . Ich schickte mich also an, ihnen dies zu erklären. Da erhielt ich einen heftigen Stoß von der Mutter, und sie rief halblaut: »Marsch, ins Bett! Und freun kannst di!«

Andern Tags aber gab es heftige Prügel dafür, daß ich die Eltern so blamiert hatte; denn sie wollten es niemand wissen lassen, daß die Mutter mich schon ledig gehabt.

Jetzt war meine gute Zeit wieder vorbei, und die Mutter quälte mich wieder ärger denn je. Dabei empfand ich es am bittersten, daß sie mich oft, besonders zu gewissen Zeiten des Monats, wegen irgendeiner Kleinigkeit, die ich mir hatte zuschulden kommen lassen, dadurch strafte, daß sie mir befahl, nach dem Mittagessen in ihrem Zimmer zu erscheinen. Dort mußte ich mich dann jedesmal nackt ausziehen und niederknien, und nun schlug sie unter lauten Schmähungen mit dem Ochsenfiesel so lange auf mich ein, bis sie vollkommen erschöpft war und mir das Blut über Arme und Rücken herunterrann. Bei diesen

Züchtigungen waren die Schläge, an die ich mich schließlich auch gewöhnte, nicht so schmerzhaft als der Umstand, daß die Mutter oft viele Stunden zwischen meiner Verfehlung und der Strafe verstreichen ließ, während derer ich das Kommende jeden Augenblick vor mir sah und doch meine Arbeit tun mußte.

Dadurch wurde mir das Leben im Hause immer mehr zur Qual, und ich beschloß, auf irgendeine Weise dasselbe zu verlassen.

Da besuchte uns ein junges Mädchen, welches sich vor seinem Eintritt ins Kloster noch von einer meiner Basen, die bei uns in Dienst war, verabschieden wollte. Diese schilderte mir den Beruf und das Leben der Nonnen so schön, daß ich voller Begeisterung beschloß, ebenfalls ins Kloster zu gehen. Ich äußerte diesen Wunsch meiner Mutter gegenüber, und sie war ganz wider mein Erwarten einverstanden. Doch wohin? Man versuchte es im Institut der Englischen Fräulein; doch wies man mich dort ab, weil ich ein lediges Kind war. Da erfuhren wir durch eine Magd, deren Schwester schon lange Klosterfrau war, daß der alte Pater Guardian des Kapuzinerordens in München uns gewiß raten könne; der hätte auch ihre Schwester ins Kloster gebracht.

Meine Mutter ging also mit mir dahin und stellte mich dem Pater vor, und nachdem ich ihm meinen Wunsch, ins Kloster zu gehen, vorgetragen hatte, meinte er: »Viele sind berufen, aber wenige nur sind auserwählt! Wenn du wirklich den festen Willen hast, Nonne zu werden, so will ich dir gerne dazu helfen!« Darauf nannte er mir als die geeignetste Stätte, Gott in gänzlicher Abgeschiedenheit von der Welt zu dienen, das Kloster Bärenberg in Schwaben, und nachdem er noch meine Schulzeugnisse geprüft und mich auch in religiösen Dingen nicht unwissend befunden hatte, empfahl er mir, dorthin zu schreiben;

denn daselbst könne ich Lehrerin, oder was ich wolle, werden.

Auf meine Anfrage bei den frommen Frauen dieses Klosters, das dem heiligen Josef geweiht war, erhielt ich denn auch wirklich den Bescheid, daß man, obwohl ich schon siebzehn Jahre alt sei und man gewöhnlich nur jüngere Bewerberinnen zulasse, dennoch gewillt sei, mich als Kandidatin aufzunehmen; zugleich war dem Schreiben ein Zettel beigelegt, der alles enthielt, was mir zu wissen vonnöten war und auch was ich an Garderobe, Wäsche und dergleichen brauchte.

Als Tag meines Eintrittes war der fünfte Dezember, der Todestag meines Großvaters, ausersehen, und ich erwartete ihn sehnsüchtig und mit großer Aufregung.

Die letzte Nacht vor meinem Scheiden aus dem elterlichen Hause schlief ich nur wenig, und als mich am frühen Morgen die Mutter aus den Federn holte, war ich in ganz seltsamer Stimmung. Verflogen war alle Lust und Freude, und ich wäre viel lieber im Bett geblieben, statt mich für die Reise bereit zu machen. Da ich nun aber einmal daran glauben mußte, kleidete ich mich rasch an. Bald trat auch schon die Mutter reisefertig in die Stube, und nachdem ich meinem Vater und den Geschwistern Lebewohl gesagt, machten wir uns auf den Weg. Oftmals blickte ich noch zurück auf unser Haus, und als wir durch die menschenleeren Straßen dem Bahnhof zueilten, nahm ich noch Abschied von den alten Frauentürmen, die freundlich aus dem Frühnebel grüßten.

In der Eisenbahn gab mir die Mutter noch allerhand Ratschläge und meinte zum Schluß: »Kost's, was's mag, wannst nur recht a brave Klosterfrau wirst! Schickn tean mi dir alles, was d' magst, brauchst bloß z' schreibn. Aber aushaltn mußt und drin bleibn! Net, daß d' auf amal nimma magst und kommst ma daher; da tät's spuckn!«

Nach dieser Rede verstummte sie, und auch ich lehnte mich schweigend in meine Ecke.
Verschneite Wiesen, Wälder und Ortschaften glitten draußen vorüber, Stationen wurden gerufen, Leute stiegen aus und ein, deren Redeweise immer mehr das Schwabenland verriet, und bald waren wir in der Hauptstadt, in Augsburg. Den mehrstündigen Aufenthalt benützten wir dazu, uns die Stadt ein wenig anzusehen. Mich aber interessierten nur etliche Klosterfrauen, die eben über den Marktplatz in eine Kirche gingen; doch gefiel mir ihre Kleidung gar nicht und ich fürchtete, es möchten die Frauen des heiligen Josef ebensolche unschöne Gewandung tragen. Während ich ihnen noch nachblickte, stürmte plötzlich keuchend ein Hund an mir vorüber, der einen andern, der laut heulte, hinter sich herschleifte. Entsetzt sprangen die Nonnen zur Seite, während sich im Nu ein großer Menschenhauf ansammelte, aus dem die Rufe: »A Schäffla Wass'r her! A Töpfla Wass'r drufgießa!« erschollen. Ich aber war höchst erstaunt vor diesem scheinbaren Naturwunder stehen geblieben und starrte mit offenem Munde den Hunden nach. Da riß mich meine Mutter mit den Worten: »Marsch, weiter, dös is nix für di!« mit sich fort und führte mich auf dem kürzesten Wege wieder zum Bahnhof.
Während der weiteren Fahrt war die Mutter recht einsilbig, und als wir jetzt an der Endstation Kamhausen anlangten, sagte sie nur: »So, jetz müß ma schaun, daß ma no an Platz im Stellwagn kriegn!«, welchen Worten ich nicht zu widersprechen wagte, obgleich ich viel lieber zu Fuß gegangen wäre.
Während nun die Mutter wegen der Fahrscheine drinnen am Postschalter verhandelte, besah ich mir die Gegend: Da erblickte ich grad vor mir, kaum eine halbe Stunde entfernt, angelehnt an einen bewaldeten Hügel, ein imposan-

tes Gebäude und rings um dasselbe eine Menge kleinerer, die den Eindruck einer kleinen Stadt machten. Etwas abseits lagen wieder eine Anzahl Häuser, die mehr ländlichen Charakter hatten und von Bäumen umgeben waren. Um das große Gebäude und den Berg zog sich eine Mauer, und von dem Dach grüßten ein paar große, mit hohen Schneehauben überzogene Storchennester. Dazwischen ragten mehrere kleine Türmlein in die klare Luft, und von einem größeren klang einladend das Mittagläuten zu mir herüber. Da schreckte mich jemand aus meinem Betrachten auf: »He, Mädla! Was luagscht denn allweil nach Bäraberg rüba? Magscht ebba au e Kloschterfrau wera?«

»Ja. Dös hoaßt, naa, naa; i woaß's net!«

Nach diesen ungeschickten Worten lief ich wieder auf die andere Seite des Bahnhofs, wo die Mutter mich schon überall suchte. Ich sagte ihr, daß ich Bärenberg schon gesehen hätte; doch schien sie es nicht zu hören und trieb mich zur Eile, da der Stellwagen gleich abfahren wollte.

Mit uns hatten noch einige Frauen und ein junger Mann Platz genommen, und der letztere veranlaßte mich durch sein sonderbares Betragen und sein vogelartiges Gesicht, immer wieder nach ihm zu schauen. Er spielte unablässig mit seinen Fingern, schnitt Grimassen und lallte unverständliche Worte vor sich hin. Ich erfaßte aus der lebhaften Unterhaltung der Frauen, die bei ihm saßen, daß der junge Mensch blöd und epileptisch krank sei und nun in der Kretinenabteilung Bärenbergs untergebracht werde. In der Ecke saß ein altes Weiblein mit einem kaum zwanzigjährigen Mädchen, und es fiel mir auf, daß die beiden gar nichts miteinander redeten. Auch die andern Frauen interessierten sich anscheinend für das Paar; denn die eine fragte plötzlich die Alte: »Fahrat Se au uf Bäraberg?«

»Ja freili«, antwortete diese, »mei Dirndl is toret und a Stummerl is 's aa. Jatz han i mi beim Burgamoasta vürstelli g'macht und der hat ins a G'schreibats gebn, daß s' auf G'moaköstn in dö Anstalt z' Bärnberg kimmt. Dö ham ja lauta söllana Dalkn!«

»Du lieb's Herrgottl! Isch dies abr schad! 's isch ganz e frätzig's, herztausig's Mädla! Moi Jakala muß au hin, weil er irr ischt und's Hiefallat hat.«

Nun war mit einem Mal meine ganze Schneid fort und ich hatte nicht geringe Angst vor dem Kloster und allem, was dazu gehörte. Und als sich die redseligen Frauen nun auch an uns wandten, muß ich wohl ganz den Eindruck einer verschüchterten Irren gemacht haben; denn die eine sagte zu meiner Mutter: »So, so, Sie fahrat au mit uns! Sie wollet g'wiß au Aufnahm für dies Mädla; ischt's ebba au e Deppala?«

Da sagte meine Mutter, daß ich Klosterfrau werden wolle.

»Schau, schau!« sagte die Alte darauf, »so a schwera und aaschtrengada Beruf möcht's Mädla und ischt so blaß und mag'r! Lasset Sie's do wied'r hoifahra, Fraule! Die ischt 'it passad für e Kloschterfrau!«

Doch meine Mutter entgegnete nur kurz: »Es wär mir gleich, was s' tät; aber sie will selber ins Kloster.« Damit war die Unterhaltung zu Ende.

Inzwischen waren wir an dem Hügel angelangt und mußten nun ganz um ihn herumfahren. Da sah man erst, daß er den eigentlichen Ort ganz verdeckt hatte, und ich war überrascht von der Schönheit des alten Städtleins.

Vor dem großen Gebäude machte der Postillon halt, und wir standen wartend an der verschlossenen Pforte. Aus dem kleinen Fensterchen daneben sah eine schwarze Katze, und als die Tür sich endlich öffnete, stand eine kleine, alte Nonne vor uns, liebenswürdig und demütig nach unserem Begehr fragend.

Nachdem sie die Wünsche eines jeden gehört, führte sie uns in ein kahles Zimmerchen, aus dem erst die Taubstumme, dann die Frauen mit dem Kranken geholt wurden. Zuletzt kam eine blasse, junge Schwester, die uns nach den Gemächern des Superiors führte.

Vor der Tür des Sprechzimmers standen etwa sieben bis acht Nonnen und warteten auf Einlaß. Sie standen da, gesenkten Hauptes, die Arme vor der Brust gekreuzt und beteten leise vor sich hin, während mitunter ein halb scheuer, halb neugieriger Blick uns streifte.

Inzwischen hatte die Schwester uns angemeldet und wies uns nun in ein mit dem Sprechzimmer verbundenes Gemach.

Da trat nach einer kleinen Weile, während der mir fast die Brust zersprang vor Erregung, aus der Tür des Sprechzimmers ein ernster Mann von ehrfurchtgebietender Größe und Haltung und lud uns ein, näher zu treten. Er führte uns in sein Zimmer, das fast wie der Laden eines Buch- und Schreibwarenhändlers aussah. Überall lagen Stöße von Büchern, Heften, Zeitschriften, Akten und Briefen umher und dazwischen große Pakete, ganze Bündel Wachskerzen, Rosenkränze und Sterbkreuze. Über einem Stuhl hingen eine Menge violettgelber Ordensgürtel, und an einem Schrank lehnten etliche Krücken.

Nachdem der Superior in einem Armstuhl Platz genommen, wies er meiner Mutter auf dem Sofa und mir auf einem Rohrhockerl Sitze an, hierauf begann er: »Hast du dir auch wohl überlegt, mein liebes Kind, was du tun willst, indem du eine Klosterfrau zu werden gedenkst?«

Meine Mutter antwortete statt meiner: »Hochwürdiger Herr, wir haben ihr lang genug davon abgeraten«; und plötzlich in ihre gewohnte Redeweise verfallend, fuhr sie fort: »Aber a jeds Wort is umasonst g'wen.«

»Das haben halt schon viele im Sinn gehabt und nach einiger Zeit sind sie doch wieder in die Welt zurück. Und gar bei uns gehört viel dazu, um den Anforderungen, die wir an die Schwestern stellen, gerecht zu werden. Doch soll es uns große Freude bereiten, wenn das liebe Kind eine recht fromme, brave und tüchtige Schwester in unserm Orden wird. Wir haben ja so viele nötig, sowohl für die Arbeit als auch für den Unterricht; denn unsere Anstalt besteht aus einem Blindenheim, einem Taubstummeninstitut, einer Heimstätte für alte, schwächliche Personen und einer Pflegeanstalt für Kretinen, Epileptische, Irre, Tobsüchtige und durch Ausschweifung Zerrüttete, sogenannte Besessene. Auch finden bei uns arme, kranke und mißgestaltete sowie blöde, krüppelhafte und mißratene Kinder eine Stätte zur allseitigen Pflege und Bildung, soweit dies möglich ist. Unser Orden hat jetzt etwa fünfhundert Profeßschwestern, von denen etliche schon seit Bestehen desselben das Kleid unseres Schutzpatrons tragen, und ungefähr zweihundert Novizinnen, die ihren weißen Schleier erst in ein bis zwei Jahren bei Ablegung der Profeß mit dem schwarzen zum Zeichen gänzlicher Entsagung der Welt vertauschen. Diese sind noch nicht durch die ewigen Gelübde gebunden und können den Orden noch verlassen; doch zeigt ein einzig dastehendes Beispiel, wie der himmlische Bräutigam diesen Verrat bestraft: Die betreffende Novizin wurde nach einiger Zeit irrsinnig und befindet sich jetzt in unserer Irrenabteilung. Außer den Genannten haben wir noch etwa dreihundert Jungfrauen, die am Tag des heiligen Josef Lehr-, Pfleg- und Arbeitsschwestern werden wollen, sowie einhundertzwanzig Lehramtskandidatinnen, zehn Handarbeits- und sechs Musikkandidatinnen und etwa fünfzehn für die Hausarbeit und Küche. Wie ich sehe, hat das Kind sehr gute Schulzeugnisse; eine kurze Prüfung wird uns zeigen, wozu sich das Mädchen eignet. Sollte es dir, mein Kind, nicht gefallen, so kannst du innerhalb fünf Jahren diese Stätte noch verlassen. Nun sage mir einmal, willst du bei uns bleiben?«

Er war bei den letzten Worten aufgestanden und hatte mir das Kinn gefaßt, indem er mich fest anblickte.
Da sagte ich leise: »Ja, ich will dableiben.«
Meine Mutter hatte dies Ja überhört und rief: »Na, kannst net antwortn, wennst g'fragt wirst!«
Doch der Priester entgegnete ihr: »Ereifern Sie sich nicht, Frau Mutter, das gute Kind hat mir sein Jawort schon gegeben.«
Darauf gab er uns seinen Segen und ließ uns durch eine Nonne nach der Kandidatur führen. Dort mußte mich meine Mutter allein lassen; doch durfte ich, nachdem ich den Kandidatinnen vorgestellt und genugsam angestaunt worden war, mit ihr in der Brauerei zu Mittag essen und hatte mein neues Leben erst am Nachmittag zu beginnen.
Wir begaben uns also in das Bräustüberl, einen behaglichen Raum mit rohen, blankgescheuerten Möbeln und Blumenstöcken an den Fenstern, deren saubere Vorhänge fest zugezogen waren. An den Wänden hingen bunte Heiligenbilder, und in einer Ecke war ein kleiner Hausaltar aufgerichtet, dessen zierliche Ampel ihr mattes Licht auf die aus Gips verfertigte Statue des heiligen Josef warf.
Als ich sah, daß auch hier nur Klosterfrauen tätig waren, verwunderte ich mich sehr und wagte an die Schwester, die uns bediente, die Frage, ob hier die Nonnen auch das Bier selber brauten. Da erzählte sie uns, daß alles, was nur immer zu tun sei, von ihnen selbst gemacht werde; auch die Ökonomie und Metzgerei sowie alle Handwerke, deren das Kloster bedürfe. Zur Hilfe würden allerdings die Pfleglinge, welche sich dazu eigneten, verwendet. Dies setzte mich in großes Erstaunen, und ich sah meinem Leben in diesem Kloster mit viel Neugier entgegen. Meine Mutter aber hatte mit wachsendem Entsetzen zugehört und konnte dies auch kaum vor mir verbergen, und als sie um drei Uhr wieder in den Stellwagen stieg, sagte sie ganz

unvermittelt: »Also wann's dir gar z'schwer wird, kannst d' es ja schreibn; bet viel und sei recht fleißig und aufmerksam und laß dir nix z'schulden kommen.«
Ich gab ihr noch Grüße auf an alle, die mir lieb waren; dann schlang ich plötzlich meinen Arm um ihre Knie, drückte laut aufweinend meinen Kopf in ihre Kleider und lief danach, so rasch ich konnte, an die Pforte und läutete fest, ohne noch einmal umzuschauen.
Man wies mich wieder in das kleine Zimmer, und dann führte mich die blasse Schwester ins Refektorium, wo die Kandidatinnen bei der Vesper saßen. Liebenswürdig nahmen sich sofort einige von ihnen meiner an und erklärten mir alles, was ich wissen mußte oder wollte. Ich war ihnen dankbar dafür; denn ich hielt es für natürliche, herzliche Kameradschaft. Später freilich erkannte ich meinen Irrtum: Es war alles nur Drill und von wahrer Güte wenig zu finden: Bigotterie paarte sich mit Stolz, Selbstsucht mit dem Ehrgeiz, vor den Oberen schön dazustehen und als angehende Heilige bewundert zu werden.
Besonders unter den älteren Mädchen hatte dies Streben nach Vollkommenheit einen wahren Wettlauf um die Tugend hervorgerufen, und die Präfektin der Kandidatur, die solches mit großer Befriedigung wahrnahm, übergab nun jede Neuangekommene der Obhut einer dieser Würdigen, welche zugleich mit diesem ehrenvollen Amt den Namen Schutzengel erhielt.
Also ward auch mir gleich am ersten Abend ein solcher Schutzengel zugeteilt und waltete mit Eifer seines Amtes. Bald machte er mich auf das Weltliche meiner Heiterkeit aufmerksam, obschon ich mir recht traurig vorkam. Und als ich später meinen Arm in den meiner Beschützerin legen wollte, wies sie mich mit den Worten zurecht: »Pfui! Das schickt sich doch nicht! Das gefährdet doch die heilige Reinheit! Es ist uns verboten, uns bei den Händen zu

fassen oder einzuhängen. Das Betasten des Körpers nährt die Sinnlichkeit, und zum Körper gehören auch die Hände.«

Da die Abendandacht stets in der Kapelle verrichtet wurde, führte meine Hüterin mich daselbst an den mir zugeteilten Platz, von dem aus ich weder den Altar noch sonst etwas von der Kirche sehen konnte; denn wir befanden uns auf einer Art Galerie, die mit einem dichten Gitter abgeschlossen war. Rings um uns vernahm ich lautes Beten und sah mich neugierig um, zu sehen, woher es käme. Da flüsterte mein Schutzengel mit strenger Miene: »Sieh für dich, arme Seele, Gott ist hier!«

Nach dem Abendgebet gingen wir paarweise in den großen Schlafsaal, und meine Führerin steckte mir auf dem Weg dahin einen Zettel zwischen die Finger, auf dem geschrieben stand: »Von neun Uhr abends bis sieben Uhr morgens strengstes Stillschweigen!«

Im Schlafsaal angelangt, wies sie mir mein Lager an, und ich wollte nun beginnen, mich auszuziehen. Da ich noch städtische Kleidung trug und auch kein Nachthemd bei mir hatte, brachte sie mir eine weiß- und rotkarierte Bettjacke. Ich hatte bereits meine Bluse aufgeknöpft und entblößte eben meine Schultern, als mein Schutzgeist ganz entsetzt herzusprang und mir die Bluse rasch wieder über die Achseln schob. Hierauf warf sie mir die Bettjacke über die rechte Schulter, und indem ich sie am Hals festhalten mußte, entblößte sie unter dieser schützenden Hülle meinen rechten Arm und schob ihn rasch in den Ärmel des Nachtgewandes. Ebenso verfuhr sie auf der linken Seite und dann knöpfte sie mir den Kittel bis an den Hals zu.

Die andern Kandidatinnen hatten sich inzwischen unter lautem Beten auf die gleiche Art entkleidet, und ich sah nun eine nach der andern ins Bett steigen; doch behielten alle ihren Unterrock und die Strümpfe an. Ich machte meine Hüterin durch Zeichen auf dies aufmerksam; da zog sie einen Bleistift und einen Notizblock aus der Tasche und schrieb darauf: »Ein sittsames Kind entblößt die Füße erst im Bett und auch den Unterrock darf man nicht vorher abstreifen.«

Also legte ich mich zu Bett und entledigte mich, nachdem sie mir die Decke über den Kopf gezogen, meiner übrigen Kleidung, worauf eine Nachtschwester von Bett zu Bett ging und einer jeden die Zudecke glatt strich. Und nachdem man sich noch der Fürbitte des heiligen Joseph und der heiligen Barbara durch besondere Gebete versichert und den Psalm »Aus der Tiefe rufe ich zu dir, o Herr« samt den dazugehörigen Paternostern gebetet hatte, legte man die Arme auf der Bettdecke kreuzweise über die Brust und schlief dann ein.

Traumlos schlief ich die ganze Nacht; denn ich war den Tag über müde geworden, und als am frühen Morgen plötzlich ein lautes »Gelobt sei Jesus Christus« ertönte, dem die Kandidatinnen sich aufsetzend »in Ewigkeit, Amen«, antworteten, blickte ich verwirrt um mich und konnte mich erst, als von der Pfarrkirche das Fünfuhrläuten erscholl, besinnen, wo ich war. Rasch sprang ich aus dem Bett; in diesem Moment aber sah ich ringsum aller Augen entsetzt auf mich gerichtet, und nun merkte ich erst, daß ich im Hemd und ohne Strümpfe war. Schnell schlüpfte ich wieder ins Bett und zog mit vieler Mühe unter der Decke meine Unterkleider an.

Derweilen waren die anderen Mädchen schon an den langen Waschtisch getreten, wo eine Waschschüssel neben der anderen stand, und wuschen sich, als mein Schutzengel kam und auch mich dahin führte. Während des Ankleidens wurde wie am Abend laut gebetet; man empfahl sich zu allen Stunden in Mariens Herzen und Jesu Wunden.

Nachdem wir unsern Schlafsaal geordnet und zuletzt die

leichten Filzschuhe mit Stiefeln vertauscht hatten, begaben wir uns paarweise nach der Kandidatur. Diese befand sich in dem sogenannten Mutterhaus, einem alten Bau, der noch aus dem sechzehnten Jahrhundert stammte und damals den Prämonstratensermönchen gehört hatte, die später daraus vertrieben wurden, worauf das Kloster erst als Kaserne und dann als Speicher diente. In diesem Zustand erwarb es unser Orden und richtete es wieder wohnlich her; doch wurde das Haus bald zu klein, und man fügte einen Anbau um den andern an. So kam es, daß wir unsern Schlafsaal in einem dieser neuen Gebäude hatten. Wir schritten also über den verschneiten Platz vor dem Kloster; denn einen geschlossenen Verbindungsgang nach dem Mutterhaus hatte man gerade erst zu bauen begonnen. Da läutete es in der Pfarrkirche zur heiligen Wandlung. Sofort warfen sich alle auf die Knie in den Schnee und beteten den menschgewordenen Gott an.
Als wir im großen Lehrsaal der Kandidatur angekommen waren, knieten alle vor einer reich mit Blumen geschmückten Statue des heiligsten Herzens Jesu nieder, vor der die Präfektin bereits in andächtigem Gebete lag. Sie schlug jetzt ein Andachtsbuch auf und las daraus die Legende einer Heiligen, worauf eine lange Betrachtung ihrer Tugenden und Leiden folgte. Zum Schluß wurde vieles auf uns angewandt, und etliche Kandidatinnen, die sich Verfehlungen gegen eine der Tugenden dieser Heiligen hatten zuschulden kommen lassen, bekamen nun eine eindringliche Strafpredigt, und es wurden ihnen schwere Bußübungen, wie Rosenkränze, viel hundert Paternoster und Ave-Maria, stundenlanges Knien vor dem Altar und dergleichen, auferlegt.
Starr vor Erstaunen hörte ich dem Ganzen zu und bereute es schon bitter, jemals den Vorsatz gefaßt zu haben, Nonne zu werden.

Nach dieser geistlichen Lesung und Betrachtung gingen wir in den Speisesaal zum Frühstück, das in einer Tasse dünnen Kaffees und einem Brötchen bestand. Meine Hüterin legte wieder einen Zettel vor mich hin, des Inhalts, daß es Jesus recht wohlgefällig sei, wenn man freiwillig auf das Brot verzichte, weshalb ich nur die Hälfte davon aß.
Nun hatten wir der Frühmesse in der Klosterkapelle beizuwohnen und danach versammelten wir uns wieder im Saal der Kandidatur, und jedes holte sich ein Buch, um zu lernen.
Inzwischen schlug es acht Uhr, und herein traten drei Schwestern, die Lehrerinnen der Kandidatur, gefolgt von der Präfektin, die mich, nachdem wir beim Glockenschlag um eine gute Sterbstunde gefleht, setzen hieß und nun begann, mich in allem zu prüfen, was ich als Lehramtsschülerin wissen oder lernen mußte. Sie gesellte mich danach dem zweiten Kurs zu und wies mir meinen Platz an, worauf der Unterricht begann. Der erste Kurs schrieb an einem Aufsatz, wir rechneten schriftlich, und der dritte Kurs hatte Unterricht in Grammatik. Die höheren Klassen hatten ihre eigenen kleinen Studierzimmer, und diese waren nur durch Glastüren von unserm Saal getrennt.
Um neun Uhr versammelten sich von neuem alle vor dem Altar, knieten nieder und beteten laut ein Stundengebet. Kaum hatten wir uns wieder erhoben, als abermals von der Pfarrkirche die Glocke zur Wandlung läutete und wir uns wiederum auf die Knie warfen und anbeteten.
Nach einer kurzen Weile rief man uns zur Vesper, und jede bekam ein Krüglein Bier und ein Stück schwarzes Brot, wobei ich sah, daß wieder viele die Hälfte des Brotes zurück in den Korb wandern ließen; doch weiß ich nicht, ob dies zur Abtötung oder aus Abneigung gegen das rauhe Gebäck geschah.
Bald, nachdem der Unterricht wieder begonnen hatte, kam

die Präfektin und befahl meinem Schutzengel, mich ins Bad zu führen.
Durch lange Gänge, vorüber an Männer- und Frauenabteilungen, aus denen wüster Lärm drang, hinab über alte, morsche Stiegen ging es, dann traten wir in einen moderigen Kellerraum, wo etwa zehn Männer Körbe flochten. Wir eilten an ihnen vorüber und kamen durch die mit ekelhaftem Gestank erfüllte Waschküche, in der etliche Kretinen aus einer übelriechenden Lauge graue Wäschestücke zogen, endlich in ein düsteres Kämmerlein, das man Bad nannte und in dem zwei alte Badewannen, durch einen Vorhang getrennt, an der Wand standen.
Wir mußten uns erst das heiße Wasser aus der Waschküche holen, und nachdem wir unsere Wannen gefüllt und unsere Tücher und Wäsche auf einen neben der Wanne stehenden Stuhl gelegt hatten, begann mein Schutzgeist mir zu zeigen, wie man sich baden müsse, ohne die Unschuld zu verletzen.
Ich durfte mich nicht ganz entkleiden, sondern mußte in Hemd und Strümpfen in die Wanne steigen. Hier konnte ich mich meiner Strümpfe entledigen, während das Hemd meiner Blöße als Bedeckung blieb und tüchtig eingeseift wurde. Darauf strich man einige Male mit den Händen darüber hin; denn unter dem Hemd durfte der Leib nicht berührt werden. Nur Gesicht und Hals wurde gründlich gewaschen.
Währenddem beteten wir laut den schmerzhaften Rosenkranz, auf daß der, der für uns Blut geschwitzt hat und für uns gegeißelt ist worden, unser Herz vor jedem sinnlichen Gedanken bewahre.
Auf dem Rückweg erzählte mir meine Beschützerin, daß man während des Sommers in einer Hütte zu Sankt Jakob bade, einer Einsiedelei, nahe dem Kloster in einem kleinen Tal gelegen. Und sie erklärte mir genau, wie man es dabei

zu machen habe, damit die Seele nicht Schaden leide. Als ich dann später im Sommer wirklich dieses Badehüttlein besuchte, mußte ich über mein Hemd einen Anzug mit langen Ärmeln anziehen, so daß ich am Ende nicht das Gefühl der Erfrischung hatte, sondern es mir war, als sei ich durch ein Unglück ins Wasser geraten. Zum Glück durfte ich während meines eineinhalbjährigen Aufenthalts im Kloster nur dreimal baden.

Nach dem Bade führte meine Hüterin mich in die Garderobe, wo ich meine klösterliche Uniform erhielt. Danach gingen wir zu Tisch, und jetzt war ich eigentlich erst als Kandidatin anerkannt. Ich trug ein blaugestreiftes Kattunkleid, eine schwarze Schürze, ein schwarzes Schulterkräglein und um den Hals eine gestärkte Batistschleife.

Vor dem Essen befahlen wir unsere Sinne dem göttlichen Meister, indem wir beteten: »Barmherzigster Herr Jesu Christ, gestatte, daß ich jetzt diese Mahlzeit einnehme, aus Gehorsam, um meine Gesundheit zu stärken und mir neue Kräfte zu sammeln. Bewahre mich vor aller Sinnlichkeit und gib mir die Gnade, daß ich nicht ohne Überwindung von dieser Mahlzeit aufstehe.«

Doch hätte es eigentlich dieses Gebetes kaum bedurft, da der Speisezettel nicht danach angetan war, den Gaumen zu reizen, so daß es schon großer Überwindung bedurfte, gehorsam zu sein und zu essen. Die älteren Kandidatinnen freilich fügten dieser Überwindung noch andere hinzu, indem sie kein Salz nahmen, kein Wasser tranken, kein Brot aßen und anderes mehr.

Ich selbst konnte mich nur sehr schwer an die Kost gewöhnen; denn erstlich wurden alle Gerichte mit Dampf gekocht, und dann kamen wir in bezug auf die Qualität erst an dritter oder vierter Stelle: Das Fleisch und frische Gemüse erhielten die Schwestern, was davon übrigblieb, die Jungfrauen; wir bekamen das Fett mit Kraut, Kartoffelbrei oder Salat. Was wir übrigließen, wurde dann den Pfleglingen mit einer Brennsuppe verabreicht. Zwar gab es in der Küche auch Geflügel und Fische; doch das war für die Oberen, die Geistlichkeit und bessere Gäste bestimmt. Am übelsten aber bekamen mir die sogenannten Kässpatzen, eine zähe Wasserteigmasse, in der eine Menge Zwiebeln staken. Doch ging es allen Neulingen so, so daß sich nicht selten die eine oder andere erbrechen mußte, was hingegen kein Grund war, mit dem Essen aufzuhören.

Während der Mahlzeit hielt stets eine ältere Kandidatin eine erbauliche Tischlesung, meist Legenden aus dem Leben heiliger Personen, die durch Fasten und Abtöten eine hohe Stufe der Heiligkeit erklommen hatten.

Nach Tisch ordnete man sich in Paaren und begab sich in die Kapelle, damit, nachdem der Leib seine Nahrung erhalten, auch die Seele ihr Teil bekäme durch den Akt der geistlichen Kommunion.

Ich war nach dieser Andachtsübung, die mit dem Abbeten des Rosenkranzes mit ausgebreiteten Armen beschlossen wurde, so müde, daß ich beinahe im Gehen einschlief.

Da traten wir plötzlich in einen großen Saal. Darinnen saß eine junge Nonne mit gewinnendem, freundlichem Blick in den kindlichen Zügen am Flügel, während neben ihr ein junges Mädchen einen Stoß Liederbüchlein im Arm hielt und am Tisch verstreut mehrere Oratorien und Messen lagen.

Die Nonne stand auf, und nachdem ein kurzes Stundengebet verrichtet worden, begann die Gesangstunde, wobei ich sah, daß hier die Musik sehr gepflegt wurde; denn die Stimmen waren gut geschult und das Spiel der Schwester meisterlich. Sie präludierte erst ein wenig und spielte dann etliche Variationen des zu behandelnden Liedes. Endlich gab sie das Zeichen zum Einsatz, und nun hallte der Saal wider von den Tönen einer herrlichen altitalienischen Messe.

Als die Sängerinnen eine längere Pause machten, bat ich die Schwester, sie möge mich mitsingen lassen, was sie ziemlich verwundert gestattete. Nun war mit einem Male meine ganze Müdigkeit dahin, und ich sang so zu ihrer Zufriedenheit, daß sie mich erstaunt fragte, wo ich Unterricht gehabt hätte. Ich antwortete ihr, daß ich am Kirchenchor gesungen hätte und auch schon längere Zeit im Klavierspiel unterwiesen worden sei. Hocherfreut rief sie, als sie dies vernommen: »Liebes Jesusle, hab Dank! Jetzt bekomm ich eine Musikkandidatin!« Und sofort eilte sie zum Superior, ihn zu bitten, daß er mich ihr überweise.

Dies geschah noch am nämlichen Tage, und nun begann für mich eine glückliche Zeit. Ich machte rasch Fortschritte im Klavierspiel, und als ich dann auch im Violinspiel über die ersten Anfänge hinaus war, taten sich vor mir immer wieder neue Wunder auf, und ich schien mir in eine andere Welt versetzt. Meine Freude über diese gute Wendung der Dinge zeigte ich meiner Lehrerin durch großen Eifer und möglichste Genauigkeit im Arbeiten.

Hatte ich schon vorher unter den Lehramtsjüngerinnen einige heftige Widersacherinnen gefunden, so mehrte sich jetzt ihre Zahl; um so mehr, als Schwester Cäcilia mich sehr lieb gewann und wir bald gute Freunde wurden.

So kam es, daß ich in kurzer Zeit einer der sogenannten Sündenböcke der Kandidatur war; denn je öfter meine Lehrerin mir sagte, daß ich brauchbar und ihr fast unentbehrlich sei, desto öfter suchte man mich auf der anderen Seite durch Wort und Tat zu überzeugen, daß ich ein eingebildetes, dummes Mädel sei, das leicht zu ersetzen wäre.

Es dauerte nicht lange und die Obern des Klosters erfuhren diese Dinge.

Also ward ich von der Präfektin der Kandidatur, Schwester Archangela, einer alten, strengen Nonne mit harten Zügen, tiefliegenden grauen Augen und einer großen Hakennase, auf der eine goldene Brille saß, zu der Oberin geführt, damit man mir zeige, was einem so eitlen, schlimmen Mädchen gebühre.

Als ich vor der vornehmen, gütigen Frau, die einem alten französischen Adelsgeschlecht entstammte, stand, fragte sie mich, was ich verbrochen habe; denn man hielt viel auf ein freimütiges Bekenntnis seiner Vergehen.

Ich antwortete: »Würdigste Mutter, man beschuldigt mich, daß ich mich in bezug auf meine Leistungen überhebe und gegen meine Vorgesetzten und Mitschwestern unhöflich und herausfordernd sei; doch fühle ich mich nicht schuldig und bitte Sie, würdigste Mutter, meine Lehrerin und Mitschwestern darüber vernehmen zu wollen.«

Ohne ein Wort der Erwiderung, nur einige Male mit dem Kopf nickend, faßte mich die Oberin an der Schulter und führte mich in das Vorzimmer des Herrn Superiors, wo ich warten mußte, bis sie mit ihm die Sache besprochen hatte.

Als sie wieder heraustrat, blickte ich ihr fest und mit großen Augen ins Gesicht; doch konnte ich aus ihren Zügen nicht entnehmen, ob man mir Glauben geschenkt hatte. Sie sagte nur ernst zu mir: »Sprich ehrlich mit unserm Vater, Magdalena; er will nur dein Bestes!«

Ich trat also vor ihn hin und auf seine Frage: »Was hast du vorzubringen?« trug ich ihm den Hergang der Sache so vor, wie ich ihn der Oberin geschildert hatte.

Da ließ er meine Lehrerin, Schwester Cäcilia, zu sich kommen, und sie mußte nun über mich berichten.

Als der Superior nur Gutes hörte, meinte er: »Seltsam, höchst seltsam! Kind, wenn du wirklich brav warst, so bleib's, wenn nicht, so werd's!«

Damit waren wir entlassen, und erleichtert trat ich mit der Schwester wieder auf den dunklen Gang hinaus.

Auf dem Weg zum Musiksaal faßte ich ganz plötzlich in einer Aufwallung warmen Dankgefühls ihre Hand und küßte sie wiederholt. Lächelnd entzog sie mir dieselbe, indem sie sagte: »Laß doch die dumme Hand! Sie gehört ja gar nimmer mir, sondern dem heiligen Josef!«

Da meinte ich: »Aber der Mund g'hört schon noch Ihnen, gelt, Schwester?«

»Ja, zum Beten und Singen und . . .«

»Und daß ich schnell ein andächtigs Busserl draufgib, Schwester!« rief ich dazwischen, und ehe sie sich dessen versah, hatte ich sie geküßt.

Ganz erschrocken schob sie sich den Schleier zurecht und zupfte an ihrem Habit herum; doch sagte sie nichts und schalt mich auch nicht, wie ich befürchtet.

Als wir in den Saal traten, sah ich unter ihrem Schleier über dem rechten Ohr einen Wusch goldroten Haars hervorlugen; ich sagte es ihr, und da rief sie mit komischem Entsetzen: »Was sagst, die Welt guckt raus? Ob ihr gleich z'rück wollt, ihr fuchsigen Locken!« Und eiligst strich sie sie einige Male unter dem Häubchen zurück.

Seit diesem Tag waren wir die besten Freunde, und sie sagte mir im Vertrauen, daß eben unser herzliches Verhältnis zueinander den eigentlichen Anlaß zu dem Zwist gegeben hätte, daß sie mich aber, solange es den Obern recht sei, sehr lieb haben wolle. Ich solle nur mit allen freundlich und besonders gegen eine alte, von der Präfektin wegen ihres Reichtums, den sie dem Kloster geschenkt hatte, sehr begünstigte Musikkandidatin recht höflich und zuvorkommend sein.

Erst war ich über diesen Rat sehr verwundert; bald aber erkannte ich selbst, daß meines Bleibens in diesem Hause nur dann sein könne, wenn ich, wie man sagt, mit den Wölfen heulte, obschon mir jede Art von Scheinheiligkeit zuwider war.

Schwester Cäcilia mochte wohl auch erst nach langem Kampf zu dieser Anschauung gekommen sein; denn sie war im übrigen so freimütig und offen, daß sie einen absoluten Gegensatz zu den andern Nonnen bildete.
Dieser offene Charakter war übrigens auch ihren Familienangehörigen eigen. Ihr Vater, der Schullehrer in dem Ort war und im Kloster den Kandidatinnen und Lehrschwestern Unterricht im Geigen- und Cellospiel gab, darin er selbst ein Meister war, hatte wegen seiner geraden Art viele Feinde. Er hielt sehr auf ein furchtloses, freies Wesen und haßte die kriechende Unterwürfigkeit, die sich unter den Nonnen so gern breitmacht und meistens der Deckmantel für Ränke und Heimtücke wird. Kam er zu uns, so begrüßte er erst seine Tochter mit den Worten: »Guta Tag, Cilli! Magscht's Tagblättla lesa?« Und damit zog er das Blatt aus der Tasche, obwohl es eigentlich verboten war, Zeitungen zu lesen. Dann sagte er, zu uns gewendet: »So, meine Damen, ka' i afanga? Ischt's g'fällig?«
Während des Unterrichts trieb er viel Kurzweil mit uns, so daß es mir oft schien, als sei ich nicht in einem Kloster, sondern bei einem alten Bekannten zu Besuch.
So war denn mein Leben ein ganz angenehmes geworden, und ich ertrug die Bosheiten der Mißgünstigen um so leichter, als ich nicht die einzige Gehaßte und Verfolgte war. Es waren vielmehr eine Reihe jüngerer Mädchen von den Günstlingen der Präfektin dieser als bösartige, ränkesüchtige Personen geschildert worden, weshalb es täglich bei der morgendlichen Betrachtung Strafen und Bußen regnete.
So schüttete die Präfektin eines Morgens ihren heiligen Zorn über einige unglückselige Mädchen aus, die ihre Waschtoilette nicht rein gehalten und die Schuhe im Schlafsaal nicht aufgeräumt hatten. Sie wurden damit bestraft, daß die eine die Schuhe an einer Schnur über die Schulter

gehängt bekam, während der andern ein Zettel an die Brust geheftet wurde, des Inhalts: »So wird die Schlamperei bestraft.«
Einem andern Mädchen, das eine Notlüge gebraucht hatte, wurde ein roter Flanellappen in Form einer Zunge an den Rücken gesteckt, und eine dritte, die mit einem Pflegling gesprochen hatte, wurde, da dies streng verboten war, in Acht und Bann erklärt, das heißt, es wurde ihr das schwarze Schulterkräglein, das Abzeichen der Kandidatur, auf die Dauer eines Monats entzogen und allen übrigen aufs strengste verboten, mit der Unglücklichen während dieser Zeit zu sprechen.
Solchen Befehlen wurde von allen blindlings Folge geleistet; denn die Präfektin stand im Geruche großer Heiligkeit, und man erzählte sich im geheimen, daß sie sich oft des Nachts geißle und kasteie: man habe manchmal, wenn man zur nächtlichen Betstunde in die Kapelle ging, deutlich aus ihrer Zelle das Klatschen der Geißelhiebe und inbrünstiges Seufzen und Rufen vernommen. Auch sei sie wiederholt mit der Erscheinung ihres himmlischen Bräutigams beglückt worden.
An manchen Tagen schien sie auch wirklich zu leuchten und rief während der geistlichen Lesung wiederholt aus: »Kinder, lernet Jesum lieben! Wie süß ist die Liebe zu ihm!«
Zugleich mit dem Amte einer Präfektin war ihr auch das einer Novizenmeisterin zuteil geworden, und so lernten die jungen Nonnen gar bald diese Liebesbezeigungen gegen ihren göttlichen Meister und übten solche mit heroischem Eifer. Stundenlang konnte man oft Novizinnen vor dem Tabernakel knien sehen, die Arme ausgebreitet und die Augen unverwandt auf das Altarbild geheftet, das Christum in ganzer Figur darstellte.
Doch nicht bloß am Tage wurde der Heiland von seinen

Bräuten aufgesucht, nein, auch während der Nacht waren Betstunden festgesetzt, auf daß der Herrgott auch zu der Zeit, in der die Kreaturen ruhen und schlafen, gebührend verherrlicht werde durch die ewige Anbetung.

In der Kandidatur setzte man nun auch seinen Stolz darein, an diesen Stunden teilzunehmen, und das traf immer je vier für die Kapelle des Mutterhauses, je vier für die Pfarrkirche und vier für die Kapelle des Neubaues.

So war auch ich einmal nachts um die zweite Stunde mit drei anderen Beterinnen in der Kapelle des Neubaues und unterdrückte krampfhaft und gähnend den Schlaf. Da öffnete sich plötzlich die Tür, und herein lief eine nur mit dem Nachthemd bekleidete Nonne, warf sich vor dem Altar auf die Knie und begann mit dem Ruf: »Jesus, brennende Liebe!« sich furchtbar zu geißeln.

Wir waren starr vor Schreck und Staunen, und mich packte Grauen und Entsetzen. Die älteste von uns vieren aber meldete den Vorfall andern Tags der Präfektin, die uns strengstes Schweigen gegen jedermann gebot.

Solche und ähnliche Vorgänge flößten mir einen großen Abscheu gegen das Ordensleben ein, und ich äußerte dies auch des öftern gegen Schwester Cäcilia, sie fragend, ob sie sich auch so mißhandle. Da meinte sie lächelnd: »Ich komme nicht dazu; denn ich muß mich den ganzen Tag mit euren Stimmen ärgern und plagen und brauche deshalb die Nacht zum Schlafen. Ich kann kaum meine Tagzeiten beten vor Arbeit.«

Da erbot ich mich, diese Pflicht mit ihr zu teilen, und benützte von nun an jede freie Stunde dazu, ihr einige Dutzend Psalmen und Paternoster abzunehmen oder die Vesper, Sext und Non gemeinsam mit ihr zu beten, wofür sie mir viel Dank wußte und mich nicht selten vor Strafe bewahrte, wo ich sie verdient hatte.

Inzwischen war die Fastnacht mit ihrem bunten Treiben

gekommen, und auch die Nonnen vergaßen für kurze Zeit, sich zu kasteien, und schlossen sich lieber dem Hofstaat des närrischen Prinzen an und versammelten sich mitsamt den Obern und Geistlichen im großen Refektoriumssaal, der in ein Theater umgewandelt war, um sich an den heiteren Singspielen zu ergötzen, die ihnen Kandidatinnen und Jungfrauen aufführten.

Auch den ärmsten von allen den Pfleglingen der verschiedenen Abteilungen wurden mannigfache Belustigungen geboten und sogar etliche dem dürftigen oder zerrütteten Geist angepaßte Schwänke aufgeführt, bei denen die dafür geeigneten Leidenden selbst mitwirken durften.

Damit aber diese Lustbarkeit nicht etwa in den Herzen der gottgeweihten Frauen und Jungfrauen ein Verlangen nach den Freuden der Welt zeitige, beschloß man den Fasching mit einem frommen Theaterstück, in welchem die Glorie irgendeiner heiligen Nonne oder Jungfrau ins hellste Licht gerückt und sie als Muster und Vorbild verherrlicht wurde.

Zu dieser Zeit hatte ich viel Arbeit; denn bei den Fastnachtsspielen waren mir die ersten Rollen zugeteilt worden, und nun stand der Tag des heiligen Josef, an dem der Bischof die Einkleidung und Profeßabnahme im Kloster vornahm, vor der Tür. Es war dies der festlichste Tag im ganzen Jahr, und alles rüstete sich schon lange vorher, ihn würdig zu begehen.

Ich erwartete das Fest mit großer Erregung, da meiner sowohl in der Kirche als auch im Festsaal und beim Mahle schwere Aufgaben harrten. Doch war Schwester Cäcilia nach der letzten Probe sehr zufrieden mit mir und meinte: »Mädl, wenn du morgen so gut singst, hebst die ganze Pfarrkirche in den Himmel; ich bin recht zufrieden.«

Als dann der Morgen des Festes gekommen war, regte sich's im Kloster wie in einem Bienenkorbe: Geschäftige

Nonnen huschten durch die Gänge, den Arm voll Myrtenkränzlein, weißer Nonnenschleier oder Skapuliere, und eilten in die Zellen, um die jungen Gottesbräute zu schmücken und zu kleiden. Große Girlanden wurden aufgehangen und die Kapellen geziert, und die älteren Klosterfrauen liefen mit kritischem Blick herum, hier zupfend, dort stäubend, überall noch die letzte Hand an die Dekorationen legend und den Kandidatinnen die ihnen zukommenden Handreichungen und Arbeiten anweisend und erklärend.

Wir hatten uns nach dem Frühstück im Musiksaal versammelt, um unsere Aufgabe noch einmal flüchtig durchzugehen. Da krachten zahlreiche Böllerschüsse von Kamhausen herüber, zum Zeichen, daß der Bischof dort angelangt und, empfangen vom Klerus und den Obern des Klosters, sich auf dem Wege zu uns befinde.

Rasch ordneten wir uns in der Einfahrtshalle und begrüßten den Ankommenden mit einer Jubelhymne, während draußen alle Glocken geläutet wurden.

Inzwischen schritten die bräutlich weiß angetanen Jungfrauen und Novizinnen zur großen Pfarrkirche, in der schon ihre Angehörigen zahlreich versammelt waren. Danach kamen die älteren Schwestern, und um acht Uhr begann die Feier.

Brausend tönte die Orgel durch das Gotteshaus, und nach einer Ansprache des Bischofs traten die Bräutlein alle vor den Hochaltar, fielen auf ihr Angesicht nieder und beteten laut das Confiteor. Danach empfingen sie aus der Hand des Bischofs den Leib dessen, dem sie sich nun auf ewig antrauen wollten.

Mit ausgebreiteten Armen verharrten sie während des Hochamts in Gebet und Verzückung und schienen nun ganz und gar losgelöst von der Welt.

Bis dahin war ich meiner Aufgabe ganz gerecht geworden;

als sich aber nach dem Hochamt die Novizinnen auf die Erde warfen und mit einem schwarzen Bahrtuch überdeckt wurden, zum Zeichen, daß sie nun auf ewig für die Welt gestorben seien, und der Bischof ihnen die ewigen Gelübde der freiwilligen Armut, der steten Keuschheit und des blinden Gehorsams abnahm und einer Jungfrau nach der andern das Haar abschnitt und sie mit dem Ordenshabit der Novizinnen bekleidete, da packte mich ein Grauen und in mir schrie es: »Nie, niemals werd ich Nonne! Niemals!«, und ich begriff nicht, daß andere Mädchen so glückselig ausschauen konnten. Mein Entsetzen war so groß, daß ich den Einsatz verpaßte und erst nach längerer Zeit merkte, daß, hätte nicht Schwester Cäcilia mich beobachtet und im rechten Augenblick für mich eingesetzt, sicher ein Unglück geschehen wäre.

Ich konnte kaum das Ende der kirchlichen Feier erwarten und rief nachher im Musiksaal meiner Lehrerin zu: »Schwester, das weiß ich g'wiß: ich werd keine Klosterfrau! Ich sollt meine schönen Haar hergeben? Nein, niemals!«

Doch hatte ich den übrigen Tag keine Zeit mehr, viel an das Vergangene zu denken; denn auf die Tafelgesänge folgte die Nachmittagsandacht, und am Abend wurde noch ein Theaterstück, die heilige Agnes, aufgeführt. Ich kam endlich todmüde ins Bett und schlief rasch ein; doch quälten mich wirre Träume, und es war mir, als läge ich auf einem Altar und man habe ein Leichentuch über mich geworfen, während mir meine Zöpfe abgeschnitten und in einen Sarg gelegt wurden. Aber ich sah nirgends einen Priester, noch den Bischof, und lauter fremde Nonnen waren um mich.

Das Fest währte drei Tage, und auch die Pfleglinge und Kranken durften daran teilnehmen. Es ward ihnen an diesen Tagen auch manches nachgesehen, was man sonst unnachsichtlich bestraft hätte; denn es waren unter ihnen viel bösartige und heimtückische Geschöpfe, zu deren Bändigung es oft strenger Mittel bedurfte, wie Zwangsjacken, Hungerkuren, finsterer oder vermauerter Zellen und dergleichen.

Freilich geschah es mitunter auch, daß der eine oder die andere in einer solchen Zelle vergessen wurde. Da die Kerker sich alle unter dem Dach befanden, konnte man oft zwei, drei Tage lang ein entsetzliches Heulen und Wimmern hören; doch wußten nur wenige, woher es kam, und diese hüteten sich wohl, es uns Neulingen zu sagen.

Dafür ging im Kloster seit langem das Gerücht, auf dem Dachboden seien Gespenster; man erzählte von sündhaften Mönchen, die für ihre geheimen Missetaten also gestraft worden seien, daß sie in Ewigkeit keine Ruhe fänden, sondern ihre Geister im Kloster umgehen müßten zum warnenden Beispiel für alle, die darin lebten.

So geschah es auch einmal, als ich mit einer anderen Kandidatin auf den Speicher gegangen war, um dort unsere Garderobeschränke in Ordnung zu bringen, daß wir plötzlich ganz in unserer Nähe ein dumpfes Schlagen hörten, während vom Bretterboden dichter Staub aufwirbelte. Unter lautem Schreien liefen wir zitternd zur Schwester Cäcilia und berichteten ihr den Vorfall. Nachdenklich ging sie mit uns nochmals hinauf und wir suchten den ganzen Speicher ab. Da fanden wir, daß eine tobsüchtige Frau, von uns die Putzmarie genannt, weil sie den ganzen Tag mit einem Schaff Wasser und einer Putzbürste herumlief und scheuerte, seit vier Tagen hier eingeschlossen war und beständig auf den losen Bretterboden sprang, um gehört zu werden; denn sie war schon dem Verschmachten nahe.

Schwester Cäcilia veranlaßte sofort ihre Befreiung, und die Alte war ihr so dankbar dafür, daß sie alle Tage den Musiksaal putzen wollte. Als ihr das aber nicht gestattet wurde, schüttete sie laut schimpfend ihr Schäfflein Wasser auf den Gang und begann nun hier zu fegen und zu wischen. Man ließ sie gewähren; denn ihre Pflegeschwester hatte derweilen die Hände voll Arbeit mit anderen Kranken. Es waren dies geistesschwache Kinder im Alter von zwei bis zehn Jahren, die jetzt mit dem beginnenden Frühjahr in den sogenannten Kreuzgarten getragen wurden, der in Wahrheit nur ein armseliges Wieslein zwischen vier hohen Klostermauern war. Hier hockten und lagen sie nun in den seltsamsten Stellungen, viele in einer Zwangsjacke, deren lange Ärmel auf dem Rücken zusammengeknüpft waren, so daß es ihnen unmöglich war, die Hände zu gebrauchen; denn die meisten von ihnen fraßen das Gras, Steine, Erde oder gar den eigenen Unrat. Zwei Schwestern eilten beständig von einem zum andern, um sie vor Schaden zu bewahren. Doch diese armen Wesen, die in ihren Bedürfnissen so anspruchslos waren, machten viel weniger Mühe als jene, von denen behauptet wurde, sie seien besessen.

Unter diesen bedauernswerten Geschöpfen war besonders eines, das mich lebhaft anzog, ein ungefähr zwölfjähriges Mädchen, welches, da es aus sehr vornehmer Familie stammte, bei uns Kandidatinnen Aufnahme fand, obschon es eigentlich auch in die Abteilung jener Armen gehörte, für die niemand zahlte. Das Kind war klein und von zierlichem Wuchs; sein zartes, milchweißes Gesichtlein, aus dem ein paar große braune Augen erschreckt in die Welt sahen, war von reichem, kastanienbraunem Haar umrahmt, das man ihr fest und glatt zurückgekämmt hatte. Obwohl nun die Schwestern das Wasser und auch Pomaden beim Kämmen nicht sparten, erschienen doch, allen Bemühungen zum Trotz, jeden Vormittag aufs neue an ihren Schläfen zuerst kleinere, wirre Löckchen, bis dann nach wenig Stunden sich Locke an Locke um ihre Stirn ringelte, was dem Gesicht etwas ungemein Liebliches gab. Sie hieß

Margaret und war sehr klug, in manchen Dingen sogar erfinderisch; auch lernte sie leicht und erfaßte rasch und mit feiner Beobachtung. Legte man ihr aber den Katechismus oder sonst ein religiöses Buch vor, so weigerte sie sich hartnäckig, daraus zu lesen oder zu lernen, und war durch die strengsten Strafen und Züchtigungen nicht dazu zu bewegen. Man ließ sie tagelang hungern, die ekelerregendsten Dinge verrichten; man gab ihr nachts ein hartes Lager und wies ihr schwere Arbeiten an; sie ließ alles mit sich geschehen, ohne zu klagen. Man schlug sie grausam mit einem Stock und verbot uns aufs strengste, mit ihr zu reden; umsonst, sie blieb auf alle religiösen Fragen stumm, während sie in allen übrigen Lehrfächern gute Antworten zu geben wußte. Sie tat mir herzlich leid, und ich übertrat manchmal im geheimen das Verbot und sprach mit ihr. Da fand ich, daß sie sehr munter plauderte und ein überaus liebenswürdiges und geselliges Mägdlein gewesen wäre. Aber sie begann gar bald zu kränkeln, und kurz vor meinem Austritt starb sie an galoppierender Schwindsucht.

Dieser Krankheit erlagen übrigens auch gar viele Nonnen und Jungfrauen, und auch zahlreiche Pfleglinge wurden davon ergriffen. Die meisten Opfer standen im Alter von zwanzig bis dreißig Jahren; manche waren noch jünger. Es wurde ein eigener, großer Fleck Landes von dem Superior angekauft und in einen Friedhof verwandelt, in dem die Kreuzlein bald so dicht standen, wie die Nonnen sonntags in den Kirchenstühlen.

Da schien es mir nicht verwunderlich, daß jede Nonne angesichts des großen Sterbens beizeiten schon des Himmels gewiß sein wollte und darum eifrigst auf ihr Seelenheil bedacht war, welches Bestreben durch die Klostergeistlichen treulich gefördert und unterstützt wurde.

Unter ihnen war auch ein Kurat, welcher sowohl in seinem

Äußern als auch in bezug auf seine große Strenge in Dingen der Sitte und Reinheit ganz dem heiligen Aloysius glich. Er ward daher von jedermann nur Pater Sankt Aloysius genannt und als Muster reiner Sitten gepriesen. Von mancher Nonne ward er sogar als Heiliger verehrt, bis sich eines Tages diese Verehrung in großen Zorn und Abscheu verwandelte, als man nämlich erfuhr, daß dieser tugendsame Priester eine Lehramtskandidatin, ein wohlgebautes, etwa zwanzigjähriges Mädchen, das schon fünf Jahre dort weilte, des öfteren abends mit sich ins Stüblein nahm und erst nach mehreren Stunden daraus entließ. Kandidatinnen, die zur nächtlichen Betstunde gingen, hatten sie aus seinem Zimmer schleichen sehen und dann bemerkt, wie eine alte Nonne wütend aus einer Nische hervorsprang, die Erschrockene aus dem Halbdunkel ans Licht zerrte und laut beschimpfte. Also hub ein großes Geschrei an, und sowohl die Sünderin als auch der Priester mußten das Kloster verlassen.
Der Geistliche, welcher dem Pater Sankt Aloysius im Amt folgte, war schon ein alter Herr und besaß die üble Gewohnheit, während der Beicht immer einzuschlafen, wodurch die Nonnen ihr Seelenheil gefährdet glaubten und nicht eher ruhten, bis wieder ein junger, strenger Benefiziat an seine Stelle kam. Mit wahrem Feuereifer waltete dieser seines Amtes und war unermüdlich darauf bedacht, alle Seelen ringsum vollkommen und makellos zu machen. Besonders Verfehlungen gegen die Kardinaltugend des Ordens, den heiligen Gehorsam, ahndete er mit unnachsichtlicher Strenge und gab denen, die sich in der Beicht eines derartigen Vergehens anklagten, die schwersten Bußen auf. Trotzdem wurde mir die Ausübung dieser Tugend nicht leicht. Es war kurz vor dem Weihnachtsfest, dem zweiten, das ich im Kloster verlebte, daß ich mich schwer gegen dieselbe versündigte.

Um diese Zeit war ein großes Paket von meiner Mutter angekommen, das meine Weihnachtsgeschenke enthielt. Darunter war auch eine schwarze Kleiderschürze mit langen Ärmeln, wie ich sie mir schon seit langem gewünscht hatte. Doch ich hatte sie noch nicht anprobiert, als schon ein Befehl unserer Präfektin kam, ich solle diese Schürze sofort in das Nähzimmer geben, damit man mir zwei kleine daraus mache; denn so sei dieselbe ganz gegen die heilige Armut und ich dürfe so etwas nicht tragen. Da sie mir sehr wohl gefiel, konnte ich mich nun lange nicht von ihr trennen und legte das schöne Stück einstweilen auf den Speicher, wo ich sie alle Tage ans Licht zog und wehmütig mit der Hand darüberstrich, sie an mich hinhielt, wieder zusammenlegte und sorgfältig versteckte.
Eines Tages aber ward die Versuchung, die Schürze einmal anzuziehen, in mir so mächtig, daß ich nicht mehr widerstehen konnte. Ich schlich mich also in die Garderobe, zog sie aus dem Koffer und schlüpfte rasch hinein, dann trat ich ans Speicherfenster und besah mich in der blinden Scheibe; denn Spiegel gab es nicht, und auch der meine war aus meiner Nähschatulle entfernt und ein Heiligenbild an seine Stelle geleimt worden. Da hörte ich plötzlich meinen Namen rufen, und herauf stürmte eine Kandidatin: »Magdalena! Magdalena! Geschwind komm zu Schwester Archangela! Es ist Probe für das Weihnachtsfestspiel!«
Ratlos sah ich mich um und zögerte mit dem Gehen, vergeblich an der Unglücksschürze nestelnd und zerrend, um die Knöpfe am Rücken aufzumachen; doch schon rief mir meine Kollegin zu: »Wenn du nicht gleich kommst, melde ich deinen Ungehorsam!« und schickte sich zum Gehen, worauf ich ihr folgte, immer noch bemüht, die Knöpfe aufzureißen. Auf dem Gang kam mir die Präfektin schon entgegen. Vergeblich suchte ich mich hinter der andern Kan-

didatin zu verstecken; sie hatte mich schon erblickt und sah nun starr auf die verbotene Schürze, während ich fühlte, wie mir abwechselnd Röte und Blässe über die Wangen lief. Auch auf ihrem Gesicht erschienen ein paar hochrote Flecken, und mit den Worten: »Da, dies für deinen Ungehorsam, Rotzmädel!« gab sie mir ein paar heftige Schläge ins Gesicht. Darauf führte sie mich zum Superior und erzählte ihm meine Sünde.

Der greise Priester kündigte mir, nachdem er also schwere Anklagen gegen mich vernommen hatte, meine Entlassung an, indem er sprach: »Mache dich bereit, in drei Tagen bist du des Gehorsams ledig!«

Zwei Tage später kam ein Brief meiner Mutter, in dem sie ihren Besuch für Weihnachten ankündigte. Ich wollte mich trotzdem zur Heimreise ankleiden und stand trotzig am Speicher und verschloß eben meinen Koffer, als man mir meldete: »Du kannst noch bleiben, bis deine Mutter kommt!«

Ich erwartete also mit nicht geringer Aufregung ihren Besuch, obschon meine Lehrerin, Schwester Cäcilia, mir immer wieder Mut machen wollte: »Hab doch keine solche Angst, Magdalena! Ich mach schon alles wieder gut!«

Inzwischen hatte eine andere in dem Weihnachtsspiele meine Rolle übernehmen dürfen; es war schon ein älteres Mädchen und hatte keine Stimme, weshalb die Präfektin zu mir sagte: »Das soll deine Strafe sein, daß du deine Partie zwar singen, aber nicht spielen wirst! Du hast dich hinter ein Gebüsch zu knien und zu singen, und niemand wird deinen Gesang bewundern, dafür werde ich sorgen!«

Und sie sorgte dafür; denn als meine Mutter, die man ebenfalls zu dem Festspiel »Nacht und Licht« geladen hatte, nach Beendigung desselben mit mir zusammen war, sagte sie: »Was war denn jetz dös, Leni? I hab doch deutli dei Stimm g'hört, hab di aber nirgends g'sehgn. Oder hat am End die Kloane, die's Licht g'macht hat, die gleiche Stimm wie du?«

Da erzählte ich ihr weinend die Geschichte von der Schürze und erwartete mit Angst großen Tadel. Doch wider Erwarten gab sie mir nicht nur recht, sondern ward sehr zornig und empörte sich über die Willkür, mit der man ihr Vorschriften machen wolle, wie sie ihr Geld auszugeben habe: »Was? Paßt hat's eahna net, daß i dir den Kleiderschurz g'schickt hab? I moan, daß i um mei guats Geld kaafa ko, was i mag, und brauch koane von dene Fluggen z'fragn, ob's arm g'nua is oder net!«

Als dann die Besuchsstunde bei den Obern gekommen war und meine Mutter gebeten wurde, im Sprechzimmer zu erscheinen, ging sie mit großen Schritten hinein und sagte nur ganz kurz: »Guten Tag.« Da hörte sie nun nichts als Klagen über mein weltliches Betragen und besonders über den frevelhaften Ungehorsam, den man mir mit den schärfsten Strafmitteln vergeblich auszutreiben versucht hätte.

Schweigend und finster blickend hatte sie zugehört und sagte jetzt bloß: »Herr Superior, lassen Sie's ihr Sach z'sammpacken, i nimm's mit hoam!«

Dies wurde ihr jedoch widerraten, und man versprach ihr, es noch einmal mit mir versuchen zu wollen, worin die Mutter nach einigem Sträuben unter der Bedingung willigte, daß man mir meinen Fehler nicht weiter nachtrage, sondern gut zu mir sei.

Also reiste sie am andern Tag wieder ab, ohne mich mitzunehmen. Beim Abschied aber sagte sie noch: »Wenn wieder was is, na schreibst mir's; halt di nur brav und folg jetzt!«

Ich hatte aber alle Freude am Klosterleben verloren und ging nun wie ein Schatten herum, hatte nicht Lust noch Leid, aß nicht mehr und fing an zu kränkeln. Und nach

einigen Monaten schrieb ich meiner Mutter, daß ich keinen Beruf zur Klosterfrau in mir verspüre; falls es ihr aber unangenehm wäre, wenn ich wieder nach Hause käme, bliebe ich ganz gerne als weltliche Lehrerin in der Anstalt.
Unsere Briefe wurden nun stets von der Präfektin kontrolliert, und so blieb ihr meine Absicht nicht lange verborgen. Eines Morgens sagte sie daher zu mir: »Was mußte ich sehen, Magdalena! Du willst dem Herrn das Opfer deines Lebens also nicht bringen? Wie kannst du es wagen, den andern armen Kindern, die bereitwilliger sind als du, das Brot wegzuessen! Willst du nicht als Nonne hier sein, so brauchen wir auch deine Kenntnisse nicht. Doch besinne dich, noch ist es Zeit; bedenke die Vorteile, die Jesus seinen Bräuten bietet, und kehre nicht zurück in die Welt!«
Trotz dieser Ermahnungen machte ich mich am Aschermittwoch, nachdem mir meine Mutter geantwortet hatte, ich solle ruhig nach Hause kommen, der Vater sei krank und man könne mich notwendig brauchen, zur Reise fertig und nahm Abschied von den Obern. Sie ließen mich zwar ungern ziehen, doch konnten sie mich nicht mehr halten. Die Präfektin aber rief: »Magdalena, Magdalena, du bist verloren, du gehst zugrunde! Schon sehe ich den Abgrund der Weltlichkeit, in den du fallen wirst. Doch geh in Frieden, mein Kind, falls die Welt noch einen für dich hat!«
Gaffend umstanden mich die Kandidatinnen, als Schwester Archangela dies gesagt, und als ich nun auch ihnen Lebewohl sagen wollte, da kehrten sie sich verächtlich von mir ab und eilten in den großen Lehrsaal, um für mich arme Verlorene zu beten. Traurig ging ich nun zur Schwester Cäcilia. Sie brach in Tränen aus und nahm mich in ihre Arme: »Nun bin ich wieder allein! O, warum gehen alle wieder weg, kaum daß sie begonnen!«

Auch ich begann zu weinen, und sie tat mir von Herzen leid; denn während meines eineinhalbjährigen Aufenthalts im Kloster waren vierzehn Musikkandidatinnen eingetreten und nach kurzer Zeit wieder davongelaufen. Nachdem sie mir noch alles Glück für kommende Zeiten gewünscht hatte, entließ sie mich, und ich trat erleichtert in das kleine Zimmerchen, das mich bei meinem Eintritt empfangen hatte. Während ich dort auf mein Gepäck wartete, dachte ich noch über die Vorwürfe nach, die man mir wegen meines Wegganges gemacht. Doch sie trafen mich nicht schwer, da mir angesichts der ernsten Krankheit meines Vaters das Verlassen des Klosters nicht als eine Schuld, sondern als eine Kindespflicht erschien.
Eine Schwester, die mir mein Gepäck übergab und mir meldete, daß der Stellwagen schon draußen sei, riß mich aus meinen Gedanken, und ich stieg rasch ein. Oben hinter den Fenstern standen die Kandidatinnen und blickten mir verstohlen nach. Ich sah noch einmal zurück, dann zogen die Pferde an – und dahin ging's.
Als ich nun so allein in dem Wagen saß, war es mir, als schwände in dem Maße, in dem ich mich vom Kloster entfernte, auch alles Trübe, und plötzlich kam eine so sonnige Heiterkeit über mich, daß mich die Welt mit einem Male viel schöner dünkte, obschon draußen noch alles trotz des beginnenden Märzes an den Winter gemahnte und nur vereinzelte, unter schmutzigem Schneewasser stehende Wiesen und die großen Pfützen auf den Wegen den kommenden Frühling ahnen ließen.
Rasch trat ich in Kamhausen an den Schalter und löste meine Fahrkarte, da der Zug schon bereitstand.
Während der Bahnfahrt hatte ich fast keine Zeit mehr, über das Vergangene nachzugrübeln; denn die zahlreichen Passagiere aus den verschiedensten Gegenden erregten meine ganze Aufmerksamkeit. War mir doch im Kloster

die ganze Welt samt ihren Wesen so fremd geworden, daß ich mich nur ganz langsam, wie im Dunkeln tappend, wieder unter den Menschen zurechtfand. Mit Ausnahme der Priester und Nonnen hatten sie jetzt alle etwas Beängstigendes für mich; denn erstlich wurden im Kloster alle außer den Geistlichen als Verlorene betrachtet, anderseits aber in den eindringlichsten Worten vor ihnen als vor lauter Wölfen in Schafskleidern gewarnt.

Ich besah mir also jeden einzelnen ganz genau, ob nicht irgend etwas Auffälliges in seinem Wesen oder Äußern auf die verborgene Wolfsnatur hinweise, und dabei drückte ich mich scheu in meine Ecke und hielt die Augen halb gesenkt, wie ich es bei den frommen Frauen gelernt hatte; doch ging mir trotzdem nichts von all dem verloren, was um mich her geschah.

Mir gerade gegenüber saßen zwei elegant gekleidete Herren, aus deren lebhafter Unterhaltung ich entnahm, daß sie Geschäftsreisende waren und der eine in Augsburg, der andere in München zu tun hatte. Der erstere, ein etwa Mitte der Dreißig stehender Mann von ausgesprochen jüdischem Äußern, erzählte eben dem etwas jüngeren Reisegefährten, der mir von gleichem Stamme zu sein schien, wie er die letzte Nacht in Ulm verbracht hätte: daß er nicht nur die Tochter und das Stubenmädchen seines Gasthofs, sondern auch noch die Frau Wirtin selbst erobert hätte. Lachend fragte der andere halblaut, ob das Töchterl auch so bescheiden und sittsam hergesehen habe, wie die junge Klostermamsell da drüben; und zugleich fingen beide an, sich über meine Schüchternheit sowie über meinen klösterlichen, halb weltlichen Anzug lustig zu machen. Ich wußte vor Verlegenheit kaum mehr aus noch ein und starrte mit hochrotem Gesicht bald aus dem Fenster, bald vor mich hin.

Da erblickte ich weiter vorn einen alten Bauern, der auf

einem schmierigen Blatt seine Einnahmen vom Viehverkauf nachrechnete, wobei er sich abwechselnd hinter den Ohren kraulte oder heftig fluchte.
Am anderen Ende des Wagens unterhielten sich lärmend etliche Soldaten, die wohl auf Urlaub gehen mochten. In ihrer Nähe saß ein junges Mädchen in ländlicher Kleidung und suchte sich vergeblich der Zudringlichkeiten eines der Burschen zu erwehren. Dieser hatte die sich Sträubende fest um die Hüfte gefaßt, und als sie sich endlich heftig von ihm losriß, fiel sie einem andern auf die Knie, was ein brüllendes Gelächter zur Folge hatte. Ich war während dieser Szene immer erregter geworden und wollte schon dem also gehetzten Mädchen zu Hilfe eilen, als der Zug mit lautem Getöse in Augsburg einfuhr, wo ich umsteigen mußte. Während der Stunden, die ich dort Aufenthalt hatte, ging ich in den Dom und erbat mir von Gott Schutz auf meiner weiteren Fahrt; insonderheit aber betete ich für die Bekehrung jener Soldaten.
Auf dem Weg zum Bahnhof kaufte ich mir noch Wurst und Brot. Beim Essen aber fiel mir plötzlich ein, daß ja am Aschermittwoch strenger Fasttag sei und man im Kloster heute gewiß dem üblichen Fasten auch noch große freiwillige Abstinenz hinzufüge. Doch siegte am Ende mein Hunger über die Gewissensbisse und ich aß mit großem Behagen.
Als ich dann unschlüssig vor dem Zuge stand und ein Schaffner meine ängstliche Miene sah, wies er mir freundlich ein Frauenabteil an, und ich kam ohne weiteren Zwischenfall nach München.
In dem lebhaften Gewühl des Hauptbahnhofs befiel mich mit einem Male wieder große Angst vor den Menschen, und ich fühlte deutlich, wie ich immer armseliger und kleiner wurde, während ich ganz nahe an den Wagen und der Lokomotive vorbei dem Ausgang zuschlich.

Da fühlte ich mich plötzlich am Arm ergriffen, und als ich erschreckt umblickte, stand lachend mein ältester Bruder vor mir und begrüßte mich: »Ja, Leni, grüß di Gott! Bist du aber groß und stark wordn; i hätt di bald net g'funden, so hast di verändert.«

Ich dankte ihm frohen Herzens, daß er mich erwartet hatte, und seine Worte, ich sei groß geworden, entrissen mich wieder etwas dem Gefühl meiner Unbedeutendheit und Nichtigkeit, und ich wurde ziemlich gesprächig auf dem Heimweg.

Je näher wir unserem Hause kamen, desto mehr Bekannte trafen wir, und immer wieder wurden wir von irgendeinem neugierigen Weiblein aus der Nachbarschaft aufgehalten; denn meine Eltern waren in dem Stadtteil sehr beliebt und hatten weitaus die beste Gastwirtschaft des Viertels.

Vor dem Hause angelangt, traten wir gleich durch die Tür der Gaststube ein. Kaum hatten mich unsere Stammgäste erblickt, sprangen sie auf und riefen durcheinander: »Jessas, unser Lenerl is wieder da! Juhe!« »Servus, Fräuln Leni!« »Grüß di Gott, Klosterfrau!« »Marie, 'n Humpen her! Unser Lenerl soll leben!«

Während nun die Gäste meine Rückkehr durch einen kräftigen Rundtrunk feierten, trat ich in die Schenke zu meinem Vater, ihn zu begrüßen. Er sah recht leidend aus und meinte: »Höchste Zeit hast g'habt, Leni, daß d' kommen bist, sonst hätt'st mir bald mit der Leich geh könna.« Hierauf gab er mir einen Kuß und besah mich prüfend, ob ich auch mehr geworden sei.

Inzwischen hatten mich meine andern Brüder und die Dienstboten umringt und konnten nicht fertig werden, mein gutes und feines Aussehen zu bewundern. Ich drängte mich lachend hindurch und trat in die Küche, wo die Mutter geräuschvoll hantierte und das Mittagessen für die Gäste fertig machte. Ich ging rasch auf sie zu, wollte ihr die Hand geben und sagte: »Grüß dich Gott, Mutter!« Ohne den Kochlöffel aus der Hand zu lassen, mit dem sie eben ein Teiglein für das Blaukraut rührte, antwortete sie: »Ah, bist scho da, grüß Gott! Laß nur, is scho recht; i hab fette Händ! Tu nur glei dein'n Hut und dös Klosterkragerl weg und ziag an Schurz oo, na kannst glei d'Supp'n und 'n Salat für d'Leut hergebn!«

Also begann ich wieder die Wirtsleni zu sein; und obschon mir anfangs gar nicht wohl war in dem weltlichen Getriebe eines Gasthauses, so fand ich mich doch bald wieder darin zurecht und stimmte im stillen oft der Mutter bei, wenn sie den Leuten auf die vielen Fragen, warum ich nicht im Kloster geblieben sei, antwortete: »Weil's a Schand wär, wenn dös Mordsmadl im Kloster rumfaulenzen tät und d' Muatta dahoam fremde Leut zahln müßt für d'Arbeit!«
Und an Arbeit fehlte es in unserem Hause niemals. Schon früh am Morgen hieß es aus den Federn; um halb sieben Uhr stand ich in der Wirtsküche und schürte den großen Herd, kochte Kaffee und bereitete die Speisen zum Frühstück der Gäste. Dann holte ich aus dem Schlachthaus, wo der Vater schon seit fünf Uhr mit dem Zerteilen von Kalb und Schwein sowie mit dem Wurstmachen beschäftigt war, eine große Mulde mit Weiß- und Bratwürsten und ordnete sie auf große Platten.
Zugleich mit mir mußte auch die Küchenmagd an ihre Arbeit: das Gastlokal, die Küche und Schenke, und was dazu gehörte, aufwaschen und kehren; doch freute es mich jetzt nicht mehr, dabeizustehen und zu horchen wie früher; denn die Zenzi vom Rottal war schon längst nicht mehr da, und die gefühlvollen Lieder, welche die jetzige Küchenmagd bei ihrer Arbeit sang, kannte ich schon alle.
Während ich nun gewöhnlich noch mit dem Anrichten der

Würste beschäftigt war, fuhr draußen der Wastl, der Bierführer, vor und rollte zehn bis zwölf Banzen in die Schenke, von wo sie durch den Aufzug in den Eiskeller befördert wurden.

Da der Wastl als Geizhals bekannt war, machte ich mir alle Tage das Vergnügen, ihm den Teller mit den Weiß- oder Bratwürsten unter die Nase zu halten, indem ich rief: »Wastl, heut san d'Weißwürst guat! Derf i dir a paar auf d'Seitn legn?«, worauf er mich immer grimmig anschrie: »Laß mi aus damit!« dabei aber dem entschwindenden Teller doch einen sehnsüchtigen Blick nachsandte.

War der Wastl fort, so kam das Flaschenbier, und da gab es immer eine große Hetz, wenn der Dannervater, ein nicht mehr gar junger Bierführer, der eine Frau mit neun Kindern fröhlich ernährte, die Hausmagd in die Hüften kniff oder durch die Gaststube jagte und sie zu küssen versuchte. Dann ertönte plötzlich aus dem Schlachthaus, das unterhalb der Schenke gelegen war, ein lauter, strenger Pfiff des Vaters, und lautlos machte sich der alte Sponsierer davon.

Währenddessen hatte ich in der Küche einen schweren Stand mit drei Bäckerburschen, die alle leidenschaftlich in mich verliebt waren. Der eine brachte uns täglich vier Markwecken und mir ein Blumensträußlein; der zweite hatte Bretzen und Salzstangeln in seinem Korb und unter seiner aufgerollten Bäckerschürze einen extra für mich gebackenen Zopf oder eine riesige Zuckerbretzl. Der dritte aber, der uns die Semmeln und das übrige Weißbrot brachte, schrieb mir jeden Abend eine Ansichtskarte und wartete am Morgen bei mir in der Küche stets so lange, bis der Postbote mit der Karte kam. Mit beredten Worten schilderte er mir währenddessen die Schönheit derselben: »Freiln Leni, heut werdn S' schaugn! Heut kriagn S' a Prachtstück von a ra Künstlerkartn! Sehgn S', für Eahna tu i alles; da reut mi koa Geld! Dö heutige Kartn kost fufzehn Pfennig; aba wenn s' a Zwanzgerl kost hätt, hätt i s' aa kaaft!«

»Je, eahm schaugt's o!« rief da der Bursche, welcher die Markwecken brachte. »Dös kannt aa no was sei! Meine Veigerl ham a Zwanzgerl kost und dö Rosen, wo i da Freiln Leni gestern verehrt hab, fünfazwanzig Pfennig!«

»So und i nacha, bin i da Garneamand?« schrie jetzt der Bretzlbeck. »Denk i net vielleicht sogar bei der Nacht ans Freiln Lenerl, indem i ihr die feinsten Bretzn bach?«

»Zu dene, wo'st an Toag z'erscht stehln muaßt!« riefen da die andern, und im Nu entspann sich ein heißer Kampf um den Vorrang bei mir, der sich bis auf die Straße fortsetzte. Ich aber sah ihnen lachend zu und verzehrte gemächlich die Bretzeln zu meinem Kaffee, steckte das Veigerl an die Brust und legte die Künstlerkarte in eine alte Zigarrenkiste zu den andern. Doch versäumte ich nicht, meine Erfolge dem Milchmädchen, das uns täglich den Kaffeerahm und die Knödlmilch brachte, zu weisen: »Da schaug her, Rosl, die Präsenter, die i heut schon wieder kriagt hab von dö Becka!«, worauf sie ingrimmig und bissig erwiderte: »Dös is koa Kunststückl, wenn ma si so herrichtn ko wie du! I muß mit meine Millikübel rumlaafa, und du stehst im Spitznschürzerl vor dein Herd!«

Und tiefgekränkt ging sie; denn nicht mit Unrecht hatte sie über mich zu klagen: Während der Zeit, die ich im Kloster zugebracht, hatte sie fest über die drei Bäckerherzen regiert, und nun, da ich wieder daheim war, wollte keiner mehr von ihr was wissen, obgleich sie ein sehr hübsches, dunkelhaariges Mädchen von einnehmender Figur und recht munter war.

Mittlerweile war es fast acht Uhr geworden, und ich richtete nun die Schenke, zählte die Bierzeichen für die Kellnerin und zapfte an. Währenddessen kam die Mutter aus der Wohnung und der Vater aus dem Schlachthaus, und bald füllte sich das Lokal mit Gästen. Es waren fast lauter Arbeiter: Maurer, Steinmetzen, Schlosser, Schreiner, Drechsler und zuweilen auch Pflasterer oder Kanalarbeiter. In der Küche aber standen die, welche für die in der Nähe liegenden Fabriken die Brotzeit holten; denn zu unserer Kundschaft gehörte auch eine Bleistift-, eine Möbel-, eine Sarg-, eine Bettfedern- und eine Schuhfabrik. Nun hieß es flink die Lungen- und Voressenhaferln füllen, Kreuzerwürstl abzählen, Weißwürste brühen und Hausbrot schneiden; zuweilen auch die Schenkkellnerin machen, indes der Vater im Schlachthaus noch Milzwürste oder, wie man sie bei uns nannte, umgekehrte Bauernschwänze sowie Leber- und Blutwürste, Leberkäs und Schwartenmagen machte. Hie und da kam es auch vor, daß wir ohne Kellnerin waren; wenn nämlich die Mutter gar zu heftig und eindringlich auf Pflichterfüllung gedrungen hatte, worauf dann das Mädchen davonlief. Da mußte ich denn wieder wie früher die Gäste bedienen und auch die übrigen Arbeiten der Kellnerin verrichten.

Gewöhnlich aber blieb ich am Vormittag in der Küche, während die Mutter sich im Lokal mit den Gästen unterhielt, ihre drei bis vier Weißwürste aß und etliche Krügl Bier trank; denn der Vater war häufig vormittags am Schlacht- und Viehhof oder in der Stadt. Von Zeit zu Zeit kam dann die Mutter zu mir in die Küche und kostete die Speisen, befahl dies oder tadelte jenes und gab mir auch manche Ohrfeige, wenn ich etwas versäumt oder nicht recht gemacht hatte. So kam sie auch einmal dazu, als ich eben den Teig zu den Leberknödeln, deren wir jeden Mittwoch an die zweihundert bereiteten, fertig hatte und nun daraus die Knödel formte und auf ein langes Brett reihte.

»Halt, laß mi z'erscht schaugn, ob er recht is, der Toag!« rief die Mutter und tippte mit dem Finger in die Teig-

mulde. »Was hast denn jatz da für a Zeug z'sammgmacht! Sigst net, daß der Toag no net fest gnua is, du Hackstock, du damischer!«
Und kaum hatte sie dies gesagt, flogen mir auch schon ein paar von den Leberknödeln an den Kopf, daß mir der Teig im Gesicht und an den Haaren klebte.
»So, vielleicht lernst es jatz eher, du G'stell, du saudumms!«
Darauf ging sie wieder, laut schimpfend, in die Stube und erzählte den Gästen von meiner Unbrauchbarkeit: »Hintreschlagn kannt'st es, dös himmellange Frauenzimmer! Zu nix kannst es brauchn wie zum Fressn!«
Solche Auftritte verleideten mir freilich bald die Freude am Küchenwesen, und ich war froh, wenn der Vater einmal daheim blieb. Da kochte dann die Mutter selbst, und ich mußte in die Schenke und zu den Gästen, sie zu unterhalten.
So ungern ich mich anfänglich wieder unter den Leuten bewegt hatte, denn im Kloster war ich ganz leutscheu geworden, so gewöhnte ich mich doch bald wieder an sie, und es währte nicht lange, da war ich das lustigste Mädel, machte jeden anständigen Scherz mit und unterhielt ganze Tische voll Gäste.
Die besseren unter ihnen hatten sich, ebenso wie die Stammgäste, zu Tischgesellschaften vereinigt; die eine hieß Eichenlaub, die andere die Arbeitsscheuen. Zur Gesellschaft Eichenlaub hatten sich die Postler und Eisenbahner zusammengetan und erkoren mich zur Vereinsjungfrau; die Arbeitsscheuen aber, deren Mitglieder lauter gute Bürger und Geschäftsleute waren, wollten nicht hinter ihnen zurückbleiben, und so ernannten sie mich zu ihrer Ehrendame, und ich empfing das Ehrenzeichen des Vereins. Es war dies ein wappenartig geschnitztes Holztäfelchen, darauf ein Bursch gemalt war mit dem Verslein

darunter: »Auweh, mei Fuaß, wenn i arbatn muaß!« Bei der Überreichung desselben hielt der Vorstand, ein Fleckl-schuhfabrikant, eine Rede, worin er viel von der Ehre sprach und von einer schönen Vertreterin des zarten Geschlechts und daß man sich glücklich schätze.

Während dieser Rede hatten die Arbeitsscheuen einen Kreis um mich gebildet, und nun wurde ich von etlichen samt meinem Stuhl, auf dem ich saß, emporgehoben und unter lautem Hoch und Juhu und dem Klang der Zither und Gitarre durchs Zimmer getragen. Danach begann ein großes Saufen, und die fidelen Zecher vergaßen darüber ihre Hausfrauen samt dem Mittagessen, bis einer nach dem andern von der gestrengen Ehehälfte geholt wurde. Da war mit einemmal die ganze Lustbarkeit und aller Scherz vorbei, und geknickt und ängstlich schlich ein jeder heim, gefolgt von der erzürnten Gattin, die hinterdrein keifte: »Lump miserabliger, ko'st net hoamgeh, wenn's Zeit is! Dö ganzn Griasnockerl san z'sammgsessn! Guate Lust hab i, i schmeiß dir s' alle an Kopf, du bsuffas Wagscheitl!« Doch am nächsten Tag war wieder alles vergessen, und gemütlich saß die Gesellschaft am Stammtisch und unterhielt sich aufs beste, bis von der nahen Kirche das Mittagläuten ertönte. Da gedachte ein jeder seines Eheweibs und ging heim.

Auch ich mußte wieder in die Küche und Teller und Schüsseln für die Gäste zurichten. Dann kam die Kellnerin und fragte: »Was gibt's heut z'essn für d'Leut?«, worauf die Mutter mit ihrer metallenen Stimme erwiderte: »An Nierenbra'n, Brustbra'n, Schlegl in da Rahmsoß, an Schweinsbra'n und a unterwachsens Ochsenfleisch mit Koirabi (Kohlrabi), an Kartoffisalat, an grean und rote Ruanb; heut trifft d'Andivisuppn!« Als die Kellnerin sich schon zum Gehen anschickte, rief die Mutter noch rasch: »A Biflamott (boeuf à la mode) mit Knödln ham mar aa!«

Um drei Viertel zwölf Uhr kamen die Gäste, und nun begann ein Bestellen vom Zimmer aus, ein Schreien, Geschirrklappern und ein Geklopfe mit dem Fleischschlegel, daß einem die Ohren surrten.
»Frau Zirngibi, zwoa Schweinsbratn san no aus!« schallte es aus der Gaststube, und im Nu echoten drei Stimmen in der Küche: »Zwoa Schweinsbra'n kriagt s' no!«
»Dö werds dawartn könna! Darenna wer' i mi net z'braucha!«
»Kathi, Koirabi san gar!« rief das Küchenmädchen jetzt in die Stube.
»Kriag i dö zu dem Fleisch aa nimma?«
»Sakrament, wenns amal hoaßt, gar sans, na sans gar!« schrie da die Mutter und fuhr in einem Atem, jedoch in ganz anderem Ton fort: »Geh, Kathi, schaugn S', daß S' a Biflamott weiterbringan; dös verkocht ma sonst zu lauter Soß!«
War dann das größte Geschäft vorbei, dann wischte sich die Mutter mit der Leinenschürze den Schweiß von der Stirn und sagte: »Dös war dir a Rumpel gwen! Leni, hol ma nur glei a Halbe Bier!« Und schnell trank sie wieder ein paar Krügl.
Nun mußte ich dem Vater in der Schenke helfen. Der hatte inzwischen einen Hektoliter Bier ausgeschenkt und, damit er schneller fertig würde, mit der Kreide Strichlein an die Rückwand des großen Schenkbüfetts gemacht, statt Zeichen zu nehmen. Nun mußte ich diese Strichlein zusammenzählen und dann die Bierzeichen ordnen. Danach rechnete ich mit der Kellnerin ab, half ihr das Geschirr von den Tischen räumen und brachte dann dem Vater und den Stiefbrüdern, die jetzt in die Lateinschule gingen, das Essen, nachdem ich den sogenannten Ofentisch gedeckt hatte. Nun kam auch die Mutter in die Stube, und es machte mir täglich aufs neue Eindruck, wenn die große, massige Frau

unter die Gäste trat, die schmutzige Leinenschürze zurückschlagend und mit leichtem, fast automatenhaftem Kopfnicken grüßend: »'s Got! 'n Tag! Hab die Ehre, meine Herrn!«
Dann setzte sie sich zum Vater und unterhielt sich mit ihm, wenn sie gut gelaunt war. Einmal aber kam sie nicht in die Stube. Da hatte der Vater auf dem Markt ein Schwein gekauft, dessen Fleisch fischig schmeckte, und verschiedene Gäste hatten das Essen zurückgeschickt. An diesem Tage rief die Mutter nur dem Vater in die Schenke: »Josef, da geh rrauß!«
Als der Vater in der Küche war, begann sie laut zu schreien und zu schimpfen: »Bist du aa r a Wirt! A Schand is, so a Fleisch herz'gebn! Friß's nur selber die ganze Sau, du Depp!«
Da hörte ich zum erstenmal, seit ich den Vater kannte, ihn zornig mit der Mutter streiten, und dumpf grollend erscholl seine Rede: »Red ma net so saudumm daher, du narrischs Weibsbild! Dös ko passiern, daß ma r a fischige Sau derwischt. Du brauchst es ja net z'essn, also haltst dei Maul, sonst . . .«
Das letzte brummte er für sich und trat darauf wieder in das Gastzimmer und tat, als sei nichts geschehen. Am Nachmittag aber ging er fort und kam erst abends mit einem großen Weinrausch nach Haus; doch die Mutter sagte kein Wort mehr zu ihm.
Sonst gingen die Eltern nachmittags entweder beide ins Kaffeehaus oder legten sich schlafen. Da mußte ich dann ganz allein das Geschäft und die Schenke versorgen, was mir stets eine große Freude bereitete, da ich sehr ehrgeizig war. Ich setzte mich in die Ofenecke und hielt nun erst meine Mittagsmahlzeit; denn zuvor hatte ich nicht Lust noch Zeit gehabt zum Essen und schenkte es, wenn die Mutter wirklich schon etwas für mich hergerichtet hatte,

immer einem armen Burschen, der sich nichts kaufen konnte, dem Schusterhans.

Da saß ich denn bei meinem Bierkrüglein und aß dazu meine fünf bis sechs Kaisersemmeln und eine kalte Wurst und las die Zeitungen; denn zwischen zwei und drei Uhr war das Geschäft ganz ruhig und auch das Zimmer von Gästen leer. Höchstens kamen etliche, die Waren brachten und dabei rasch eine Halbe tranken. Um drei Uhr zur Brotzeit aber war es wieder so lebhaft wie am Morgen, doch ich wurde leicht fertig und konnnte mich bald wieder zu den Gästen setzen. Nun wurde Karten gespielt oder gesungen und es war recht fidel. Um vier Uhr aber war wieder alles still im Lokal; nur einige fremde Gäste kehrten im Vorbeigehen ein.

Doch gab es für mich noch mancherlei zu tun bis um fünf Uhr, wo der Vater wiederkam. Ich schnitt Knödlbrot oder Voressen und Lunge, rieb Semmelbrösel oder putzte Spielkarten mit Benzin. Auch kam um diese Zeit gewöhnlich der Häute- und Fellhändler, ein alter, schmieriger Jude, der einen fürchterlichen Geruch um sich verbreitete. Mit dem mußte ich in das Schlachthaus hinuntergehen, wo in einer Kiste die Kalbfelle lagen. Diese wog er, und ich mußte genau achthaben, daß er nicht schwindelte; auch beim Ausrechnen des Preises, den er dafür bezahlte, hatte ich recht aufzupassen. Einmal gelang es ihm aber doch, mich zu prellen. Er zahlte mit einem Hundertmarkschein und ich gab ihm heraus, und als er das Geld nachgezählt hatte, behauptete er, zehn Mark zu wenig bekommen zu haben; und obwohl ich gewiß wußte, was ich ihm gegeben hatte, bestand er doch auf seinem Recht. Als die Mutter dies hörte, glaubte sie mir nicht, daß ich von dem Juden geprellt worden sei, sondern sagte: »Dös hast höchstens auf d'Seitn g'räumt und denkst, der Vater büßt's scho; aber da brennst di! Dös kannst scho selber draufzahln von deine Trinkgelder!« Und ich mußte wirklich die zehn Mark nachmals, als ich im Dienst bei fremden Leuten war, von meinem Lohn ersetzen.

Brachte jemand Wein oder Most, so mußte ich auch mitgehen in den Weinkeller; denn die Eltern vertrauten den Dienstboten den Schlüssel dazu nicht an, weil ein sehr großer Wert in den Weinvorräten steckte. So brachte uns auch einmal ein Bursch aus einer Kelterei etwa fünfzig Flaschen Apfelwein. Als ich mit ihm in dem vermauerten, dunklen Keller war und beim Schein einer Kerze den Apfelwein in eine Stellage zählte, löschte der Unhold mir plötzlich das Licht, packte mich rücklings, riß mir den Rock in die Höhe und wollte mich vergewaltigen. Trotz meines Schrecks kehrte ich mich rasch um und fuhr ihm mit allen Fingernägeln über das Gesicht, ergriff die nächstbeste volle Flasche und schlug sie ihm so um den Kopf, daß sie in Scherben ging. Alles das tat ich in einem Augenblick und ohne einen Laut von mir zu geben. Scheinbar ruhig trat ich nun aus dem Keller und rief ihm zu: »So, jetz machst, daß d'verschwindst, du Hund! Sonst sperr i di da rei, bis i d'Schandarm g'holt hab; na konnst schaugn, wie's dir geht, du Haderlump, du elendiger! Und jetz druckst di und laßt di ja nimma blicka! Dei Herr werd sei Geld scho kriagn!«

Ich hatte zwar schon Angst, er könnte mich in der Wut noch einmal anpacken; doch ging er ohne einen Laut, nahm auf der Straße seinen Karren und fuhr mit dem übel zugerichteten Gesicht davon. Gesehen habe ich ihn nie mehr.

Überhaupt hatte ich manchmal meine Fäuste nötig; teils, mich der eigenen Haut zu wehren, teils, Streitende auseinanderzutreiben.

Im Frühjahr hatte ein Grundbesitzer in der allernächsten Nachbarschaft angefangen zu bauen, und es sollten zwei große Häuser links von unserer Ecke und eins rechts davon erstehen. Da die Maurer und die übrigen Arbeiter meist ohne Geld sind, wenn sie zu arbeiten beginnen, so muß der Polier für einen Vorschuß sorgen, der dann am Samstag vom Lohn abgezogen wird. Der Polier wendet sich nun an einen Wirt, der erstlich Geld und dann auch gutes Bier und vorzügliche Küche hat. Da war nun meines Vaters Wirtschaft als Einkehr für sämtlich am Bau Beschäftigte vorgeschlagen und angenommen worden. Die Leute holten sich am Montag ihren »Schuß« und aßen und tranken die Woche über ohne Bezahlung. Da gab es denn am Samstag immer große Abrechnung mit ihnen, und hie und da kam es dann wohl auch vor, daß der eine oder andere glaubte, er sei betrogen worden bei der Abrechnung, oder daß einer selbst betrügen wollte. Freilich ging es dabei nicht immer ruhig her. Ganz plötzlich brach dann an einem Tisch ein Streit aus, und im Nu bildeten sich zwei Parteien, von denen die eine für den Wirt, die andere aber für den Schuldner stritt.

Doch nicht lange währte die Reiberei; der Vater rief mir aus der Schenke: »Leni, biet eahna ab, i hab koa Zeit!«, und augenblicklich stand ich unter den Streitenden und versuchte erst in Güte, die erhitzten Köpfe zu beruhigen. Wenn mir aber dies nicht gelang, konnte ich recht wild werden. Da faßte ich den einen am Genick und drückte ihn auf seinen Stuhl nieder; den andern riß ich zurück vom Tisch, wo er eben ein Salzgefäß ergreifen wollte, um es ins feindliche Lager zu schleudern. Dann schlug ich mit der Faust wohl auf den Tisch und rief: »Ob jatz glei Fried werd unter euch, ös Hallodri! Sofort hol i d'Schandarmerie, wenn koa Ruah is!« Dann ergriff ich den Rädelsführer, hieß ihn austrinken und schob ihn aus dem Lokal.

Freilich, immer wurde es mir nicht leicht, der Aufrührer Herr zu werden. Da mußte mir dann mein Hund, eine riesige, blaugestromte Dogge, die auf den Mann dressiert war, helfen. Dieser Hund war von einem Apotheker aus England mitgebracht worden, mußte aber, da sein Herr verarmt war, verkauft werden. Durch ein Inserat wurde der Vater aufmerksam, und da sie ihm wohl gefiel, kaufte er die Dogge für hundert Mark. Ich war hocherfreut, als der Vater mit dem Hund kam. Er hieß Schleicher und war außerordentlich klug. Sein Herr war mitgekommen und fütterte ihn noch mit Schinkenbroten; danach sagte er: »Schleicher, du mußt jetzt schön dableiben, bis ich wieder komm!« Dabei rannen ihm die Tränen in den Bart, und ich empfand solches Mitleid mit dem Manne, daß ich hinging und ihm versprach, den Hund recht gut zu halten.

Bald war auch das Tier so gut Freund mit mir, daß ein Wink von mir genügte, ihn an meine Seite zu locken. Er begleitete mich auf allen Gängen und lief mit mir auch in den Keller und Speicher; und oft, wenn ich mit ihm redete, legte er seinen schlanken Kopf auf meinen Schoß und sah mich mit seinen klugen, braunen Augen ganz verständig an. Sagte ich ihm: »Schleicher, du mußt schön aufs Frauerl Obacht gebn!«, so wich er keinen Schritt von meiner Seite und hätte den, der mich anrühren wollte, sicher in Stücke gerissen.

So war einmal ein als Wüstling übel angeschriebener, alter Schleifer zu uns gekommen, als ich eben allein in der Schenke stand. Er trat zu mir und fragte, ob ich nichts zu schleifen habe, und obwohl ich ihm kurz und mürrisch erwiderte: »Nix is da!«, ging er nicht, sondern wollte mich an der Brust fassen, indem er mit heiserem Lachen flüsterte: »Nix hat zu sleife? Nix kloane Gaffeemiehle zu sleife, he?«

In diesem Augenblick sprang der Hund auch schon an ihm empor, riß ihn zu Boden und stellte sich mit gefletschten Zähnen und dumpf knurrend über ihn; und als der Italiener sich wehren wollte, packte das wütende Tier seinen

Arm. Erschreckt schrie ich: »Weg, Schleicher!« und riß ihn am Halsband zurück, worauf er zwar von dem an allen Gliedern Zitternden abließ, aber immer noch heftig knurrte, so lange, bis der Alte gegangen war.

So war auch einmal eine Christbaumfeier der »Arbeitsscheuen« in unserm Lokal. Die Gäste saßen vergnügt beieinander, lauschten aufmerksam den Vorträgen, kauften Lose und waren alle eins, bis der Gipfel des Baumes zur Versteigerung kam. An diesem Gipfel hing ein Hering, eine Kindertrompete, ein Bündelchen Zigarren, eine Glaskugel, ein Lebkuchenherz, ein Wachsengel und ein einzelner roter Plüschpantoffel. Den andern hatte schon ein Bäkkermeister gewonnen, da er an dem Zweige hing, dessen Nummer sein Los trug.

Alles steigerte mit leidenschaftlichem Eifer, und es währte nicht lange, da waren schon dreißig Mark für den Gipfel geboten. Nun ging's etwas langsamer; doch steigerte noch alles lebhaft mit, bis ein Metzgermeister rasch vierzig Mark bot und ihn ohne Einspruch zugeschlagen erhielt. Er zahlte und schenkte dann den Gipfel der Gesellschaft zur nochmaligen Versteigerung. Diesmal fiel er für einundzwanzig Mark einem Weinhändler zu. Auch der schenkte ihn wieder her, und nun kam der Hering samt Kindertrompete und Plüschpantoffel für die Summe von dreizehn Mark in die Hände meines Vaters, der gleichfalls zugunsten der Tischgesellschaft alles noch einmal versteigern ließ.

Jetzt fiel dem Bäckermeister plötzlich ein, daß zu dem einen Plüschpantoffel auch ein zweiter gehöre, und er steigerte nun eifrig mit. Aber da war ein junger Ehemann, ein Bräubursch, dem seine Gattin vor einer Woche den ersten Buben geschenkt hatte; der wollte die Trompete für seinen Stammhalter haben. Und nun begann ein hitziges Bieten:

»Drei Mark fuchzg!« schrie der Bäcker.

»Vier Mark!« der andere.

»Sechs Mark!« scholl es wieder herüben, aber schon schrie der Ehemann: »Acht Mark! I werd dirs zoagn, du arme Bäckerseel!«
»Was hast g'sagt, du windiger Bräuknecht! Acht Mark fuchzg!«
»Neun Mark!« erscholl da plötzlich aus dem Hintergrund die Stimme des Kobelbauer Hias, eines Obermälzers, und rasch schrie der junge Ehemann: »Zehn Markl!«
Der Bäckermeister wischte sich den Schweiß von der Stirn, und seine Stimme klang heiser, als er schrie: »Zehn Mark fuchzg! Jatz ko mi der Hanswurscht scho bald ...«
Aber er kam nicht zum Ausreden; denn: »Elf Mark fuchzg!« tönte es schon wieder aus dem Hintergrund und gleich darauf: »Zwölf Mark!« von dem Liebhaber der Trompete.
Nun vergaß der Bäcker vor Wut weiterzubieten und sprang auf, stürzte auf den Bräuburschen zu und packte ihn an der Gurgel: »Willst stad sei, du Bräuhengst, du verflixter! Jatz biat i und kriagn muaß i 'hn aa, den Gipfl, sunst is g'feit, dös mirkst dir!«
Aber er war schon zu spät daran; denn während er sich mit dem andern stritt, freute sich der dritt': Der Kobelbauer Hias ersteigerte den Gipfel um dreizehn Mark und machte sich damit davon.
Der Bräubursch aber hatte den Bäcker mit solcher Macht zurückgeworfen, daß dieser rücklings in einen runden Tisch fiel und alle Krüge und Gläser umwarf. Die Frau des Laternanzünders Tiburtius Kiermeier hatte eben ein Kalbsgulasch vor sich stehen und wollte zu essen beginnen; da kam der Bäcker geflogen, und durch den großen Sturz geriet die Platte mit der Sauce ins Rutschen, und ehe die Frau Laternanzünder sich's versah, hatte sie das Gulasch samt der Brüh und den Kartoffeln im Schoß: »Jess' Maria! Mei guater Tuachrock!« kreischte sie laut auf und stieß gleich

darauf ihren Mann heftig in die Seite; denn der hatte so eifrig mit einem am andern Tisch sitzenden Schuhmacher, genannt der Revolutionsschuster, über Anarchismus und Sozialdemokratie debattiert, daß er von dem Streit und auch von dem Unglück seiner Gattin nichts bemerkt hatte. Nun aber sprang er auf, und als ihm diese kreischend und unter Tränen den Vorfall geschildert hatte, erhob er seinen Stuhl und schrie: »Nieder mit dem schwarzen Bäckerhund! Hauts'n nieder, den Zentrumshund! D'Sozialdemokratie soll lebn!«

In diesem Augenblick aber fielen ihm etliche in den Arm, drückten ihn wieder auf seinen Sitz und riefen: »Sei do g'scheit, Tiburtl!«, doch der war nun schon in der Hitze und schrie und schimpfte weiter. Die Streitenden aber waren inzwischen abermals aneinander geraten, und bald setzte es da und dort Hiebe ab. Nun sprangen etliche Raufustige hinzu, und ehe man sich dessen versah, artete der Streit zu einer regelrechten Prügelei aus.

Zu allem Unglück löschte ein Boshafter das Licht aus, indem er den Gasometer abstellte.

Der Vater rief: »Kathi, schnell reibn S's Gas auf!« Die Mutter schrie aus der Küche: »Kreuzsakerament! a Liacht brauch i!« Ich aber faßte meinen Hund am Halsband, er trug den Maulkorb, und stürmte mitten in den Knäuel: »Auseinander! Schleicher, faß an! Sakrament, auseinander, sag i! Wer si net niederhockt, is hi!«

In diesem Moment flammte wieder ein Licht auf, und während der Vater totenblaß an einem Tisch lehnte, da er noch immer kränkelte und sich nicht aufregen durfte, teilte ich kräftige Püffe aus. Der Hund aber hatte die zwei Hauptschreier zu Boden geworfen, und sein zorniges Knurren verriet, daß er keinen Spaß trieb. Die beiden lagen blutend und voll Beulen da, der eine hielt noch einen Maßkrughenkel, der Bäcker aber sein Stilett in Händen.

Die übrigen Raufbolde waren beim Dreinfahren des Hundes erschreckt zurückgewichen, und nachdem ich den Bäkker und den andern in die Höhe gezogen und beide zahlen geheißen, wies ich ihnen die Tür mit den Worten: »Marsch, schaugts, daß hoamkommt's, ös Wildling!«
Bald war wieder Ruhe im Lokal; die Scherben wurden aufgeräumt, die Tische und Stühle gesäubert und der Frau Kiermeier vom Vorstand der Tischgesellschaft ein neues Kleid versprochen. Und als um vier Uhr morgens die letzten Gäste schwankend das Lokal verließen, versicherten sie einmütig mit stillvergnügtem Lächeln: »Schö war's, wunderschö!«

Am andern Tag mochte aber wohl mancher einen schweren Kopf gehabt haben, und auch wir waren alle übernächtig und trachtete ein jedes, den versäumten Schlaf so geschwind wie möglich nachzuholen. Der Vater und die Mutter legten sich gleich nach dem Mittagessen nieder; die Küchenmagd machte ganz gläserne Augen und verschwand plötzlich, noch ehe sie ihre Arbeit getan; die Kellnerin mußte sich niedersetzen zum Besteckputzen, und dabei sank ihr der Kopf immer tiefer, bis sie mit der Nase auf das Putzbrett stieß. Ich selber nahm mir einen Stuhl und setzte mich in die Schenke, rief den Schleicher zu mir und machte auch ein Schläfchen, das zu meiner Freude nicht gar zu oft durch das schrille Klingeln der Schenkglocke gestört wurde. Um fünf Uhr aber war jedes wieder munter, und nachdem wir Kaffee getrunken hatten, meinte die Mutter: »So, jatz konn's glei wieder ogeh 's G'schäft und dauern bis um zwoa!« Doch bekam sie bald Kopfweh in der heißen Küche und ging in die Stube, und ich kochte allein.
Da hieß es erst einen großen Hafen voll Lunge oder Voressen bereiten für die Arbeitsleute, die jeden Abend um

sieben Uhr an der Küchentür mit ihren Haferln standen und fragten: »Habts heut a Lungl?«
Dann schrieb ich die Speisenkarte. Bald danach kamen die Kunden aus der Nachbarschaft, meist alte Weiber, und begehrten zu wissen, was sie zum Abend haben könnten: »Freiln Leni, ham S' heut a Gansjung?«
»Ja, was fallt denn Eahna ei!« rief ich da. »Jatz, wo s' so teuer san am Markt! Wos moanan S', was jatz a Gansjung kostn tät? A Mark ganz gwiß! Mögn S' vielleicht sonst a Schmankerl? A sauere Leber oder a bachene; oder a bra'ne Haxn, a halbete? A schöns Schweinszüngl is aa da und guate G'schwollne, selbergmachte!«
»Dös mag mei Mann alles net!« sagte die eine oder andere dann, und ich mußte ihnen weitere Spezialitäten hernennen: »Ja mei, da werds schlecht ausschaugn, wenn der Herr Gemahl dös net mag! Sagn S' halt, a Hirn, a Herz, a Kottlett, a Schnitzl und a Gulasch ham mar aa; oder vielleicht mag er an Ochsenmaulsalat!«
Nachdem ich dies alles aufgezählt hatte, kam es freilich auch manchmal vor, daß eine, nachdem sie alles mögliche auszusetzen gehabt und ihr die Leber zu sauer, das Gulasch zu scharf, an der Haxn z'weni dro und das Züngerl z'fett gewesen war, zögernd fragte: »Habn S' a Lungl aa?« und um a Zehnerl davon holte, was mich immer sehr zornig machte, so daß ich, wenn sie draußen war, voll Wut zur Küchenmagd sagte: »Schaugts nur grad a so a Büchslmadam o! Wenn s' a Kottlett um a Zwanzgerl kriagt hätt, wars ihr scho recht gwen, dere Flugga!«
Aber trotz allen Ärgers war ich doch recht gern Herr in der Küche, und als einmal im Sommer die Mutter eingeladen wurde, an der Wallfahrt nach Altötting teilzunehmen, gab ich nicht eher Ruhe, bis sie ja sagte.
Freilich mußte ich nun tüchtig mit anfassen die drei Tage, welche die Mutter nicht da war; doch wurde ich ganz gut

fertig und konnte sogar dem Vater noch helfen am Abend, wenn der Hauptandrang an der Gassenschenke war.
Da wurden innerhalb einer Stunde über zwei Hektoliter Bier ausgeschenkt, und die Leute standen mit ihren Krügen an, wie zu Ostern in der Kirche beim Beichten. Der Vater schenkte ein, und ich kassierte. Da ging's: »Frau Bergbauer, a Maß, a Halbe und a Quartl, macht vierazwanzg, sechsadreißig, zwoaravierzg; so – und acht san fufzg und fufzg is a Mark. Dank schö, adie, Frau Bergbauer, wieder komma! D'Frau Graf hat dreimal drei; dös macht vierafufzg und sechs is sechzg. Dank schö, adie! Der Kloane kriagt a Halbe; tuas fei net ausschüttn! Herr Nachbar, drei Quartl? Vater, drei! Und a Zigarrn! Derf i s' glei ozündn? Jatz ham ma achzehn und sechs ist vierazwanzg und von gestern zwoa Maß, dös macht nacha zwoarasiebazg. Stimmt ak'rat wie zählt. Adie, Herr Nachbar, dank schö!« Und so ging's fort, bis ich wieder in die Küche mußte.
Am nächsten Tag schickte die Mutter aus Altötting eine Karte mit dem Bild der Mutter Gottes und schrieb: »Liebster Josef! Ich bin ganz weck vor lauter schön. Vielle Grüße sendet euch eure treue Mutter Magdalena Zirngibl.«
Ich freute mich sehr, daß es der Mutter so wohl gefiel; hoffte ich doch, es möchte diese Wallfahrt günstig auf ihr Gemüt wirken, daß sie ein wenig verträglicher würde; denn sie war immer noch trotz aller Frömmigkeit recht bös und quälte mich oft entsetzlich. Bei dem geringsten Anlaß gab sie mir trotz meiner neunzehn Jahre noch Schläge ins Gesicht und hinter die Ohren oder riß mich an den Haaren herum; ja, nicht selten nahm sie noch wie früher den Stock und prügelte mich elendiglich. Deshalb suchte ich, so gut es mir gelingen wollte, Anlässe zu solchen Szenen zu vermeiden; doch glückte es mir nicht immer, und ich wurde nun wieder trübsinnig und verlor alle Lust zum Schaffen und schließlich auch zum Leben.

Da geschah es, daß wir eine neue Kellnerin bekamen; denn die Kathi hatte sich mit einem unserer Gäste, dem Briefträger Schwertschlager, verheiratet. Das neue Mädchen hieß Babett und war recht fleißig und von einnehmendem Wesen; daher schloß ich mich rasch an sie an, weihte sie in manche von den häßlichen Szenen, die ich mit meiner Mutter hatte, ein und vertraute ihr auch an, daß ich des Lebens im Hause ganz überdrüssig sei. Da empfahl sie mir, ich solle mir doch eine Sparbüchse anlegen und alle Tage etwas aus der Schenkkasse hineintun; wenn es mir dann einmal gar zu schlecht ginge, könnte ich davonlaufen und hätte doch Geld. Ich folgte ihr und legte täglich zwei kleine, silberne Zwanzgerln in eine irdene Sparbüchse, die ich in der Schublade des Büfetts, die der Kellnerin zur Aufbewahrung ihrer Sachen diente, versteckte.

Es mußte schon ein schönes Sümmchen beisammen sein, denn etliche Wochen trieb ich diese Heimlichkeit.

Da kam der Namenstag der Mutter.

Schon einige Tage vorher hatte ich die Babett an einer sehr feinen Spitze häkeln sehen und plagte sie nun, sie solle mir dieselbe für die Mutter verkaufen. Sie willigte ein, und nachdem sie mich das Muster gelehrt hatte, häkelte ich noch ein gutes Stück selber dazu. Ich bezahlte ihr für die Arbeit zwei Mark, bat mir aber aus, sie dürfe der Mutter ja nicht verraten, daß auch sie daran gehäkelt habe; denn die Mutter hielt nur auf Handarbeiten etwas, die man selbst gefertigt hatte. Sie schien auch wirklich sehr erfreut und fragte mich, wo ich das Muster herbekommen habe.

Ich antwortete: »Von der Babett.«

Darauf meinte sie: »Die hast ja du gar net g'häkelt, die hat ja d'Babett g'macht!«

Ich blickte wie versteinert die Mutter an und brachte endlich kaum hörbar die Worte heraus: »Wer sagt denn dös?«

»D'Babett hat mir's selber g'sagt!« erwiderte die Mutter scharf.
Da brach ich in Tränen aus: »Naa, so a Gemeinheit! Jatz hat s' mir's so heilig versprocha, daß s' nix sagt...«
»So, hab i di jatz g'fangt, du Luder, du verlogns!« triumphierte jetzt die Mutter mit bösem Lachen; dabei nahm sie die Spitze und warf sie ins Herdfeuer. »Heut konnst di aber g'freun! Heut treib i dir's Lügn aus für allweil!«
Mir war ganz dumm im Kopf, und wie im Traum ging ich in die Gaststube und wollte die Sparbüchse mit dem geheimen Geld zu mir nehmen; da fand ich sie leer. Sprachlos starrte ich in die Schublade, bis die Mutter in das Zimmer trat. Da schob ich die Lade zu und ging wieder in die Küche. Doch konnte ich nichts tun und hatte nur den einen Gedanken im Kopf: Heut bringt s' di um; denn sie war so seltsam still, trank rasch fünf oder sechs Halbe Bier und warf mir grausige, entsetzliche Blicke zu. Aber sie sprach kein Wort in der Sache, bis nach dem Mittagessen. Da rief sie dem Vater in die Schenke: »Josef, heut bleibst in der Schenk, die is heut net da!«, wobei sie mir wieder einen solch bösen Blick zuwarf, daß mir fast das Blut in den Adern gefror. Dann sagte sie, indem sie den großen, eisernen Schürhaken vom Herd nahm und sich zum Gehen schickte: »Richst 's Hundsfressen no her, du Schinderviech; nachher gehst 'nauf!«
Als sie fort war, rief ich die Babett zu mir in die Küche und machte ihr Vorhalt wegen der Spitze und auch wegen des Geldes.
Da sagte sie: »I hab koa Wort verraten und vom Geld woaß i nix! Überhaupt derfan Sie koa Wort sagn; denn wenn i mei Maul aufmach, na ist g'fehlt um Eahna!« Damit ging sie aus der Küche.
Ich hatte kaum die letzten Worte gehört, so wurde mir heiß und kalt, und plötzlich ergriff ich das große Tranchier-

messer, legte erst die eine und dann die andere Hand auf den Hackstock und schnitt mir an beiden Armen die Pulsadern durch. Dann lief ich zum Schlüsselbrett, nahm die Kellerschlüssel, rannte die Stiege hinab, schloß mich in den Weinkeller ein und kauerte mich in einen Winkel und hoffte stumpfsinnig auf den Tod.
Wie lange ich so gelegen bin, weiß ich nicht. Bekannte erzählten mir später, daß mich eine Frau, die von der Gassenschenke aus in die Küche geblickt hatte, beobachtet und den Vorfall meinem Vater mitgeteilt habe. Doch wußte niemand, wo ich hingelaufen war, bis man endlich die Kellerschlüssel vermißte. Da nahm der Vater den Schleicher, ließ vom Schlosser den Keller aufbrechen und suchte mich. Der Hund aber lief erst unruhig im ganzen Keller umher, bis er sich plötzlich vor die Tür zum Weinkeller stellte und laut zu winseln begann. Da erbrach der Schlosser auch diese Tür, und nun fanden sie mich ohnmächtig in meinem Blute liegen. Sie hoben mich auf und brachten mich zum nächsten Bader, der mir einen Notverband anlegte und mich dann zu einem Arzt fahren ließ. Dort wurden die Wunden genäht, wobei es der Doktor nicht an anzüglichen Reden fehlen ließ, da ja gemeiniglich nur nach der Tat, selten aber nach Grund und Ursach geforscht wird.
Darauf brachte man mich wieder nach Hause, und meine Mutter empfing mich sofort mit den Worten: »Hat di jatz der Teufi no net gholt! Bist no net hin?«
Da dachte ich, es könnte am Ende besser sein, wenn ich ginge; denn vielleicht bekäme ich von der Mutter einmal einen Hieb, der mich zum Krüppel machte; da wäre ich doch lieber tot.
Also ging ich andern Tags zu meiner Base, die mit dem Bruder der Mutter in einem alten, kleinen Häuschen Giesings wohnte. Die nahm mich voller Mitleid auf, und ich verbrachte ein paar glückliche Wochen bei ihr. Auch sie

riet mir, ich solle eine Zeitlang unter fremde Leute gehen und dienen. Deshalb suchte ich, nachdem meine Arme wieder geheilt waren, eine Verdingerin auf, die mir einen Platz als zweite Köchin in der Floriansmühle zubrachte und mir empfahl, zuvor meinem Vormund, dem Ehemann der Nanni, zu schreiben, daß er mir seine Erlaubnis zum Dienen gebe; denn ich war noch nicht mündig. Der antwortete in seinem Schreiben: »Mir ist's ganz recht, wenn sie dint und ligt nichts dran, wenn sie heirat. Josef Eder.«

Mit diesem Brief ging ich zur Polizei und holte mir ein Dienstbuch. Danach erbat ich mir von meiner Base das Verdinggeld, fünf Mark, und brachte es der Frau, worauf ich mich nach der Floriansmühle begab.

Ich ging die Isar entlang durch den Englischen Garten, am Aumeister vorbei und stand mit einem Male vor einem kleinen Dörflein.

Zu meiner Rechten floß ein von alten Bäumen und schon herbstlich buntem Strauchwerk eingefaßter Kanal, der das ausgedehnte, rings von saftigen Wiesen und schattigen Baumgärten umgebene Besitztum, auf dem ich meinen Dienst antreten sollte, von dem eigentlichen Ort trennte.

Ich schritt den Bach aufwärts und stand bald vor dem großen Hoftor des Gutes, das drei Brüdern zu eigen gehörte und dessen Gastwirtschaft von jeher als eine beliebte Einkehr der Münchner galt.

Als ich in den Hof trat, stand vor der niedern Tür des schmucken, mit seinen grünen Fensterläden und den sauber an Spalieren gezogenen Weinreben recht heimisch aussehenden Wohnhauses ein junges Mädchen und fütterte aus einer weiten, irdenen Schüssel Enten, Hühner und Tauben mit feingehackten Maiskörnern. Droben auf dem Dach aber, das von einem Glockentürmlein gekrönt war, saß ein großer Pfau und schrie mit kreischender Stimme sein klägliches: »Pau, pau« in die stille Luft.

Weiter drüben vor dem Stall stand ein langer, grobknochiger Knecht und schirrte zwei schwere Grauschimmel an und spannte sie vor einen hoch mit Mehlsäcken beladenen Wagen, während aus der mit Tannengirlanden geschmückten Tür eines kleinen Tanzsaales, dessen Fensterläden fest geschlossen waren, soeben ein älterer Mann trat und angestrengt nach der von uralten Pappeln eingesäumten Landstraße sah.
In diesem Augenblick fuhr von der andern Seite ein leichtes Ponygefährt durchs Tor in den Hof, und ihm entstieg ein etwa zwanzigjähriger, elegant gekleideter junger Mann, warf die Zügel dem dampfenden Pferd auf den Rücken und hob danach ein liebliches, ganz in Weiß gekleidetes, etwa achtjähriges Mädchen aus dem Wagen. Mit lautem Jubel stürmte die Kleine an dem erschreckt auffahrenden jungen Mädchen vorüber, wobei Hühner und Enten laut schreiend und gackernd auseinanderstoben, und sprang lachend an dem alten Herrn empor mit dem Ruf: »Onkel Kilian, fein wars!« Dieser gab dem Mädchen erst einen schallenden Kuß und wandte sich dann an den jungen Mann: »So, Maxl, hast dir jatz amal gnua kutschiert?«
»Ja, Onkel! Bis zum Flaucher san ma nauf; 's Lieserl hätt bald nimmer gnua kriagt!« Dann rief er lachend der noch immer über das Ungestüm der Kleinen erbosten jungen Dame zu: »Servus, Fräuln Schwester!« Und als sie nichts erwiderte, trat er rasch auf sie zu, faßte sie um die Hüften und meinte: »Na, Klärl, kommt's am End scho wieder zum Regnen?«
Unwillig stieß sie ihn weg und wollte etwas entgegnen, da fuhren rasch hintereinander drei elegante Equipagen vor, und sofort stürzten alle hinzu und halfen den Herrschaften dienstbeflissen aus den Wagen.
Ich war lange Zeit unschlüssig hinter dem vorderen Tor

gestanden; jetzt benutzte ich rasch den günstigen Augenblick und trat schnell in die Küche, die in peinlichster Sauberkeit glänzte.
Gegenüber dem großen, in der Mitte stehenden Herd befanden sich hohe Schränke und Stellagen voll Porzellangeschirr, und von den Wänden blinkten reiche Kupfer- und Zinnmodel. Vor dem Herd stand gerade eine große, wohlbeleibte Köchin, die Kaffee kochte, und hinten in einer Ecke war ein altes Weiblein mit dem Rupfen einer großen Schüssel voll Enten beschäftigt. An dem mächtigen Schubfenster des Büfetts, von dem aus man den großen, schattigen Wirtsgarten überblicken konnte, stand eben die Frau des Hauses und gab der Kellnerin mehrere Platten mit Kuchen und gebratenen Hühnern. Dann wandte sie sich um, und als ich gerade der Köchin, die mich barsch nach meinem Begehr fragte, antworten wollte, rief sie mit freundlicher Miene: »Ah, jatz kommt mei neue Köchin! Sie san aber no jung!«
Ich erwiderte, nachdem ich sie begrüßt, ziemlich schüchtern: »I bin scho neunzehn Jahr alt!«, worauf sie mich fragte, ob ich denn auch kochen könne. Da bekam ich auf einmal Schneid und sagte frisch: »Dös moan i! I hab dahoam scho dö ganze Wirtschaft g'führt, und mir ham koa schlechts G'schäft! Bloß mit dö Mehlspeisn hats was; dö gibt's bei uns 's ganz Jahr net!«
Lachend meinte die Frau: »Dös kriagn ma scho no; bloß a a Schneid braucht's und an guatn Willn.«
Ich versprach ihr, daß ich ihr keine Schande machen wolle, und fragte, wann ich schon eintreten könne. Sie sagte: »Glei morgn können S' kommen; lassen S' ma Eahna Adreß da, der Knecht fahrt morgen so in d'Stadt nauf am Markt; der kann glei Eahnan Koffer mitnehmen.«
Dann gab sie mir noch einen Taler als »Drangeld«, womit sie mich fest zum Antritt meiner Stelle verpflichtete.

»Gnä Frau«, sagte ich noch, ehe ich ging, »kann i vielleicht glei was b'sorgn, eh i morgn aus der Stadt geh? I kannt's leicht mitnehmen.« Doch sie verneinte und sagte: »Dös g'fallt ma, daß S' Eahna so onehma; aber bei uns fahrt alle Tag oans nauf zum Einkaufn und B'stelln. Trinkn S' jatz no g'schwind a Tass' Kaffee!«
Nun bekam ich eine große Tasse voll und einen Krapfen, wobei die Frau meinte: »Probiern S' unsere Krapfen, die müssen S' z'erscht ferti bringa!«
Ich fand alles recht gut und ging frohen Herzens heim zu meiner Base und berichtete ihr alles, worauf sie mich ermahnte, ich solle mich recht gut halten, daß ich meiner Mutter zeigen könne, wie andere Leute mit mir zufrieden wären.
Andern Tags am frühen Morgen machte ich mich auf den Weg. Ich war guten Muts und sang laut, als ich durch den Englischen Garten schritt; denn ich hatte von der Endstation der Trambahn aus noch fast eine Stunde zu gehen.
Als ich auf den Hof kam, schlug es neun Uhr, und der Obermüller und die Mühlknechte machten grad Brotzeit und holten sich ihr Bier.
Mit einem lauten: »Grüaß Gott! Jatz bin i da!« trat ich in die Küche, wo es schon überall dampfte und brodelte. Die Frau war noch nicht auf, und so wies mir die erste Köchin meine Kammer zum Schlafen an. Rasch nahm ich mein Hütlein ab, zog mein Mäntelchen aus, tat eine schöne weiße Schürze um und ging wieder hinunter.
Nun hieß es sich rühren! Als die Frau um zehn Uhr in die Küche kam, hatte ich schon einen großen Hafen voll Entenjung für die Leute der Ökonomie zubereitet und war gerade dabei, ein Brett voll Knödel zu machen.
»So, san ma scho fest bei der Arbeit!« sagte die freundliche Wirtin und klopfte mir wohlwollend auf die Schulter, worauf ich lachend erwiderte: »Bis jatz konn i's scho no da-

macha!«, doch hätte ich dies am Nachmittag wohl kaum mehr geantwortet; denn da ging's drunter und drüber.
Da kamen Herrschaften in ihren Equipagen, die sich mit Brathähndln, Eierspeisen, kalten Platten und dergleichen Leckerbissen aufwarten ließen, ferner Radfahrer, die in großer Eile ihren Kaffee tranken, und auch an Spaziergängern fehlte es nicht, die da ihren Käs mit Butter, ein Ripperl oder Regensburger verzehrten.
Der Kaffee wurde in lauter kleinen Kännchen serviert, und eine alte Spülerin hatte den ganzen Mittag und Nachmittag vollauf zu tun, um all die Geschirrlein zu säubern und auf kleine Nickeltabletten zu ordnen. In einem riesigen Waschkorb lagen an die hundert Krapfen, daneben standen Teller und Platten mit feinem Kaffeekuchen, was alles im Haus gebacken wurde.
In der Schenke ging es zur Mittagszeit noch ziemlich ruhig her; doch war am Nachmittag auch hier ein großes Hinundher. Da wurde nicht nur Bier ausgeschenkt, sondern auch alle möglichen Limonaden, Sauerbrunnen, Schorlemorle, Radlermaßen und auch gar manche Flasche Wein.
Die »rote Kuni«, wie man im Scherz die rothaarige Schenkkellnerin nannte, wußte sich bei dem Trubel kaum mehr zu helfen; denn sie war von Haus aus schon schwerfällig und nun erwartete sie auch noch ein Kind, das vierte, seit sie in der Floriansmühle im Dienste stand. Für jedes hatte sie einen andern Vater benannt, der ihr für Ehr und Kind bezahlen mußte, was ein jeder auch ohne Widerrede tat.
Um die Zeit meines Eintritts war nun überall wegen der Herbstmanöver Einquartierung. Auch in die Mühle kam die Order, man solle Quartier bereiten für mindestens zwanzig Mann und etliche Offiziere der schweren Reiter aus Landshut.
Es währte nicht lange, da rasselten im Saal die Säbel und

klirrten die Sporen. Zwanzig Gemeine, vier Feldwebel und Wachtmeister sowie sechs Offiziere hatten wir bekommen. Da gab es Arbeit in Menge; zwar war für die Gemeinen das Mahl bald bereitet, doch für die Herren wurde gar fein aufgekocht. Am Abend gab es dann regelmäßig ein kleines Tänzchen, zu dem ein Mühlknecht mit der Ziehharmonika aufspielte.

Elf Tage blieben sie. Da geschah es am dritten Tage, daß die rote Kuni in der Früh nicht mehr erschien und in der Stille der folgenden Nacht einem Knäblein das Leben gab. Nun war niemand in der Schenke; da fragte ich, ob ich nicht auf etliche Tage dies Amt versehen könne. Die Herrschaft war recht froh über den Antrag, und ich wurde noch am selben Tag die Schenkkellnerin. Zugleich hatte ich die Gäste zu bedienen und auch den Offizieren zu servieren; doch ging mir alles glücklich von der Hand, und schon nach ein paar Tagen mußte ich das Versprechen geben, in der Schenke zu bleiben. Ich tat es gerne; denn ich verdiente mir ein schönes Stück Geld und lernte überdies mit feinen Leuten umzugehen.

Bald hatte ich mir nicht nur die Zufriedenheit der Herrschaft erworben, ich war auch der Liebling der Offiziere und vieler vornehmer Gäste.

Am Tage vor ihrem Weitermarsch veranstalteten die Hauptleute der Einquartierten noch einen kleinen Ball, zu dem viele Münchner Offiziere samt ihren Frauen geladen waren. Vorher war ein reiches Mahl gegeben worden, und ich hatte alle Hände voll zu tun. Danach gab mir ein jeder der Offiziere, die durch den Herrn schon erfahren hatten, daß ich eine Bürgerstochter und ein braves Mädel sei, die Hand, viel schöne Worte und einen blanken Taler, und einer bat mich gar um ein »Busserl«, wofür er mir versprach, er wolle ewig an dieses Herbstmanöver denken.

Ich hatte nichts weiter dagegen und gab ihm lachend den

verlangten Kuß. Da hielt der junge Herr mich fest und legte mir ein feines Kettlein mit einem kleinen Medaillon um den Hals.
»Es ziemt sich nicht«, meinte er dann ernst, »einem Mädchen aus gutem Haus ein Trinkgeld zu reichen; ich wenigstens kann es nicht und hoffe auch, daß meine lieben und geschätzten Kameraden das Mädel nicht entlohnen, sondern nur belohnen wollten.«
Ich war ganz bestürzt und dachte schon, jetzt müsse ich all das schöne Geld wieder hergeben; da rief ein alter, graubärtiger Offizier mit schnarrender Stimme: »Ah, was! Unsinn, Kamerad! Der Taler ist nicht Trinkgeld, sondern Andenken an uns fesche Kerle!«, worauf alles in Gelächter ausbrach und die Angelegenheit erledigt war.
Später, beim Tanz, bat der junge Herr meine Herrschaft, mir Urlaub zu geben, bestellte etwa zwanzig Flaschen Sekt und ließ sie gleich kalt stellen. Sodann befahl er den Offiziersburschen, zu bedienen.
Die andern Mannschaften hatten sich draußen in der Tenne bei einem Faß Bier versammelt, und Wachtmeister und Unteroffiziere saßen im Nebenzimmer fidel beisammen.
Ich mußte ein gutes Kleid anziehen und war nun sehr begehrt, wobei ich fand, daß der Leutnant mit dem Kettlein es im Tanzen selbst den höchsten Offizieren zuvor tat. Er meinte es, wie mir schien, recht ehrlich mit mir; denn er wollte nicht einmal das »Busserl«, das er mir am Abend abverlangt hatte, behalten und gab es mir mit dankbarem Blick vierfach zurück, ehe er beim Morgengrauen den Tanzsaal verließ.
Am andern Tag sah ich die Truppen wohl fortreiten, doch konnte ich aus der großen Ferne keinen mehr erkennen.
Dafür kamen am Nachmittag abermals etwa zehn Reiter, zwar keine Offiziere, doch auch ganz muntere Gesellen, die in einer Reitschule das lernten, was sie später entweder

zum Beruf brauchten oder womit sie andern einmal imponieren wollten.
Sie kamen nun täglich und waren alle recht höflich und liebenswürdig zu mir, gaben mir viel Trinkgelder und brachten mir allerlei hübsche Dinge mit: bald ein Körblein Blumen, bald ein Schächtelchen mit Zuckerwerk. Einer von ihnen aber, der Sohn des Reitschulbesitzers, hätte mir gerne einen hübschen Filigranschmuck geschenkt; doch ich wies das Angebinde schnöde zurück, weil der Geber sich dafür nichts weniger denn mein Jungfernkrönlein ausgebeten hatte.
Überhaupt traten jetzt die Versucher gar häufig und, wie sie meinten, in den lockendsten Gestalten an mich heran.
Da war ein alter Jude, ein steinreicher Geldhändler, der mir für eine kleine Liebenswürdigkeit sofort eine große Summe Goldes bot. Ferner ein Pferdehändler, ebenfalls ein Jude, der mir einst seine Equipage mit der Weisung schickte, ich solle mich in den ersten Modehäusern kleiden, wie ich wünsche, koste es, was es wolle; doch möchte ich nachher in demselben Wagen heim in seine Wohnung fahren und bei ihm eine Tasse Tee trinken.
Doch nicht nur die reichen Herren, auch etliche Burschen aus der Mühle hätten mich gern zu ihrem Schätzlein gehabt, und ich wußte bald nicht mehr, was ich tun sollte, um mir die unsinnigen Freier vom Hals zu schaffen. Und als mich gar einmal mitten in der Nacht draußen vor meinem Fenster, ich schlief im ersten Stock, ein Geräusch aufweckte, als hätte jemand eine Leiter angesetzt, und gleich danach ein leises Klopfen an die Scheiben ertönte und jemand mit unterdrückter Stimme rief: »Lenerl, mach auf! I muaß dir was sagn«, da sprang ich voll Zorn aus dem Bett und rief ganz laut hinaus, ohne zu öffnen: »Mei Ruah will i habn! I brauch koan Burschn zum Fensterln; wer si net zu der Tür 'reitraut, soll ganz wegbleibn!«

Da erscholl es draußen wieder flehend: »Geh, laß mi halt ei, Dirndl! I hätt a schöns Ringerl für di!«, während zu gleicher Zeit im Garten drunten der alte Bernhardinerhund wütend zu bellen begann. Nun klopfte der nächtliche Besucher wieder, diesmal aber ganz heftig, ans Fenster und bat: »Lenerl, i bitt di um Gottswilln, laß mi halt ei, i bins ja, der Mühlfranzl! Schau, da Barri laßt mi nimma abi!«
Ich gab nun gar keine Antwort mehr und hielt mich mäuschenstill; denn im Zimmer neben mir wurde es lebendig, und gleich darauf erschien Max, der etwa zwanzigjährige Sohn meiner Herrschaft, in Unterhosen und barfuß, ein Kerzenlicht in der Hand, an meiner Tür: »Leni, hörn Sie nix? Einbrecher müassn da sei!«
Nun verschwand die Gestalt eilig vom Fenster, und gleich danach vernahm man ein wildes Auffahren des Hundes, einen dumpfen Schrei und das Umfallen der Leiter. Darauf war es wieder still. Nun wagte ich, das Fenster zu öffnen, und sah hinunter. Da saß unser Barri auf einer dunklen, am Boden hingestreckten Gestalt, und über den beiden lag die lange Leiter.
»Unser liabi Zeit! Der hat si gwiß dafalln!« rief ich voll Schreck und bereute schon meine Härte; da schrie der Max zum Fenster hinunter, während ich ganz gebrochen auf einen Stuhl fiel: »Barri, marsch in die Hüttn!«, worauf der Hund den Schwanz einzog und unter der Leiter wegschlich.
»Wer nur dös sei muaß!« meinte etwas angstvoll der junge Mann.
Da sagte ich leise, indem ich wieder zum Fenster trat und hinabsah: »Der Mühlfranzl war's. Fensterln hätt er wolln! Und jatz is er tot zwegn mein Trutz!«
In diesem Augenblick rührte sich der vermeintliche Tote, kroch unter der Leiter hervor und hinkte mühsam und halblaut fluchend von dannen.

Nun verließ auch der Max das Zimmer, und ich legte mich wieder hin; doch ich konnte nicht mehr einschlafen und nahm mir vor, das Haus zu verlassen. Ich sagte das am Morgen auch der Frau; doch die lachte mich aus und meinte: »Ja, warum net gar! Davonlaufn möcht s' jatz, anstatt daß s' an Stolz hätt, wenn si d'Burschn so um sie reißn! Recht zum Narrn haltn tuast's!«

Nach reiflicher Überlegung entschied ich mich auch wirklich für diesen vernünftigen Ausweg. Ich ließ mir eifrig den Hof machen und hatte die größte Freude, wenn sich manches Mal der eine oder andere von einem Rivalen zurückgedrängt glaubte und ihm mit der Faust zu beweisen suchte, daß er der Bevorzugte sei.

Der Umstand, daß ich mich in diesem ständigen Kreuzfeuer so tapfer bewährte, ließ mich nicht nur in den Augen meiner Herrschaft groß dastehen, sondern auch in der Gunst unserer Stammgäste, zu denen auch der Benefiziat des Dorfes zählte, höher und höher steigen, und es geschah des öfteren, daß der hochwürdige Herr mich beiseite nahm und mir versicherte, ich sei das tapferste Mädel, das ihm vorgekommen; und als ich ihm einmal sein Bier auf den Tisch stellte, rief er: »Na, wie geht's, Sie steinerne Jungfrau? Hat sich gestern keiner von Ihren Verehrern erschossen?«, worauf ich lachend erwiderte: »Naa, Herr Hochwürden, aber datränkt hat si scho hi und da oana z'wegn meiner!«

»Was!« schrie er voll Schreck und hatte seine liebe Not, den Trunk, den er eben gemacht und der ihm vor Schreck in die unrechte Kehle geraten war, wieder heraufzubringen. »Was, ertränkt?!«

»Ja, aber net im Wasser!« beruhigte ich ihn und klopfte ihm tüchtig auf den Rücken, bis er nach heftigem Husten wieder zur Ruhe kam.

Als ich etwa zwei Monate im Hause war, erschien eines Nachmittags ganz unverhofft meine Mutter und wollte wissen, wie ich mich führe.
Meine Frau war noch in der Küche, als die Mutter mit den Worten vor sie trat: »'n Tag! I bin d'Mutter von dera da!« Dabei wies sie mit der Hand auf mich und fuhr fort: »I möcht anfragn, wie sie si aufführt und was s' Lohn hat!«
Meine Frau entgegnete kurz: »So, Sie sind d'Mutter! D'Leni is recht ordentlich und fleißig und i hab nie a Klag. Was 'n Lohn betrifft, so hat s'halt zwanzg Mark und ihre Trinkgelder. Dös geht mi übrigens nix o, wie viel dös ausmacht.«
Da fing meine Mutter an, sich bitter über mich zu beklagen, und erzählte ihr die Geschichte von meinem Selbstmordversuch und auch, daß ich einmal zehn Mark aus der Schenkkasse gestohlen hätte, die sie nun holen wolle. Doch meine Frau fiel ihr unwirsch ins Wort: »Was Sie mit Eahnera Tochter dahoam g'habt habn, geht mi nix an. Bei mir is sie rechtschaffen und ehrli, und konn i ihr net 's geringste nachredn!«
Da kehrte sich die Mutter heftig um und eilte hinaus, die Tür krachend hinter sich zuwerfend. Ich aber nahm ein Zehnmarkstück und legte es ihr im Garten auf den Tisch, wo sie vorher gesessen war, und gab es ihr mit den Worten: »Da san die zehn Mark. Wenn S' no was guat habn, na sagn S' mir's, daß i's Eahna gib!«
»Oho! Schneibt's leicht dir d'Goldstückl, daß d'so rumschmeißt damit?« rief sie nun halb erstaunt, halb spöttisch. »I hätt di gern wieder dahoam g'habt; aber wenn's dir so guat geht da, na wirst z'erscht net nauf wolln zu uns!«
»O naa! I wär viel liaber dahoam«, erwiderte ich, und das Weinen stand mir nahe. »Sagn 's ja alle Leut, daß 's a Schand is, wenn a so a reiche Bürgersfamilie ihr Tochter

zum Deana laßt! I woaß's bloß net, ob mi mei Frau fortließ.«

»Sonst nix mehr!« erscholl da neben uns die erzürnte Stimme meiner Frau, die ganz unbemerkt aus der Schenke in den Garten getreten war: »Lenerl, Sie bleibn mir da! Jatz hätt i amal oane, die was taugn tät, jatz laufat s' mir nix, dir nix davo! No amal sag i's, Sie bleibn da!«

Da sah die Mutter wohl, daß ich hier anerkannt und gut gehalten war, und sagte, indem sie sich zum Gehen schickte: »Wannst hoam willst, kannst jederzeit kommen; hoffentli bist dahoam aa, wie si's g'hört!«

Ich sagte es ihr zu und begleitete sie noch bis an die kleine Brücke, die über den Kanal führt. Da faßte sie ganz plötzlich meine Hand, besah meine vernarbten Schnittwunden am Arm und sagte halblaut: »So dumm z'sei! Wia leicht kunntst tot sei und i hätt d'Verantwortung!«

Ich entzog ihr rasch die Hand und rief, mit Gewalt die Tränen zurückhaltend: »Adje, Mutter, i muaß in d'Schenk; grüaßn S' mir 'n Vater! Vielleicht komm i bald!«

Seit diesem Vorfall gefiel es mir gar nicht mehr recht im Dienst, und obwohl ich mir in der kurzen Zeit schon ein neues Kleid, manch schönes Stück Wäsche und noch über hundert Mark bares Geld verdient hatte, sagte ich doch am ersten des folgenden Monats zu meiner Herrschaft: »I möcht wieder hoam. Mi leid's nimmer da, wenn i woaß, daß mi d'Muatter braucht; und auf Weihnachten wär i halt do liaba bei meine Leut dahoam als wia r in der Fremd!«

Ganz traurig meinte die Frau: »Gehn S' jetzt wirkli! I konn's ja gern glaubn, daß si's Herz wieder zu der Mutter z'ruck verlangt, aber wenn ma solche Aussichten hat, wie Sie, da wär's wohl besser, ma höret mehr auf'n Verstand als aufs Herz.«

Doch als ich meine Bitte wiederholte, ließ sie mich gehen:

»In Gott's Nam, muaß i mir halt wieder um jemand schaun!«

Also verließ ich Mitte Dezember meinen Dienst, begleitet von den Segenswünschen der ganzen Familie, die mich vor meinem Scheiden noch reichlich beschenkt hatte. Ich konnte mich der Tränen nicht erwehren, als ich einem nach dem andern die Hand gab, und es waren nicht die angenehmsten Empfindungen, mit denen ich mich auf den Heimweg machte.
Als ich etwa eine halbe Stunde Wegs zurückgelegt hatte, kam ein Fiaker hinter mir her. Ich rief ihn an, ob er mich fahren wolle, und als er dies bejahte, stieg ich ein und fuhr nach Hause. Daheim rannte alles ans Fenster, als ich so nobel angefahren kam, und der Vater meinte, als ich ihn begrüßte: »Du kommst ja daher wie a Prinzessin; ma kennt di kaam mehr!«
Als ich aber mein Erspartes und die geschafften Sachen alle sehen ließ, verstummte er völlig, und auch die Mutter war starr vor Staunen. Ich sagte, indem ich das Geld wieder verwahrte: »Dös Geld trag i auf d'Sparkass' und mei Wasch heb i mir auf, bis i heirat. Wer woaß, ob i mir net no was dazu verdean!«
Die Mutter verstand wohl, wie ich das meinte; denn sie sagte sofort: »Oho! Möchst net scho wieder davolaufa, kaum'st komma bist! Zum Aushaltn werd's scho sei dahoam; i leg dir nix mehr in Weg!«
Auch der Vater versprach mir, daß man mich gut halten wolle, und ich dankte ihm von Herzen. Vergessen war jetzt für mich alles, was einmal geschehen, und ich freute mich wieder des Elternhauses und ging munter an die Arbeit. Ich war jetzt auch wohl gelitten im Hause und niemand gab mir ein unrechtes Wort; ich wirtschaftete wieder wie vorher und gab selber auch keinen Anlaß zum Tadel.

So verging der Winter, und mit dem Eintritt des Frühjahrs standen in der Nachbarschaft zwei Neubauten unter Dach, was für die Bauleute die Veranlassung zu einer großen Feier war, die, ein altes Herkommen, als Hebebaum- oder Hebeweinfeier bekannt ist und wobei oben am First des Neubaues ein mit bunten Bändern gezierter Tannenbaum aufgepflanzt wird. Alle am Bau Beschäftigten begeben sich auf den Dachstuhl und einer unter ihnen hält nun eine feierliche Ansprache, in der er dem Bauherrn, dem Eigentümer und dem Palier für den Verdienst dankt und sie alle einzeln mit einem dreifachen Hoch ehrt. Inzwischen hat der Wirt ein Faß Bier und Krüge hinaufschaffen lassen, und nun nimmt ein jeder seinen gefüllten Krug und stimmt laut in das Hoch des Redners ein; denn der Brauch will, daß man die Bauherren durch den Trunk ehre.

In der Wirtschaft wird mittlerweile groß aufgekocht; denn der Eigentümer hat zwei Schweine und ein Kalb für die Bauleute gestiftet, während in der Schenke fünf Hektoliter Bier, ein Geschenk des Bauherrn, bereitstehen. Dazu gibt der Wirt noch etliche hundert fette Maurerloabi, ein grobes, sehr würziges Brot, sowie für jeden der Bauleute zehn Zigarren.

Bald füllt sich das Lokal, und nicht lange währt es, so geht es an ein Essen und Trinken, an ein Singen und Scherzen, daß man sich in eine Bierbude des Oktoberfestes versetzt glaubt.

So war's auch diesmal wieder. Ein jeder wollte das meiste tun im Trinken, Essen und Lärmen; denn ein jeder trug das stolze Bewußtsein in sich und mancher trug es auch offen zur Schau: Auch ich hab mein redlich Teil dabei getan!

Später freilich, als ihnen das Bier schon ziemlich zu Kopf gestiegen war, schwand dies Selbstbewußtsein erheblich,

und nun waren es die Mörtelweiber und Bierträgerinnen, die das große Wort führten. Eine jede hatte, obwohl selber längst verheiratet, einen Auserwählten unter den Bauleuten, unbekümmert, ob der Erkorene Weib und Kind daheim hatte oder nicht.
Heute nun hatte ein jeder Eheherr auch seine Frau mitgebracht und teilte mit fröhlichem Sinn das, was die Arbeitgeber gespendet. Auch die Gattin des obersten Paliers, Simon Scheibenzuber, war anwesend. Da erhob sich ein, obschon nicht mehr junges, doch noch ziemlich mannliches Mörtelweib, stieg allen Bemühungen ihrer Genossinnen zum Trotz auf den Tisch und schrie: »Ich bin die Keenigin von Jerusalem und der Scheibnzuber Simmerl is mei Mo!«
Da sprang die tiefgekränkte Gattin des Paliers vom Stuhl auf, gab ihrem ganz verblüfften Manne eine schallende Ohrfeige und stürzte sich nun wie eine Furie auf die Verwegene. Die aber war so voll des süßen Getränks, daß sie nur noch gurgelnd herausbrachte: »Was tatst denn wollen, du gscherte Molln!«, dann aber auf ihren Sitz zurücksank. Dies hatte aber die Wut der Paliersgattin aufs höchste gesteigert: »Was, i a gscherte Molln!« schrie sie mit überschnappender Stimme. »Dös konnst ma büaßn, du Gwaff, du zahnluckerts!« Und im Nu hatte sie die betrunkene Rivalin bei den Haaren gefaßt und schlug mit der andern Hand wütend auf sie ein, bis sie von der Übermacht der Maurerweiber zurückgedrängt wurde. Die also gedemütigte Königin aber wankte aus der Stube in den Hof, wo sie unter Zuhilfenahme einer großen Schale schwarzen Kaffees sich all ihres Zornes und wohl auch ihrer Liebe entledigte; denn sie erschien danach wieder munter im Lokal und rief: »So, jatz san ma g'sund! Jatz trink ma aufn Bauherrn a Maßl!«
Mein Vater war bei dem Vorgang wieder ganz bleich geworden und fürchtete eine Rauferei; doch zur Ehre dieser

einfachen Leute sei's gesagt, daß es zu nichts kam. Sie blieben sitzen bis zum Morgengrauen und gaben noch allerhand lustige Stücklein zum besten.
Fröhlich ging ein jeder heim oder ließ sich von der getreuen Hausfrau führen; alle hatten den Verspruch des Bauherrn, daß sie in etlichen Tagen wieder Arbeit bekämen. Doch dieser Neubau war in einer andern Stadtgegend, so daß unser Lokal etwas stiller ward wie bisher, obgleich noch die am dritten Bau Beschäftigten sowie alle übrigen Arbeiter und Gäste dasselbe täglich füllten.

Inzwischen war ich eine ganz stattliche Dirn geworden und betrachtete gar manches Mal mein Spiegelbild mit geheimem Wohlgefallen. Meine Mutter hatte mir für den Sommer eigene Wirtschaftskleider aus feinem, blauem Mousseline anfertigen lassen, und da ich selbst viel auf einen guten Anzug hielt, hatte ich bei der Schneiderin Matrosenform mit weißen Batistkrägen und kurzen Ärmeln bestellt. Dazu trug ich weiße Spitzenschürzen, darüber eine weite Leinenschürze zur Küchenarbeit und um den Hals eine Kette aus Korallen. Mein reiches, blondes Haar hatte ich zierlich geflochten und als Krone aufgesteckt; in die Stirn hingen ein paar natürlich aussehende, wirre Löckchen, die ich jedoch jeden Abend mittels einer Haarnadel kunstvoll wickelte. Außerdem trug ich nur Lackschuhe; denn mein Stiefvater besorgte mir deren alle Vierteljahr ein Paar bei einem alten Schuhmacher, dem Revolutionsschuster, so genannt, weil er als übereifriger Anhänger des Anarchismus alle Tage aufs neue für die allernächste Zeit den Ausbruch der grimmigen Revolution und eines Bürgerkrieges prophezeite, so daß ich glaube, der Vater kaufte die vielen Schuhe nur, um zu verhindern, daß die Revolution in seinem Lokale ausbräche.

Doch hätte mein Vater dies nicht so zu befürchten gehabt wie den Ausbruch eines Freierkrieges; denn meine muntere, geschäftige Natur in Verbindung mit der lockenden Aussicht auf eine ansehnliche Mitgift hatte nicht nur die Herzen etlicher junger Bürgerssöhne betört, sondern auch bei ein paar betagteren Leuten einiges Unheil angerichtet.

Da war erstlich ein etwa fünfundzwanzigjähriger, bildsauberer Drechsler aus Traunstein, der Ehrenthaler Franzl; der hätte sich gern eine recht liebe, häusliche Meisterin in mir geholt, da er einmal seines Vaters Geschäft übernehmen sollte. Er gefiel mir, und ich hätte ihm wohl gut sein können; doch war er noch nichts, hatte auch nichts und war nicht recht gesund, weshalb ich ihm eine Bürgerstochter aus der Nachbarschaft empfahl. Dann war ein alter Briefträger, der Barmbichler Xaver, dem das Stiegensteigen nicht mehr recht gefiel und den auch das Zipperlein schon in allen Gliedern zwickte; der wollte sich jetzt pensionieren lassen und dann mit mir und meinem Heiratsgut ein beschauliches Leben führen, auf das ich aber verzichtete und mir einen andern Bewerber, den etwa vierundzwanzigjährigen Bräumeisterssohn Aloys Kapfer, etwas genauer ansah. Da fand ich, daß er trank, viel trank, auch hoch spielte und keine Nacht vor zwei Uhr nach Hause ging; und obschon mir sein zierliches Ponyfuhrwerk, mit dem er oft bei uns vorfuhr, sowie die dreihundert braunen Scheine, die er mir als Brautgabe zugedacht hatte, sehr wohl gefielen, dachte ich doch, daß schon gar mancher sein Hab und Gut vertrunken und verspielt hätte, und gab ihm einen Korb und meinte, es sei besser, mich um einen einfachen Handwerksmeister umzuschauen. Der war auch da in Gestalt eines dreißigjährigen Schlossermeisters aus meinem Heimatdorf; es war der Schwaiger Lenz, ein Vetter vom Schlosserflorian. Er hatte vor einem

Vierteljahr seine Frau verloren und wollte mich als sein riegelsames Weib und als liebe Mutter für seine verwaisten drei Kinder heimholen. Da ich mich jedoch wegen der drei Kinder lange nicht entschließen konnte und immer wieder um Bedenkzeit bat, holte er sich endlich eine Fabrikantenstochter, die ihm schon lange zugeblinzelt hatte. Nun trat dessen Nachbar, der Schneidermeisterssohn Kaspar Zintl, mehr ins Licht und meinte, er wolle mit mir nach Paris und London reisen, wenn ich seine Frau würde, und wolle mir die ganze weite Welt zeigen. Ich dachte aber, wir würden nicht weit kommen mit dem Gelde, das er besaß, und überlegte, ob ich ihm das meine noch dazugeben solle. Konnte mich aber nicht dazu entschließen und bedachte lieber den Antrag des Prucker Toni, eines stattlichen Hausbesitzerssohnes aus der Nachbarschaft, der es trotz seiner jungen Jahre schon bis zum Eisenbahnexpeditor gebracht hatte. Da er aber ebenso grob als energisch war und nicht einmal seine Eltern achtete, fürchtete ich, nichts zu gewinnen, wenn ich das Haus meiner Mutter mit dem seinen vertauschte. Da gefiel mir der sanfte und allzeit zuvorkommende dreißigjährige Hausbesitzer Hans Wipplinger, der sich leidenschaftlich um meine Hand bewarb, schon besser. Böse Nachbarn aber wußten zu berichten, daß er in großen Geldnöten sei und mit meinem Heiratsgut wohl die dritte Hypothek seines Anwesens heimzahlen wolle.

Als der bereits sechzigjährige Realitätenbesitzer und Tändler Simon Lampl hörte, daß ich diesen Antrag ausgeschlagen hatte, erschien er eines Tages in einem altmodischen, grünschillernden Gehrock und Zylinderhut, um den Hals eine riesige, ehedem weiße Binde und im Knopfloch die Ehrenzeichen des Feldzuges von 1870, und hielt feierlich um meine Hand an, indem er mir seine sämtlichen Besitztümer: vier vierstöckige Häuser mit Rückgebäuden und gut vermieteten Läden, zwei Bauplätze bei Planegg, die

gutgehende Tändlerei, die seit siebenunddreißig Jahren bestehe und jährlich ihre zwei- bis dreitausend Mark abwerfe, sowie hundertvierzigtausend Mark bares Geld, dessen Zins er verzehren dürfe, aufzählte und mir die denkbar beste Behandlung zusicherte. Doch lehnte ich seine Werbung höflich, aber entschieden ab, da er mir einerseits doch nicht mehr ganz jung genug schien, anderseits aber trotz seines Reichtums als ein großer Geizhals verrufen war.
Aufgemuntert durch meine abschlägige Antwort auf den Antrag dieses Alten wagte noch am selben Abend der blutjunge Hafnermeister Edmund Sack, dem kurz nacheinander Vater und Mutter gestorben waren, mir in einem anschaulichen Brief Herz und Hand anzubieten; doch kannte ich ihn viel zu wenig, um ihm meine Zukunft anzuvertrauen, und dann hatte ich eine ausgesprochene Abneigung gegen diese Loahmpatzer, die Ofensetzer. Da war das edle Handwerk der Bäcker doch appetitlicher, und ich hörte ganz erbaut auf die salbungsvollen Worte des achtundfünfzigjährigen Feinbäckers und Melbers Kanisius Dumler, mit denen er mich zur Herrin über sein Haus und seine Guglhopfe und Zuckerbretzln erkiesen wollte. Er war schon seit zehn Jahren Witwer und bekleidete die ehrenvollen Posten eines Armenrates, Kirchenbaurates, Distriktsvorstehers und Rechnungsführers bei einem Kriegerverein. Auch war er einer von den Auserwählten unseres Pfarrers und durfte bei allen Prozessionen den Himmel tragen. Sein kleines Haus war schuldenfrei, und das gute Geschäft, dem jetzt seine Schwester vorstand, sicherte ihm ein behagliches Leben. Doch besaß er einen schon zwanzigjährigen Sohn, der eben seine Militärzeit als Freiwilliger abdiente. Dieser Sohn aber, der Ferdl, ein fescher Bursch und großer Tunichtgut, war nun die Ursache, daß ich dem Alten meine Hand versagte; denn ich

sah den Jungen nicht ungern. Von seiner Ausgelassenheit und den übermütigen Streichen, die man ihm nachsagte, konnte ich nichts bemerken; vielmehr war er immer der bescheidenste unter meinen Freiern geblieben. Stundenlang saß er da und starrte mich wortlos und wie in Verzückung an, trank dabei seine zwölf bis fünfzehn Glas Bier und schien außer mir nichts mehr zu hören und zu sehen. Ja, er übersah und überhörte regelmäßig die Stunde, da er in der Kaserne hätte eintreffen sollen; und so kam es, daß er eine Arreststrafe um die andere meinethalben abzubüßen hatte. Schließlich bekam er eine ganze Woche Mittelarrest zudiktiert, und während er in der Kaserne brummte, fuhr eines Abends, da ich eben in der Schenke beschäftigt war, vor unserm Hause ein Wagen vor, dem ein sehr sorgfältig gekleideter junger Mann, mit einem großen Strauß Veilchen in der Hand, entstieg. Er trat in die Wirtsküche, und ehe ich mich noch von meinem Erstaunen erholt hatte, hörte ich schon die Mutter in die Gaststube rufen: »Josef, geh, komm a bißl raus!«, worauf die drei eifrig miteinander verhandelten.

Nach einer Weile kam der Vater zu mir in die Schenke und sagte unter öfterem Räuspern: »Was i sagn will, Leni, der Hasler Benno is draußn und hat g'sagt, daß er di heiratn möcht; du sollst dein Ausspruch toa, wiast g'sonna bist. Jatz, vo mir aus ko'st es macha, wiast magst; i red dir nix ei und rat dir net ab!«

Ich zählte noch die eben begonnene Rolle Geldes fertig, rechnete mit der Kellnerin ab und schenkte noch etliche Glas Bier ein, mich sorglich zusammennehmend, daß die Hand nicht zittere oder sonst eine Bewegung über mich Herr würde. Dann ging ich, ohne dem Vater zu antworten, in die Küche, wo der stattliche Bewerber sich sehr lebhaft mit der Mutter unterhielt. Als er mich sah, sprang er von seinem Sitz, einem rohen, blankgescheuerten Holzstuhl,

auf, reichte mir die Hand und begann: »Liabs Fräuln Leni, ich hab Sie lang beobacht und hab g'funden, daß bloß Sie mi glücklich machen können. Wenn's Ihnen also recht ist, heiraten wir; Ihre Eltern haben mich nicht abgewiesen.«
Da ich nichts darauf erwiderte, fuhr er fort, indem er mir den Strauß gab: »Ich mein's ehrlich mit Ihnen, Fräuln Leni; ich hab's nicht nötig, nach Geld zu schauen, ich heirat aus Liebe. Nehmen S' halt meine Lieb auch freundlich an, wie die Blümerl, und sagen S' ja!«
Bei diesen letzten Worten hatte er mich wieder an der Hand gefaßt und sah mich bittend an; dennoch antwortete ich zögernd und leise nur: »I will ma's überlegn; dös ko ma net so auf'n Augenblick sagn, ob ma oan gern habn ko oder net!«
»Ja, bedenken Sie's noch, liebs Lenerl; Sie brauchn's nicht zu bereuen! Ich bin der einzige Sohn, erb einmal das Haus mitsamt dem ganzen Holzg'schäft und vorläufig hab ich mein gutes Einkommen als Prokurist des alten, feinen Hauses Protus Stuhlberger. Wenn Sie sich b'sonnen haben und einschlagen wollen in mei Hand, so können wir bald Hochzeit machen!«
Meine Mutter hatte schon während der Rede des Freiers wiederholt das Taschentuch an die Augen gedrückt und sich umständlich geschneuzt; jetzt aber zog sie mich laut aufschluchzend an ihre Brust und rief aus: »So a Glück, ha, so a Glück! I gunn dir's von Herzn, Deandl; bist ja so a richtigs und ordentlichs Madl und konnst'n glückli macha, den liabn Herrn Hasler!«
Dann schob sie mich von sich und drückte mich ganz fest an die Schulter des freudig Überraschten, der sofort die Arme ausbreitete und mich zärtlich umfing. Dann bedankte er sich noch mit wohlgesetzten Worten bei der Mutter und trat in die Gaststube, die Verlobung bei einer Flasche Wein zu feiern.

Unterdessen hatten sich mehrere Leute an der Küchentür angesammelt, die sich nach vorhandenen Abendspeisen erkundigen wollten, in der Erregung des bedeutungsvollen Augenblicks aber ganz übersehen worden waren. Diese Menschen waren die ersten, die mein bevorstehendes Glück inne wurden.

»Was ma no z'essen ham, Frau Kugler? – naa, so a Glück hat dös Madl! – ja so, a Schnitzl, a Kottlett, a bachens Hirn, – und nach Liab kon er heiratn; Geld hat er selber gnua! – a guats Kalbszüngerl hab i aa no, Frau Kugler!« so ging der Redestrom über die Lippen meiner hocherfreuten Mutter.

Ich aber tat meine Arbeit wie zuvor und dachte bloß, ob ich wohl ein seidenes Brautkleid kriegen würde.

Als dann in der Küche nichts mehr zu tun war, durfte ich mich auch an den Tisch zu meinem Hochzeiter setzen, und nun sprachen wir ausführlich über die Bekanntgabe der Verlobung, über meine Aussteuer und über die Zeit, wann wir heiraten wollten. Ich sagte zu allem ja, und auch meinem Vater gefielen die Vorschläge seines zukünftigen Schwiegersohnes ganz wohl. Nur als dieser wissen wollte, wie hoch die Brautgabe für mich ausfallen würde, da räusperte er sich wieder verlegen und meinte dann: »Da muaß d'Muatter aa dabei sei, wenn ma d'Geldangelegenheit bereden«, und er ging hinaus in die Küche. Doch die Mutter war schon zu Bett gegangen und hatte nur durch die Küchenmagd sagen lassen, sie hätte Kopfweh. Also blieb die Geldfrage noch unbeantwortet.

Wir saßen noch bis ein Uhr beisammen, und als mich jetzt der Benno ganz leise an der Hand faßte und mich mit seinen von Wein und Liebe glänzenden Augen selig anblickte und nochmals fragte: »Kannst mi a ganz kloans Bröckerl gern haben, Lenerl?«, kam er mir auf einmal recht schön und liebenswert vor und alle meine Bedenken schwanden, und ich sagte lachend, nachdem ich rasch ein Glas Wein hinuntergestürzt hatte: »Ja, ja! I wer dei Frau und mag di!« und besiegelte das Versprechen später noch unter der Haustür, da ich ihn hinausgeleitete, mit einem laut schallenden Kuß, worüber der Benno so beglückt war, daß er beim Fortgehen noch ganz verklärt hinter sich sah und auf den Randstein nicht achtete, so daß er auf ein Haar zu Fall gekommen wäre. Ich aber schlug rasch die Tür zu und mußte beim Zusperren laut auflachen über dies Mißgeschick.

Doch dachte ich in der Nacht nicht weiter mehr über das Erlebte nach, sondern schlief ganz ruhig; und als am andern Tag durch einige Ratschkathln die Sache in allen Milch- und Kramerläden herumgetragen worden war und nun eine nach der andern kam, mir zu gratulieren, da erschien mir diese Wichtigkeit so lächerlich, daß ich am End ganz wild wurde und keiner mehr eine Antwort gab.

Am Vormittag nun kam der Dumler Ferdl. Er hatte für seinen Hauptmann etwas besorgen müssen und wollte mir nun rasch einen Gruß bringen; denn ihm waren die acht Tage Arrest gar lang geworden.

Mit langen Schritten trat er in die Gaststube, und da er mich nicht sah, stürmte er in die Küche und rief: »Guat Morgn, Zirngibimuatterl! Wo is's Lenerl?«

Ich stand wie angenagelt in dem kleinen, dunklen Speiskammerl und gab keinen Laut von mir, so erschrak ich. Die Mutter aber begann mit großem Pathos und feierlicher Miene, den Münchner Dialekt mühsam zu einem zierlichen Schriftdeutsch drechselnd: »Ja, was, der Herr Ferdl! Mei Leni möchtn S'? . . . Is s' net da, mei Leni!? . . . Setzn S' Eahna doch a wengerl, Herr Ferdl! I muaß Eahna nämlich leider die freudige Mitteilung machen, Herr Ferdl, daß sich mei Leni gestern mit'n Herrn Hasler Benno verlobt hat!« Und in überschwenglichem Ton fuhr sie fort: »Ja, ja, a bravs, rechtschaffens Bürgersmadl sucht a jeder! Aber es is ihr zum Gunna! Geltn's, Herr Ferdl, Sie gunna's ihr aa!«

Aber der Herr Ferdl hörte schon längst nicht mehr. Er war bei der Mitteilung, daß ich mich verlobt habe, aufgesprungen, hatte im Gastzimmer hastig sein Glas Bier auf einen Zug geleert, der Kellnerin ein Zwanzgerl hingeworfen und war auf und davon gegangen.

Ganz baff sah ihm die Mutter nach und begriff lange nicht, warum er so rasch fortgelaufen war. Nun trat ich aus der Speis; da rief mir die Mutter zu: »Da bist ja! Warum gehst denn net zuawa? Jatz is er davo, weilst net komma bist!«

»Naa, naa, Muatta! Deswegn is er net fort«, rief ich nun eilig; »dem hockt er halt, weil er mi net kriagt hat; er hätt mi ja gern g'heirat!«

»Der Rotzlöffi! Is kaam trucka hinter die Ohrn!« antwortete die Mutter und ging in die Gaststube, kam aber sogleich wieder zurück und hielt einen Brief in der Hand: »Da schau her; der Hasler ladt uns ei für heut auf d'Nacht in Löwenbräukeller. Der Peuppus halt sein Abschied. Vo mir aus konnst scho hingeh; i geh net mit.«

Damit gab sie mir den Brief, den ich hocherfreut durchlas und dann die Mutter lange bat, sie solle doch mitgehn. Endlich sagte sie zu.

Nun mußte ich der Küchenmagd noch alles zeigen und ihr für den Abend die nötigen Weisungen geben. Ich tat dies am Nachmittag und versicherte mich ihrer Gewissenhaftigkeit durch ein gutes, heimliches Trinkgeld.

Also machten wir uns gegen Abend für das Konzert und den Hochzeiter zurecht. Die Mutter ließ es sich nicht nehmen, ihr Schwarzseidenes aus dem unergründlichen Eichenschrank zu holen und goß eine Menge Patschouli hinein, um den aufdringlichen Kampfergeruch ein wenig zu übertäuben. Dazu legte sie schwere goldene Armspangen und eine Menge Ringe an, tat eine massive Goldkette um den Hals und steckte die feine Uhr mit der altmodischen Kette zwischen die funkelnden Glasknöpflein der nach Art der Schneiderkleider ganz glatt gearbeiteten Taille. Danach setzte sie ein kleines, mit einem reichen Stutzreiher versehenes Kapotthütchen auf, nahm den kostbaren Spitzenschal aus der Kommode und legte ihn um die Schulter.

Also geschmückt trat sie nochmals vor den alten, vergoldeten Spiegel des Schlafzimmers und besah sich. Da erblickte sie durch denselben mich in meinem einfachen, blauen Tuchkleid und rief: »A so willst vor dein Hochzeiter hinsteh? Was fallt dir denn ei! Daß er moana kannt, mir warn Bettlleut!«

Und eilig öffnete sie ihre Schmuckschatulle und behing mich mit einer köstlichen Halskette aus Granaten und Perlen, tat mir statt meiner kleinen Korallen schwere Perlgehänge in die Ohren und legte mir ein breites, protziges Armband an. Dann nahm sie einen alten Siegelring aus einem vergilbten Plüschkästlein, steckte ihn an und gab mir dafür ein mit Türkisen und Perlen besetztes Ringlein, das ihr mein seliger Vater einst geschenkt hatte.

»Den kannst glei b'haltn«, meinte sie, »an dem liegt mir nix.« Ich sagte ihr vielen Dank für das Geschenk; denn es war das einzige, was von dem so furchtbar ums Leben Gekommenen noch vorhanden war. Ich hielt das Ringlein hoch in Ehren und habe es nachmals, als das Schicksal mir in meiner Ehe mein ganzes Hab und Gut nahm, unserer lieben Frau im Herzogspital auf den Altar gelegt; denn ich hätte es nicht über mich gebracht, es gleich den andern Kostbarkeiten dahingehen zu lassen.

In diesem reichen Aufputz begaben wir uns alsdann nach der Küche, wo der sehr gewählt gekleidete Freier schon mit einem prächtigen Strauß roter Rosen uns erwartete.

Als wir eintraten, sprang er von seinem Sitz auf und küßte der Mutter erst galant die Hand; dann gab er ihr die Blumen mit einer tiefen Verbeugung: »Nehmen S' die Rosen als Dank, daß Sie mir heut die Ehr geben, mitzukommen, werte Frau Mutter!« Hierauf begrüßte er mich mit einem flüchtigen Kuß ans Ohr, worüber ich mich höchlich verwunderte, da ich dergleichen weder in Geschichten gelesen noch je selbst erlebt hatte. Dann zog er ein weißseidenes Schächtelchen aus der Westentasche und übergab es mir mit den Worten: »Heut feiern wir Verlobung, und da g'hört sich's, daß ich der Braut was schenk.«
Erwartungsvoll öffnete ich das zierliche Kästlein; da blitzte mir ein herrlicher Brillantring entgegen. Da ich dergleichen auch noch nicht erlebt hatte, besann ich mich, was ich nun tun oder sagen sollte. Zum Glück fiel mir die Stelle eines Romans ein, an der so etwas vorkam, und ich machte es wie die Heldin des Buches: ich errötete, sah verwirrt zu Boden und flüsterte verliebt: »Ah, wie herzig!«, doch in meine gewöhnliche, natürliche Art verfallend fuhr ich fort: »Woaßt, Benno, so viel Geld hättst aber net ausgebn solln. Da werd si d' Muatta schö o'strenga müassn, das s' dir dös wieder ersetzt!«
Aber da kam ich schön an bei der Mutter.
»Dös war no dös besser!« rief sie mit funkelnden Augen. »Moanst, i hab net scho lang g'sorgt, daß d' dein Breitigam a anständigs G'schenk gebn konnst! Hier, Herr Hasler, is Eahna Verlobungsring; i hoff, daß i net schlecht ei'kaaft hab beim Thomaß!«
Und damit zog sie aus der Rocktasche ein rotes Plüschetui und entnahm demselben einen recht ansehnlichen Solitär; den gab sie mir, indem sie mit vor Rührung bebender Stimme sagte: »Da, Leni, steck'n dein Herrn Breitigam o; hoffentli paßt er eahm!«
Obgleich mir diese ganze Szene wie eine Komödie vor-

kam, tat ich doch der Mutter ihren Willen und steckte meinem Verlobten den protzenhaften Ring an den kleinen Finger, an den er gerade paßte. Dann tat ich auch meinen Brautring aus dem Schächtelchen und schmückte damit meine rechte Hand.

Nachdem wir noch rasch einige Worte mit dem Vater gewechselt hatten, gingen wir. Doch an der nächsten Hausecke stand schon ein Wagen bereit, und der Benno hieß uns einsteigen, worauf wir nach den festlich geschmückten Räumen des Löwenbräukellers fuhren.

Während des von einer schier zahllosen Menge besuchten Konzerts kam ich nur wenig dazu, mich mit meinem Verlobten zu unterhalten; denn meine Mutter schwatzte ihm so viel vor von meinen allseitigen Vorzügen und guten Eigenschaften, daß er vor Freude über meine Tugenden ganz auf mich selber vergaß. Ich saß einsam auf meinem Platz an der Wand und betrachtete abwechselnd mein Brautringlein und das meines Vaters, oder ich ließ die Augen über die lärmende Menge gleiten und besah mir die vielen verliebten Mägdlein und ihre Herren, meist Unteroffiziere und Soldaten in den verschiedensten Uniformen, bis mich endlich die Mutter mit den Worten: »So, Leni, jetzt gehn ma!« aus meinen Träumen aufschreckte.

Wieder nahm der Benno eine Droschke, und in rasselnder Fahrt ging's nach Hause.

Daheim mußten wir uns noch zu ihm an den Tisch setzen, und bald klangen die Champagnergläser und ertönte das glockenhelle Lachen der Mutter. Der Vater war an diesem Abend auch sehr aufgeräumt und gab alle möglichen Schnurren zum besten, wobei der vor Glück strahlende Hochzeiter ihn eifrig unterstützte und an lustigen Einfällen fast übertraf.

Ehe wir uns trennten, wurde noch ausgemacht, daß ich am andern Tag den Eltern meines Bräutigams vorgestellt werden sollte, und die Mutter bat ihn, er möge daheim sagen, daß sie sich schon sehr auf einen Besuch der geschätzten Familie freue.

Mit nicht geringer Angst sah ich dieser Vorstellung entgegen und hatte eine schlaflose Nacht. Doch verlief das Ganze, wenn auch ziemlich zeremoniell, so doch recht gut, und es kam mir vor, als wollte eins das andere überbieten an Zuvorkommenheit und herzlicher Freundschaft.

Der Vater meines Hochzeiters, ein noch sehr rüstiger, hochgewachsener Mann von etwa sechzig Jahren, führte mich erst in die altmodische Wohnstube, die mich mit ihren sauberen Kattunbezügen über den behaglichen Polstermöbeln und den vergilbten Stichen an den mit einer großblumigen, verschossenen Tapete bekleideten Wänden und den freundlich blühenden Geranien am Fenster sogleich anheimelte. Die Mutter aber meinte, für einen so liebwerten Gast müsse man schon die gute Stube aufsperren, und lief dann eilig in die Küche, um nach dem Kaffee zu schauen.

Sie war ein kleines, zusammengeschrumpftes Weiblein mit glattgescheiteltem Haar über der runzligen Stirn. Aus dem gelblichen, furchigen Gesichtlein blickten ein paar wasserhelle Augen forschend umher, und die rauhen, schwieligen Hände erzählten von rastloser Arbeit, deren Segen man überall in Haus und Geschäft wahrnehmen konnte.

Während die Frau Hasler geräuschvoll in der Küche herumhantierte, sorgte der Hausvater für die Unterhaltung, und ich ward nun inne, daß den eigentlichen Grundstein zu dem Reichtum und gediegenen Ruf der Familie die kleine Frau durch ihre Herkunft sowohl als auch durch das ansehnliche Kapital, das sie dem Mann in die Ehe gebracht, gelegt hatte. Sie entstammte einer schon seit länger denn einem Jahrhundert allerorts als ehrsam und lauter bekannten Alt-Münchner Kaufmannsfamilie und hatte als vierundzwanzigjährige Jungfrau dem als Schreiner im Elternhaus tätigen, eben aus dem Feldzug zurückgekehrten Burschen ihre Hand gegeben, unbekümmert darum, daß er nur der Sohn einer dürftigen, alten Hebamme aus einem kleinen Dorf im Schwabenland war und außer einem Paar nerviger Fäuste und der Tapferkeitsmedaille nichts in die Ehe einbrachte.

Und sie hatte es nicht zu bereuen gehabt, daß sie dem heftigen Widerstand ihrer stolzen Eltern zum Trotz den stattlichen, dunkellockigen Hannes heiratete; denn er war ein heller Kopf und hatte schon als Kind seine zehn Geschwister sowohl an Klugheit wie auch an Geschicklichkeit übertroffen. Sein Vater war schon in jungen Jahren zum Bürgermeister seines Orts gewählt worden, da er eine sehr rechtliche, gerade Natur und von männiglich geschätzt war. Doch hatte der sonst so fürtreffliche Mann einen einzigen Fehler: er trank. Das wurde ihm und der ganzen Familie zum Verhängnis; denn der Unglückliche ward von seiner unseligen Leidenschaft bald so weit gebracht, daß ihm kein Branntwein mehr genügte und er nicht nur alle Balsam- und Painexpellergläser leerte, sondern am Ende noch zum Petroleumkruge griff und Hofmannstropfen flaschenweise trank. Es dauerte nicht lange, so verlor er Amt und Würden und endete zuletzt als kaum vierzigjähriger Mann elendiglich in einem Schweinestall, darin er schon seit Monden hausen mußte, da er in seinem Rausche alles zerschlug und zerstörte, was ihm unter die Hände kam. Damals war der Hannes gerade zwölf Jahre alt geworden, und es hieß nun hinaus in die Welt und selber schauen, wie das Brot am besten für den Hunger ging. Also machte er sich mit vieren seiner Geschwister auf und zog mit ihnen gen München, wo ein jedes bald Arbeit fand. Die Mutter hatte zum guten Glück schon während ihrer traurigen Ehe sich im Ort ein sicheres, wenn auch beschwerliches Fortkommen geschaffen: Sie war Kindlesfrau, so hieß man die Hebammen, geworden. Noch mit ihrem vollendeten neunzigsten Jahr hat sie ihrer bedeutend jüngeren Kollegin gar manche schwere Geburt abgenommen, und es kam nicht selten vor, daß ein Bauer stundenweit fuhr und die alte, halbblinde Haslermutter holte, während in seinem Orte irgendeine tüchtige, junge Hebamme das Nachsehen hatte.

Indes der Hausvater mich also unterhielt und allmählich immer mehr in Wärme geraten war, kam die Frau wieder zu uns herein und bat uns in die gute Stube zum Kaffee. Sie hatte sich inzwischen in Staat geworfen und prangte in einem altmodischen Gewand aus starrer, violetter Seide, das bei jeder Bewegung bald rötlich, bald grau schimmerte und dessen Jacke mit vielen Rüschen und langen Schößen geziert war.

Mein Verlobter hatte sich für diesen Nachmittag von seinem Herrn Urlaub erbeten und kam nun gerade recht nach Hause, den Kaffee mit uns zu trinken. Er nahm meinen Arm und führte mich in die Ehrenstube, deren Möbel alle aus Kirschbaumholz gefertigt und mit dunklen Ornamenten eingelegt waren. Die ganze Einrichtung stammte noch von den Eltern der Frau Hasler, wie der Benno mir berichtete. Auf dem sauber gedeckten Tisch standen zierliche Tassen und Kannen, deren eine jede in einem bunt gemalten Kranz die goldene Inschrift trug: Lebe glücklich!

Wir tranken nun vergnüglich Kaffee, und mein Verlobter sprach viel von meinen guten Eigenschaften, von seiner schönen Stellung, seiner gediegenen Herkunft und von baldigem, sicherem Eheglück. Dann brachte er mich wieder nach Hause, nachdem ich mir noch das Versprechen der beiden alten Leute hatte geben lassen, daß sie uns am

folgenden Sonntagnachmittag mit ihrem Besuch beehren würden.
Dies taten sie auch. Pünktlich um die angegebene Stunde fuhr ein Fiaker am Hause vor, und heraus sprang mein Hochzeiter und half seinen Eltern beim Aussteigen.
Ich hatte schon vormittags genaue Weisung von der Mutter erhalten, wie ich sie zu empfangen hätte: Also eilte ich geschwind von der Wirtsküche auf die Straße, reichte jedem die Hand und sagte: »Guten Tag, Frau Mutter, und guten Tag, Herr Vater! Grüß Gott, Herr Benno! Die Mutter hält's für a große Ehr, daß S' uns die Freud machen und a Tass' Kaffee bei uns trinkn. Bitt schön, kommen S' nur glei mit 'rauf in d'Wohnung, d'Mutter is scho drobn!«
Und nun führte ich alle drei nach der im ersten Stockwerk gelegenen, für den hohen Besuch frisch gestöberten und geschmückten Wohnung, wo die Mutter in ihrem nobelsten Aufputz aufgeregt durch alle Zimmer lief und bald ein Deckerl anders legte, bald ein Stäubchen wischte oder umständlich ihr Spiegelbild betrachtete.
Als sie uns kommen hörte, ging sie mit steifer Würde auf die beiden Alten zu, reichte ihnen mit ausgesucht höflicher Verbeugung die Hand und sagte: »Herr Hasler, Frau Hasler, dös freut mi! Derf i vorausgeh? Kommen S' nur 'rei in Salon und nehman S' Platz! . . . Herr Benno, mögn S' net auf'n Diwan hintre mit der Leni!« Und geschäftig rückte sie den Tisch zur Seite und bot jedem seinen Platz an; dann trat sie unter die Tür und rief: »Rosl, an Kaffee 'rei! Nehman S' dö silberne Plattn zum Kuchn!«
Während sich nun eine lebhafte Unterhaltung über die gleichgültigsten Dinge entspann, betrachtete bald der Vater, bald die Mutter meines Verlobten die protzige Einrichtung des Salons, und sie wechselten von Zeit zu Zeit verstohlene Blicke der Befriedigung; und als die Augen des Alten auf das Klavier fielen, fragte er, wer darauf

spiele. Die Mutter sagte stolz: »Mei' Leni kann's; i hab's ihr lerna lassn, daß s'amal ihren Mann unterhaltn ko. Geh, Leni, spiel deine zukünftign Schwiegereltern oan auf! Vielleicht an Bienenhausmarsch oder 's Glühwürmchenidyll, oder was die Herrschaften sonst gern hörn!«
Ich setzte mich an das Instrument und spielte etliche Stücke, wie sie mir gerade einfielen. Da ging die Tür auf, und herein kam der Vater, begrüßte die Familie Hasler und sagte: »I hab der Kathi g'sagt, sie soll dö paar Halbe Bier hergebn, die jatz gehn, daß i aa a bisl raufschaugn ko zu dö Herrschaftn ... No, wia steht's werte Befinden? – Scheene Tag hama allweil jatz. – Warn S' scho auswärts heuer? – Bei dem warma Weeder macht a jeda a G'schäft vo dö auswärtign Wirt. – Hast no an Kaffee, Muatta?«
Damit setzte er sich und begann von dem zu reden, was bis dahin ein jedes wie auf Verabredung vermieden hatte, von unserer bevorstehenden Heirat.
»Dös hat si ganz unverhofft g'schickt!« meinte er, zu dem alten Hasler gewendet. »Mir ham's glei gar net glaabn könna, daß ma d'Leni wirkli scho herlassn solln.«
»Ja, dös is wahr«, fiel ihm die Mutter ins Wort, »so geht's zua in der Welt! Will ma selber no net zu dö Alten g'hörn, derweil hat ma scho heiratsfähige Kinder!«
»Oho!« rief da der Benno. »Jetzt möcht gar d'Frau Zirngibl aa schon vom Alter redn und schaut aus wie a eiserne Venus, so g'sund und so sauber. Der Zirngiblvater kann stolz sei auf so a Frau!«
Geschmeichelt lächelte die Mutter, und auch der Vater hörte diese Lobrede wohlgefällig an. Die alten Haslerleute aber warfen ihrem Sohn halb ärgerliche, halb verlegene Blicke zu, und es entstand eine kleine Pause, die ich rasch benützte, den Benno zu mir an ein kleines Tischlein zu ziehen, wo ich meine Erinnerungen und Andenken aus der Klosterzeit aus einem kleinen Kästlein kramte. Dabei fielen

meinem Verlobten etliche Briefe und Karten auf, die sämtlich die Adresse trugen: An die Jungfrau Magdalena Christ, Kandidatin bei den Josefsschwestern zu Bärenberg. Auf seine Frage, ob die Briefe einer Freundin gehörten, erwiderte ich ihm: »Naa, naa! Dös san lauter Briaf an mi!«
Erstaunt sah er mich an, und auch am Tisch wurde man aufmerksam, so daß ich mich an die Mutter wandte: »Denkn S' Eahna, Mutter, der Benno woaß net amal mein rechtn Namen!«
Mit hochrotem Kopf saß die Mutter da, und Zorn und Verlegenheit kämpften sichtbar auf ihrem Gesicht, während sie zögernd sagte: »Ja, mei lieber Gott! Dös wissen dö wenigsten Leut, was für a Unglück mi scho in meine jungen Jahr troffn hat; dös erzählt ma net so mir nix, dir nix an jeden, der daher kommt!«
Sie konnte nicht mehr weiter reden; ein heftiges Schluchzen erschütterte ihren Körper, während sie von Zeit zu Zeit einen wütenden Blick zu mir hinüberwarf. Die Familie Hasler aber saß starr und stumm da und blickte fragend von einem zum andern.
Da ergriff der Vater rasch das Wort und sagte: »Da brauchst net z'woana, Muatta; deswegn is dir aa no koa Perl aus da Kro' g'falln. Und was d'Erziehung und dös ander betrifft, hat si no nie nix g'feit. A jeder ko froh sei, wann er so a Madl zum Heiratn kriagt!«
Erst jetzt begriffen die Haslerischen den Sachverhalt, und die Frau rief mit kläglicher Stimme: »Ja, was is denn net dös! Na is also d'Leni gar net von Eahna, Herr Zirngibl?«
»Naa. Der Leni ihra Vata is damals bei dem großen Schiffsunglück, wo dö englischn Hund den scheena Dampfer Cimbria a so o'gfahrn ham, daß'n glei da Deixl g'holt hat und d'Leut allsam dasuffa san, aa dabei g'wen. Der hat sein Ruah! Und da hab halt i d'Muatta g'heirat.«
Schweigend hatten alle zugehört, und endlich begann der

alte Hasler: »No ja; in Gott's Nam'! Sell isch au di g'fährlichscht Sünd no nit, daß e so saubre Frau amal was Kloins kriagt! Im übrige ischt's mir ja ganz gleich, ob's Mädle lediger Weis' isch dag'wesa oder von der Eh; d'Hauptsach isch halt, daß sie e aaschtändige Mitgift ei'bringt!«
Jetzt hatte sich auch die Mutter wieder erholt und schilderte nun in beweglichen Worten, wie sie mich ausstatten wolle und daß sie jederzeit da wäre, wenn's einmal drauf ankäme. Der Vater aber sagte kurz: »Zwegn der Mitgift braucht koa Hochzeiter a Sorg z'habn. D'Leni hat bei dreiß'gtausend Mark Muatterguat und vo ihran Vatern achtausend Mark ausg'machts Geld auf der Bank. Und wenn amal d'Not an sie kam, na war allweil i aa no da; vorläufig kann i ihr allerdings vo mir no nix gebn; dös steckt alls im G'schäft drin.«
Während dieser Rede war die Wolke, die unheildrohend auf der Stirn der alten Haslerin gestanden, von ihr gewichen, und das sonnigste Lächeln lag auf ihrem Gesicht. Auch der Herr Hasler rieb sich vergnüglich die Daumenballen und sagte bloß: »Scheen, guat, isch ja sehr aagenehm!«
Der Benno aber, der zuvor, als meine Abkunft an den Tag kam, sich auf einen von mir ziemlich entfernten Stuhl gesetzt hatte, kam jetzt mit zärtlicher Miene auf mich zu und sagte, indem er mich um die Hüfte nahm, leise: »Du glaabst gar net, Lenerl, wie gern i di hab!«
Und in heiteren Gesprächen verfloß die Zeit, bis die Mutter um fünf Uhr zum Vater sagte: »Josef, jatz werd's Zeit ins G'schäft!«
Da brachen die Haslerischen auch auf und empfahlen sich mit großer Höflichkeit.
Nun war ich also Bennos Braut und lebte im übrigen wie zuvor.

Die Hochzeit war auf den Herbst festgesetzt worden, und der Benno eilte mit viel Fleiß von Amt zu Amt, um die zur Heirat notwendigen Schriftstücke zusammenzubringen. Der alte Hasler kündigte einer schon lange Jahre in seinem Haus wohnenden alten Jungfer die Wohnung und ließ viel Arbeitsleute kommen. Die Wände wurden tapeziert, die Böden frisch lackiert; in die Küche kam ein neuer Herd und in die Kammer daneben ein Bad. Die Frau Hasler stand bei größter Sommerhitze auf der Altane und füllte Kissen und Betten mit Flaum und zeigte den Nachbarn die Größe der mütterlichen Liebe, die nicht bloß zusieht, wie das Kind, das nun dem Nest entflogen, sich in der neuen Lebenslage zurechtfindet, sondern die in Beherzigung des Wortes »Wer sich gut bettet, liegt gut« sorglich ihr Teil dazu beiträgt, daß dessen Lebensbett ein lindes werde.
Mein Vater ließ den Schreiner kommen und bestellte die Möbel, nachdem er sich die für uns bestimmte Wohnung angesehen hatte. Alles sollte altdeutsch werden, und die Schränke sollten Spiegel haben und ein jedes Stück noch einen Muschelaufsatz. Der alte Tapezierer Fünffler mußte für die Polster sorgen und den Diwan samt den Stühlen nebst einem kleinen Kanapee anfertigen.
Die Mutter aber lief zum Nachbar Glaser und erstand das Neueste an buntem Prozellan, an irdenem Geschirr und Gläsern.
Dann kam der Tag, an dem sie ging, das Brautkleid einzukaufen. Da mußte ich zur alten Haslerin und diese bitten, daß sie uns die Liebe tät und mitginge, den Stoff zu kaufen, was sie mir auch versprach.
Also machten sie sich auf den Weg, eine jede starrend in Seide und blitzend im Schmuck der Nadeln, Ringe und Spangen, die an Glanz wetteiferten mit den langen Perlenfransen der Mantillen und Kapotthütchen.
Erst spät abends kamen sie heim, und ich vernahm, daß

nun alles eingekauft sei, dessen ich als Braut bedürfe, um zu glänzen. Ich erschrak beinahe, als ich von der Mutter hörte, daß mein Brautkleid von Seide wäre und der Zeug allein schon mehr denn hundertfünfzig Mark gekostet hätte. Ich vergaß darüber ganz und gar den Dank, so daß die Mutter sehr entrüstet ward und rief: »Woaßt net, was si g'hört, du Hackstock? Gibt ma so viel Geld aus für dös G'stell und kriagt net amal an Dankschö' dafür!«

Da kam ich erst wieder ein wenig zu mir und sagte halblaut: »Dank schö, Mutter, so was hätt's net braucht.«

»So, dös hätt's net braucht! Moanst vielleicht, i laß mi lumpn und oschaugn von dö Haslerischen? Hab's scho g'sehgn, wie s' d'Letschn hat hänga lassn, weil i z'erscht g'moant hab, a Schlepp war net notwendi; aber jatz hab i so viel kaaft, daß d' an meterlanga Schwoaf hint nachiziagst!«

Ich wußte nicht viel darauf zu antworten und empfand im Grunde wenig Freude über den Prunk, in den man mich stecken wollte. Als ich jedoch nachher das schwere, glänzende Gewebe sah, regte sich meine Eitelkeit doch, und ich dachte, wie die in der Nachbarschaft wohl schauen würden, wenn sie mich in dieser Pracht erblickten. Ich trug den Stoff alsbald zur Nähterin, die mir einen Arm voll Modeblätter mit nach Hause gab zur Durchsicht, damit wir wählten, was uns gefiele. Ich suchte mir ein sehr einfaches Bild zum Muster aus und bat die Mutter, sie möchte das Gewand nach diesem machen lassen, was sie mir zusagte.

So waren die Tage der Brautzeit immer mehr ihrem Ende zugegangen, und es war nun an uns, zum Pfarrer zu gehen, das Stuhlfest zu feiern.

Also meldete mein Verlobter an einem Oktobersonntag nach dem Gottesdienst in der Sakristei unserer Pfarrkirche dem alten einäugigen Meßner, daß wir am nächsten Tage zum Herrn Pfarrer kämen, damit er uns in allem unterweise, was für den Stand der christlichen Ehe von Nutz und Frommen sei.

Hand in Hand schritten wir denn andern Tags gegen elf Uhr mit klopfendem Herzen durch die Straßen und zögernd stiegen wir im Pfarrhause die breite Treppe hinauf zur Tür, hinter der ein wirres Durcheinander von Kinderstimmen zu hören war. Im gleichen Augenblick stürmten etwa zehn Schulkinder jubelnd und lärmend aus der Wohnung und schwangen im Triumph bunte Heiligenbilder, die sie gewiß als Lohn für gute Antworten in der Religionslehre erhalten hatten. Hinter ihnen erschien lächelnd der noch ziemlich junge Pfarrer und mahnte: »Kinder, tut's schö stad sei; pfüat euch Gott und tut si koans derfalln! So, pfüat Gott, so!«

Da erblickte er uns: »So, so! . . . Grüß Gott, Leutln! . . . So, geht's nur glei da rei; so . . . Ja, jetz san ma also da, so . . . So, sitzt's euch nur glei da her, so!«

Und sorglich führte er uns zu einer Fensternische, die eigens zu dem Zweck, der uns hingeführt, gemacht schien. Ein kleiner Sammetdiwan stand in der Ecke, darauf wir Platz nahmen; vor uns ein Tischlein, auf dem nichts als ein kleines Buch lag. Davor stand ein bequemer Armstuhl, der für den Priester bestimmt war.

Da saßen wir nun mit seltsam bewegtem Gemüt. Ein leichter Duft von Weihrauch umgab uns; die Sonne schimmerte durch die großen Glasbilder, die an den Fenstern hingen, und ließ die reichen Blumenstöcke bald in bläulichem, bald rotem Licht erglänzen. Auch zu dem blassen Herrgott, der an einem hohen Kruzifix aus schwarzem Holze hing, huschte einer von den roten Strahlen und gab dem Gottessohn ein Kleines seiner Wärme und beinahe einen Hauch von Leben.

Stumm blickte ich bald auf den Pfarrer, bald auf die lebensgroße Statue des Jesukindes, die zwischen Blumen und

Kerzen in einer Ecke stand. Dann schielte ich verstohlen hin zum Benno: Der saß etwas gebeugt, und Tränen rannen ihm über sein Gesicht.

Nun begann der Priester seine Lehre: Erst gab er uns den Segen, dann führte er uns im Geist zurück zu den ersten Menschen, zur ersten Ehe im Paradiese; hierauf gab er uns alle jene Mahnungen und guten Lehren, deren junge Eheleute bedürfen. Vor allem aber bat er uns, die Tage vor der Trauung nichts zu tun, was gegen Sittsamkeit verstoße, und in der Ehe Gottes Segen nicht durch Anwendung von irgendwelchen Schutzmitteln freventlich zu hemmen oder zu vermindern; denn das sei ja der Kern der Ehe, daß die Welt durch sie bevölkert bleibe. Nach diesen Unterweisungen fragte er den Benno: »Also, Herr Hasler, nachher kannt ma am Sonntag scho zum erstenmal verkünden, so, und nachher setz' ma glei die Trauung fest. Wie moanatn S', Herr Hasler, wenn ma den zwoatn Deanstag im November nahm?«

Mein Hochzeiter, der während der Ansprache des Herrn Pfarrers wiederholt in Schluchzen ausgebrochen war, trocknete nun seine Tränen und erwiderte: »Jawohl, Herr Hochwürden; am zweiten Dienstag im November is uns scho recht. Aber i möcht halt bitten um a g'sungene Mess' und daß uns halt der hochwürdige Herr Pfarrer d'Liab tät, selber die Trauung z'machen. Es wär halt a recht große Ehr für uns, und auch der Vater moant, es wär viel feierlicher, wenn der Herr Hochwürden d'Traumess' haltet.«

Der Pfarrer sagte ihm dies zu, und nachdem er uns noch aufgetragen hatte, den Tag vor der Hochzeit eine Lebensbeichte abzulegen und am Hochzeitsmorgen noch die Kommunion zu empfangen, gab er uns den Segen und geleitete uns dann bis zur Gangtür.

Wie von einer großen Last befreit, atmete ich auf, als wir draußen waren, und übermütig sprang ich die Stiegen hinab und auf die Straße. Der Benno aber war sehr ernst und schüttelte den Kopf, als er meine Ausgelassenheit sah, und während ich mit tänzelnden Schritten und lebhaftem Geplauder dahineilte, schritt er beinahe bedrückt neben mir her und sah mich schweigend an. Da schob ich lachend meinen Arm in den seinen und rief: »Juhu, g'heirat werd! Da derf i mit der Scheesn fahrn und hab an Schlepp und a seidens G'wand, juhu!«

Etwa eine Woche vor dem Hochzeitstage kamen die Handwerksleute und meldeten, daß sie mit allem, was ihnen aufgetragen worden, fertig seien.
Also mußten nun die Möbel in die für uns bereitete Wohnung gebracht werden, und ich erbat mir deshalb von der Mutter die Erlaubnis, etliche Tage vom Geschäft wegbleiben zu dürfen. Da stieß ich zum erstenmal seit langem wieder auf heftigen Widerstand, und die Mutter begann zu fluchen und zu schelten und machte mir die gröbsten Vorwürfe, daß ich jetzt, wo ich endlich etwas taugte, heiratete.
»Und i leid's einfach net, daß d' gehst! Dös war dös Rechte! I kannt mi dahoam darenna vor lauter Arbat und dö gnädi Fräuln laafat furt und tat d' Wohnung eirichtn. Sag's nur dö Haslerischen! Dö ham mehra Zeit wie mir; dö solln si um d'Wohnung kümmern! I muaß alles zahln, drum verlang i aa, daß d' dafür arbatst!«
Ratlos schlich ich davon und besorgte, es möchte der Tag meiner Hochzeit kommen und ich hätte nichts gerichtet, worin wir wohnen und schlafen könnten. In meiner Not ging ich zum Vater und bat ihn um seine Fürbitte, und nun konnte ich wenigstens für einen Tag Urlaub bekommen.
Ich ging also in aller Früh schon fort und trat bei der Familie Hasler eben in dem Augenblick in die Stube, als der Benno seinen Hut vom Nagel nahm und in das Geschäft

wollte. Als ich berichtete, wie schwer ich von zu Hause fortgekommen sei, meinte er: »Da muß i glei dahoam bleibn, daß ma heut no ferti wer'n; i möcht net habn, daß dei Mutter harb werd.«

Also blieb er bei mir, und wir begannen sogleich unsere Arbeit. Erst stellten wir alles das auf, was in die Schlafstube gehörte, wobei wir beinahe in Streit gekommen wären, da der Benno haben wollte, wir sollten die beiden Betten zusammenrücken, ich sie aber gern getrennt gehabt hätte. Doch gab ich endlich nach, nachdem mich mein Verlobter auf die Worte des Pfarrers: »Das Weib muß dem Mann gehorchen« hingewiesen hatte.

Gegen Mittag hatten wir ein Zimmer fertig, und ich wollte nun nach Hause gehen zum Essen; doch gaben die alten Haslerleute keine Ruhe, bis ich blieb.

Nachmittags räumten wir dann die Wohnstube ein; doch kamen wir zu keinem Ende, da ein jedes die Dinge nach seinem Kopf gestellt haben wollte. Daher ließ ich den Benno bei seiner Arbeit allein und ging in die Küche, wo Geschirr und Bilder, Möbel und Nippsachen, Spiegel und Stellagen bunt durcheinander standen und lagen.

Nach wenig Stunden wurde es dunkel, und ich war noch nicht einmal zur Hälfte fertig mit meiner Arbeit. Da kam mit einemmal eine große Traurigkeit über mich, und ich setzte mich in einer Ecke auf einen kleinen Hocker und begann zu weinen. Die Unordnung ringsum bedrückte mich, und alles kam mir so fremd und unwirtlich vor, und ich empfand plötzlich eine große Furcht vor dem Heiraten.

Währenddem war es ganz finster geworden, und ich stand auf und ging in die Stube, wo ich den Benno gelassen hatte. Da war sie leer. Ich ging in das Schlafzimmer, doch auch da fand ich ihn nicht. Nun wollte ich hinuntergehen zu den Eltern Bennos; da fand ich die Wohnungstür verschlossen und war also eingesperrt. Ratlos stand ich da und wußte nicht, was ich beginnen sollte. Es fiel mir nicht ein, daß ich ja nur ein Fenster zu öffnen brauchte und auf die Straße zu rufen; vielmehr ging ich wieder zurück in die Schlafstube, legte mich auf ein Bett und weinte bitterlich. Da hörte ich aufsperren, und es kam der alte Hasler mit einem Licht und wollte sich unser Werk beschauen. Er erschrak gar sehr, als er mich so trostlos hier fand, und ich erfuhr nun, daß der Benno geglaubt hatte, ich sei im Zorn fortgelaufen, und er hatte deshalb gar nicht weiter nach mir gesehen.

Als ich daher mit dem alten Hasler eine Weile später drunten in die Wohnstube trat, war große Freude über den guten Ausgang dieser Geschichte.

Spät abends brachte der Benno mich nach Hause und bat die Mutter, sie möge mich doch noch einen oder zwei Tage fort lassen.

Mit süßsauerem Lächeln erwiderte sie: »Ja, ja, sie kann scho geh vo mir aus; jatz muß i mi alleweil scho dro g'wöhna, ohne Hilf z'sei. Dös is scho was Alt's, daß d'Kinder, wann 's oan gnua kost' ham, davolaafn und heiratn!«

Wir bedankten uns für die Erlaubnis, und am andern Morgen machte ich mich wieder auf den Weg, ohne vorher etwas zu essen. Als ich daher von der Frau Hasler zum Kaffee geladen wurde, nahm ich dies gern an, sagte aber, daß ich mittags heim ginge; denn ich befürchtete, es möchte ihr zu viel werden. Der Benno war schon in aller Früh zu seinem Herrn ins Geschäft gegangen, ihn um Urlaub zu bitten, bis wir eingerichtet wären. Nun kam er, und wir begannen wieder unsere Arbeit. Es ging uns jetzt alles gut vonstatten, da ich zu müde war, um noch länger zu streiten, und mir vorgenommen hatte, nach der Hochzeit doch alles so zu richten, wie es mir gefiel.

Am Mittag wollte ich dann heimgehen, vorher aber gab es noch ein kleines Unglück.

Mein Hochzeiter war über unsere Arbeit so erfreut, daß er mich mit einem Male um die Hüften faßte, mit mir in der Stube herumtanzte und am Ende mich in die Höhe hob und auf den Diwan fallen ließ. Ich hatte schon während des Aufhebens heftig gezappelt und kugelte nun beim Fallen vom Diwan herab und gerade hinein in einen schönen, großen Spiegel, den ich kurz zuvor darangelehnt hatte. Er ging in Scherben, und es kostete mich nicht geringe Mühe, aus dem Rahmen, in dem ich saß, herauszukommen. Die Holzwand war durchgebrochen, und die beiden goldenen Amoretten, welche den Rahmen zierten, standen nun auf meinem Rücken und hielten mit Anmut das goldene Wappen. Der Benno war erst wie erstarrt; als ich aber unter großem Jammer begann, mich von der unbequemen Einrahmung zu befreien, brach er in so lautes Gelächter aus, daß ich in heftigsten Zorn geriet und schwur, ich würde ihm den ganzen Spiegel an den Kopf werfen, wenn ich nur erst heraußen wär. Zum Glück hatte ich keine Verletzung davongetragen, und als mir der Benno herausgeholfen hatte und sich nun selbst hineinsetzte, um mir das komische Bild zu zeigen, da mußte auch ich lachen. Die alte Haslermutter freilich war sehr erschrocken, als sie's vernahm, und prophezeite uns, daß wir nun sieben Jahre kein Glück hätten, worüber ich wieder hellauf lachen mußte. Ob nicht doch ein Körnlein Wahrheit in dem Worte lag?
Mein Verlobter begleitete mich heim und trat gleich in das Gastzimmer, um rasch ein Glas Bier zu trinken; ich aber ging in die Küche. Als ich die Mutter grüßte, dankte sie mir nicht und fragte nur: »Was willst?«
Ich sagte, daß ich zwar zum Essen geladen worden wäre, es aber ausgeschlagen hätte. Da schrie sie: »Also was z'essen möchst! Sonst fallt dir nix ei! Dös war no dös Schönere; an ganzn Tag rumz'vagiern und dahoam 's Essen z' verlangn! Nix da! Wannst net bei mir arbatst, hast aa

nix z'fordern von mir. Laß di nur von dö Haslerischen fuattern!«
Ich gab ihr keine Antwort mehr darauf, sondern lief in die Gaststube und sagte mit vor Erregung heiserer Stimme zum Benno: »Komm, gehn ma! Rasch!«
Auf der Straße erst erzählte ich dem aufs höchste Erstaunten und Erbitterten den Vorfall.
Als wir nachher bei seinen Eltern zu Tisch saßen und ihnen berichtet hatten, wie es mir ergangen, da meinte der alte Hasler: »So was isch aber do scho ganz aus dr Weis'! Da mögscht ja glei e Narr wera! Was ha i dr g'sagt, Benno; da hascht es jetzt. I ha's ja allweil g'sagt: E Mädla aus'm Gaschtlokal isch e Stückle vom a Saustall! Jetzt ka'scht luadrige Tag grad gnua kriege. Am brävschte wär's halt, wenn d'heut auf d'Nacht hi'fahrn tätsch' und alls rückgängig mache!«
Da sprang der Benno auf und schrie überlaut: »So! Was fallt dir denn ei, Vater! Was kann denn 's Madl dafür, daß s' so a narrische Muatta hat! Naa, so viel Ehrenmann bin i allweil no, daß i woaß, was si g'hört! Ich heirat, und geht's, wie's mag!«
Nun mischte sich auch die alte Mutter in das Gespräch: »Gar so unrecht kann i ja der Frau Zirngibl net gebn, Vater; du mußt allweil bedenkn, daß d'Leni ledi is!«
»Ja, ledig, dies isch scho recht; aber 's Fressa braucht ma au em ledige Kind it vorz'werfe!«
Mitten im Reden brach er ab und sah auf mich. Ich war völlig ohne alle Fassung dagesessen und große Tränen rannen mir über die Wangen; doch sagte ich kein Wort und stand nur nach einer Weile auf und ging wieder in mein werdendes Heim. Dort setzte ich mich neben dem zerbrochenen Spiegel auf einen Stuhl und bedachte zum erstenmal den Schritt, den ich mit meiner Heirat zu tun im Begriff stand. Ich sah jetzt ein, daß ich von den Schwieger-

eltern nicht viel Liebe zu erwarten hatte; daß mein Gatte heute für mich eintrat, gab mir nicht die sichere Gewähr, daß dies auch morgen noch geschehe; daß ich aber trotzdem nicht mehr zurücktreten durfte, wenn ich nicht der gröbsten Schmähungen von seiten meiner Mutter gewärtig sein wollte, stand fest bei mir. Es bedrückte mich zwar das rauhe Wesen meiner Mutter, doch mehr noch ängstigte mich das unbekannte und doch naheliegende Schicksal, das mich in meiner Ehe erwartete. In dieser trüben Stimmung begab ich mich ins Schlafzimmer, wo ein großes Bild der Mutter Gottes hing. Dort setzte ich mich auf den Rand eines Bettes und redete mit dem Bild: »Liabe Muatta Gottes, hilf mir do in dera Angst. Laß mi net z'grund geh; sag's dein Sohn, daß er's recht macht!«

Da tönte die Klingel der Haustür, und es kam mein Verlobter. Wir sprachen nichts mehr über das Vorgefallene und arbeiteten den ganzen Nachmittag fleißig. Abends gegen sechs Uhr wollte ich aufhören, doch hatte ich mir vorgenommen, nicht heimzugehen, sondern in einem der neuen Betten zu schlafen. Ich sagte dies dem Benno, und er meinte auch, daß es besser wäre, wenn ich heute nicht heimginge. Also bereitete ich mir noch eins der Betten für die Nacht. Als es nun so frisch gerichtet war, meinte mein Verlobter, ich sollte es doch einmal mit ihm probieren, wie sich's in den neuen Betten schlafe. Ich aber wies ihn streng zurecht und gab trotz der Versicherung, daß wir es ja leicht noch beichten könnten, nicht nach. Schmollend ging er hinaus und nahm mir meine Weigerung recht übel. Vielleicht trug er auch einen Groll gegen die kirchlichen Ehegesetze in sich, weil sie dem Mann nicht auch in diesem Fall die Durchsetzung seines Willens gestatten.

Da ich befürchtete, er könne sein Begehren, wenn ich da schliefe, noch stürmischer wiederholen, so machte ich mich bald auf den Heimweg.

Als ich in die Küche trat, sagte mir unsere Magd, daß die Nähterin soeben mit der Mutter in der Wohnung droben sei; sie hätte das Brautkleid gebracht. Ich konnte aber keine Freude darüber empfinden, und nicht einmal die Erzählung des Mädchens, daß das Kleid eine lange Schleppe habe, bereitete mir Vergnügen. Mißmutig schnitt ich mir ein Stücklein Wurst ab und aß, ohne mich zu setzen. Da kam die Schneiderin mit der Mutter herein und rief, als sie mich erblickte: »Ah, da is ja d'Fräuln Leni scho! Jetzt kannt ma glei no schaun, ob's Brautkleid aa paßt!« Und ich mußte mit ihr in die Wohnung hinaufgehen und das Gewand anziehen. Es sah recht nobel aus, doch paßte es nicht gut und war der Kragen viel zu eng. Ich bat sie daher, das Kleid wieder mitzunehmen und zu richten, was sie auch tat. Als ich nachher wieder hinunterkam, war der Benno gekommen und saß mit etlichen seiner Freunde in der Gaststube, gerade dem Fenster gegenüber, aus dem man die Speisen in die Stube langte. Er grüßte mich freundlich und winkte mir zu, aber ich ging nicht hinein, sondern setzte mich an die Anricht und begann für den kommenden Tag Gemüse zu putzen. Die Mutter saß nahe bei dem Ausgang, der in die Schenke führte, und hatte eine Zeitung in der Hand, doch las sie nichts und blickte von Zeit zu Zeit zornig auf mich. Mit einem Mal sprang sie auf und schrie mich an: »Du unverschämts Frauenzimmer, woaßt net, was si g'hört? Hast du koan Dank für dei Mutter? Moanst leicht, i war dir's schuldi, daß i dir a seidas hab kaaft!« Ich blickte sie erschrocken an und wollte eben erwidern, daß ich es noch gar nicht hätte, da fuhr die Mutter aufs neue heraus: »Umananander renna, d'Gnädige spieln und dabei d'Letschn hänga lassn, dös kann's; aber dir treib i's aus, du Herrgottssakramenter!« Und ehe ich mich versah, hatte sie den Schürhaken ergriffen und mir denselben etliche Male um die Schultern geschlagen.

Ich sprang auf und rief: »Aber Mutter! Denkn S' doch, daß i Braut bin!«
Da kam sie in eine furchtbare Wut; sie faßte mich an den Haaren und riß mich herum, gab mir etliche Ohrfeigen und stieß mich schließlich mit dem Schrei: »Geh nei zu dein Kerl, G'stell, verfluchts! Moanst vielleicht, i fürcht mi vor dem Bürscherl!« in die Gaststube hinein.
Da sprang mein Verlobter auf, stürzte in die Küche hinaus und schrie: »Frau Zirngibl, dös is a Saustall, wie Sie mit meiner Braut umgehn! Schamen S' Eahna! Sie führn Eahna ja auf wie a Zigeunerin!«
Mein Vater hatte mich, als ich so in die Stube flog, sogleich beim Arm gefaßt und trat nun mit mir in die Küche, als eben der Benno so laut das Benehmen der Mutter geißelte. Und als die Mutter gerade wieder begann zu toben, rief der Vater dazwischen: »Was is denn dös für a Wirtschaft! Kannst di jatz du gar net a weng eischränka, Muatta?«
Der Benno aber fluchte und rief: »Dös war ma dös Rechte! Sofort muß ma d'Leni aus'm Haus! Koa Minutn laß i's mehr bei so ana Megärn! Dös war dö recht Zigeunerwirtschaft!«
Aber die Mutter fuhr ihn an: »'s Maul halten, Rotzlöffel! Dö bleibt ma da! Und wann's ma net paßt, na derf s' ma aa net heiratn! Dös kannt enk passen, scho vor der Trauung z'ammz'hocka in Konkubinat! Sie san a ganz a feiner, Sie Rotzer! Moanen S' vielleicht, i kriag koan andern Schwiegersohn mehr als Eahna? Da brennan S' Eahna! I ko mei Tochter gebn, wem i will, verstanden!«
In maßloser Wut hatte der Benno bei diesen Schmähungen gestampft und geflucht, jetzt aber faßte er mich rauh am Arm und schrie: »Marsch, du gehst ma sofort aus dem Haus, wannst willst, daß i di heirat!«
Da trat der Vater abermals dazwischen, drückte die Mutter auf einen Stuhl, schob den Benno in die Gaststube und

schickte mich zu Bett; dazu sagte er bloß mit seltsam bewegter Stimme: »Bringt's mi do net um alles! Mei ganz' Renommee is beim Teufl durch enkern Saustall; seids g'scheit und hüt's enker Zung! Geh, Benno, gib aa wieder an Fried!«

Grollend ging der Benno wieder in die Stube, die Mutter machte einen kleinen Spaziergang in den Hof, und ich ging zu Bett.

Am andern Tag schien alles wieder gut zu sein, und ich machte mich auf den Weg, meine Wohnung vollends zu richten.

Das war drei Tage vor meiner Hochzeit. Es gab immer noch viel zu tun, wenn ich alles gut instand setzen wollte, und ich arbeitete ohne Rast bis zum späten Nachmittag.

Als ich endlich fertig war, richtete ich noch die Öfen her, daß ich sie beim Einzug nur anzuzünden brauchte. Dann eilte ich heim, ohne noch zu den Haslerischen zu gehen; denn ich schämte mich sehr wegen der traurigen Szene am Tag vorher.

Als ich heimkam, trat ich mit freundlichem Gruß in die Küche und sagte: »So, jetzt bin i ferti. Wenn S' vielleicht Lust hätten, Mutter, daß Sie's Eahna anschaun möchtn, tat's mi freun!«

Ich bekam keine Antwort und wußte also, daß ich, wenn nicht abermals etwas Unliebsames vorkommen sollte, gehen mußte. Daher sagte ich bloß noch: »Gut Nacht!« und ging dann zu Bett.

Am andern Tag wollte ich mein Geld von der Sparkasse abholen und kleidete mich daher schon früh an. Der Vater wollte mitgehen, und es mußte also die Mutter in die Schenke. Sie tat es, ohne ein Wort mit uns zu reden; nur als ich ihr Adieu sagte, rief sie mir nach: »Kannst glei dein Bräutigam 's Brauthemad kaafa und a Myrntsträußerl! Na gehst glei hoam!«

Ich hatte mir schon allerhand ausgedacht, was ich mir um die neunzig Mark, die mir von dem Geld aus der Floriansmühle noch geblieben waren, alles kaufen wollte; als ich aber heimkam, verlangte mir die Mutter das Geld sofort ab und sagte: »Dös Geld gibst her, na kaaf i dir an saubern Spiegelkasten drum.«
Obschon ich gerne dagegen gesprochen hätte, blieb ich doch stumm auf diese Rede; denn ich fürchtete, aufs neue den Zorn der Mutter zu erregen, wenn ich nicht zu allem ja sagte. Also ward ich auch dieses Geldes los, wie ich einst des meines Großvaters und des Hausls losgeworden war.

Es ist ein alter Brauch, daß man den Vorabend einer Hochzeit mit einer kleinen Feier begeht, und nennt man diesen Abend den Polterabend.
Zu der Zeit meiner Verheiratung wußte ich über den Ursprung und die Bedeutung dieses Wortes noch nicht viel, doch schien mir der Name für meine Verhältnisse gar nicht so unrecht; denn die Mutter polterte an diesem Tag im ganzen Haus herum, fluchte, zeterte, zertrümmerte verschiedenes Geschirr, jagte die Küchenmagd aus dem Haus und prügelte meine Stiefbrüder, ohne daß man recht wußte, warum. Ich war deshalb sehr bedrückt und tat nichts, wovon ich vermeinte, daß es die Mutter erzürnen könnte, und hatte auch wirklich bis zum Nachmittag Ruhe.
Um zwei Uhr ging ich in die Wohnung hinauf, um meine kleinen Andenken und all die Kästlein und Schächtelchen, die Bilder und Büchelchen zusammenzupacken, die mir zu lieb waren, als daß ich sie hätte zurücklassen mögen. Auch die Mutter kam bald hinzu und warf mir manches hübsche und auch kostbare Stück hin, das sie nicht mehr mochte; doch brummte sie beständig vor sich hin und schrie mich

plötzlich ganz unvermittelt an: »Hast es ja recht notwendi, daß d'heiratst! Hättst es ja nimmer aushalten könna dahoam! Aber wart nur, du wirst es scho sehgn, wia's dir geht! Daß dir i nix Guats wünsch, kannst dir denka, du undankbars Gschöpf! Kannt ma s' so guat braucha und muaß ma fremde Leut haltn, während die gnädig Fräuln heirat und si auf die faule Haut flackt!«

Dabei warf sie mir etliche Schmuckschächtelchen auf den Tisch, dazu ein schweres Kettenarmband, eine Halskette mit einem schönen, alten Medaillon, einen schwarzen Beinschmuck und ein großes, kostbares Amethystkreuz, das sie einst von einer Gräfin von Lindwurm erhalten hatte. Ich glaubte nicht, daß die Dinge alle für mich bestimmt seien, und ließ sie liegen. Da schrie die Mutter wieder: »Is dir leicht mei Sach nimma guat gnua? Bist leicht z'schö dazua, daß d' was Alts, was Guats tragst?«

Da nahm ich rasch die Sachen vom Tisch, leerte eine hübsche Schatulle, in der ich Briefe liegen hatte, aus und tat alles hinein, indem ich sagte: »Was denken S' denn, Mutter! Freili mag i alles! Und von Herzen 'gelt's Gott dafür! Dös freut mi anders, daß i grad dös Schönste kriagt hab! Dank schö, Mutter! 'gelt's Gott!«

Da lief sie aus dem Zimmer und schlug krachend die Tür zu.

Ich hatte großes Mitleiden mit ihr und dachte, ob ich wohl auch einmal ein Mädchen bekäme und wie ich mit ihm sein wollte; doch bald verscheuchte ich diese Gedanken und trug meine Kostbarkeiten nach der neuen Wohnung, wo ich alles in die Kommode räumte. Danach ging ich zur Familie Hasler, wobei mir das Herz klopfte; doch sagten sie kein Wort wegen des Verdrusses, den wir gehabt. Sie luden mich ein, mit ihnen den Kaffee zu trinken, aber ich entgegnete, ich müsse erst daheim um Erlaubnis bitten.

Ich ging also gleich wieder nach Hause und bat den Vater,

der es mir zwar erlaubte, doch meinte, ich müsse schon auch die Mutter fragen. Dies tat ich, und da ich ohnehin auch noch zur Beicht mußte, ließ die Mutter mich gleich fort und sagte bloß: »Daß d'hoam kommst bis auf d'Nacht! Bringst Haslers mit, mir ham heut a Konzert!«

Nach dem Kaffee, etwa um fünf Uhr, brach ich auf und holte meinen Hochzeiter vom Geschäft ab, um mit ihm zur Beicht zu gehen. Er war wieder sehr ernst und redete nicht viel.

Nach der Beicht gingen wir wieder zu seinen Eltern, wo wir die alten Leute bereits in sonntäglicher Kleidung antrafen. Der Tisch in der Wohnstube war weiß gedeckt, ein Rosmarin prangte in der Mitte, und eine große Torte mit der Aufschrift: »Dem Brautpaar« stand daneben. Der Vater holte eine Flasche Wein herbei, und die Mutter stellte die Gläser mit zitternder Hand dazu. Es war schon völlig dunkel, und im Zimmer verbreitete die altmodische Lampe ein behagliches Licht.

Da ertönte draußen im Hof Musik, und das Lied: »Nur einmal blüht im Jahr der Mai, nur einmal im Leben die Liebe« wurde mit viel Gefühl auf einem Piston vorgetragen. Nun schenkte der alte Hasler die Gläser voll und mit herzlichen Worten wünschte er uns Glück; die Mutter hatte die Augen voll Tränen und gab uns ihren Segen, der Benno aber hatte mich an sich gezogen und schluchzte.

Da ergriff mich eine große Dankbarkeit gegen diese Menschen, und ich dankte ihnen unter heftigem Weinen. Trotzdem fühlte ich mich so elend, als sei ich wieder am Grab meines Großvaters, und es befiel mich ein Zittern und Unwohlsein, und ehe man sich recht zu helfen wußte, war ich ohnmächtig geworden.

Als ich wieder zu mir kam, waren alle um mich besorgt, die Haslermutter aber fragte mich, ob ich öfter an solchen Zuständen leide. Ich sagte ihr, daß ich manches Mal auch ohne besonderen Anlaß mit solchen Ohnmachten zu kämpfen hätte. Da nahm sie mich beiseite in die Schlafstube und wollte ausführlich über meine Gesundheit berichtet sein: »Denn«, sagte sie, »du kannst mir's net verargen, daß i mi um mein' Oanzign sorg.«

Nun erzählte ich ihr, daß ich schon seit meinem vierzehnten Jahr bleichsüchtig gewesen sei, daß ich die Reife des Mädchens erst vor wenig Wochen zum erstenmal erfahren hätte, während bisher jahrelang nur diese Ohnmachten eine gewisse Zeit andeuteten. Diese Bewußtlosigkeit sei immer plötzlich gekommen, und einmal gerade, als ich in der Küche stand und am Fleischtisch ein Stück Leber schnitt. Zum Glück hatte ich das große Tranchiermesser nur locker in der Hand, sonst wäre vielleicht ein Unglück geschehen. Auch berichtete ich ihr, wie ich einmal nach einem großen Verdruß mit der Mutter am Brunnen gestanden, um ein Kalbshirn zu häuten. Da hatte mich mit einem Mal ein kurzer, heftiger Husten gepackt, und ein schöner Faden hellen Blutes lief den Brunnen hinab, während ich mit heißem Kopf und müden Beinen dort lehnte und Schmerz und Übelkeit bekämpfte. Die Mutter hatte mich am andern Tag zum Arzt geschickt, der an eine Magenkrankheit glaubte, da ich vordem nur selten gehustet hatte. Doch sei dies alles längst wieder gut, und ich hätte nicht Sorge, daß ich eine Krankheit in mir habe.

Nach einigen Nachdenken meinte die Frau Hasler: »Du bist halt überarbeit't! Wennst jatz dei Ruah hast, wirst schon wieder! 's Heiraten is dös Best' für di, und der Benno is der g'scheitste Doktor. Aber jatz müaß ma wieder zu dö andern, sonst wer'n s' uns granti!«

Und sie nahm mich bei der Hand und führte mich wieder in den Bereich des Lichts, wo die zwei Männer inzwischen ernste Dinge verhandelt haben mußten; denn der Vater sah den Benno fest an und sagte noch kurz: »Hascht mi

verschtande?«, worauf der Benno ihm die Hand drückte und sagte: »Ja, Vater, i wer' mir's merkn.«
Wir machten uns nun auf den Weg zu meinen Eltern. Schon aus etlicher Entfernung tönte uns lustiges Klarinetten- und Geigenspiel entgegen, und als wir eintraten, brachen die Musikanten das eben begonnene Stück ab und empfingen uns mit einem feierlichen Marsch.
Wir gingen erst an die Schenke, dann in die Küche, die Eltern zu begrüßen. Da sah ich, daß die Mutter geweint hatte, und ich fragte sie sogleich, ob ich in der Küche helfen könne; sie sagte aber: »Naa, naa! Bleib nur drin! Dös war no dös Nettere: a Polterabend ohne Braut!«
Da setzte ich mich an den Tisch, wo schon die ganze Verwandtschaft und Freundschaft Platz genommen hatte, und ein lustiges Treiben begann, und es währte nicht lange, da forderte mich mein Verlobter zum Tanz. Und heiter ging der Abend dahin, und um Mitternacht ertönten Hochrufe und knatterten Schüsse und begann ein Glückwünschen und eine Lust, daß ich mir wie verzaubert vorkam. Bald stimmte auch ich in die Lustbarkeit ein und sang noch manches Trutzliedlein in dieser Nacht.
Endlich um drei Uhr morgens gingen wir auseinander; denn da der Benno und ich seit Mitternacht weder essen noch trinken durften wegen der morgendlichen Kommunion, so freute uns schließlich der ganze Spaß nicht mehr.
Ich lag noch nicht lange im Bett und war kaum eingeschlafen, als mich ein heftiges Weinen aufweckte. Ich setzte mich erschreckt auf und horchte. Da vernahm ich, daß dasselbe aus dem Schlafzimmer der Eltern, welches unmittelbar an meines stieß, drang. Deutlich hörte ich jetzt die Mutter klagen: »Hätt i meine Leut g'folgt! Hätt i auf mein Vatern g'hört! So a Schand! Jatz bin i no so jung und muaß dös derlebn!«

Vergebens tröstete der Vater: »Mach dir do nix draus, Muatta! Da denkt koa Mensch weiter drüber nach, daß d' no so jung bist!«
Sie wurde immer erregter: »Jatz kann i mi aa zu dö Altn hi'hocka im Kaffeehaus! Und i will no net so alt sei! I will no lebn! Koa Mensch acht a Schwiegermuatta! Hätt do i dem Lumpen net glaabt, damals! O mei!«
Und sie weinte und klagte, und der Vater redete begütigend mit ihr, und seine Stimme wurde immer liebevoller und leiser, und endlich vernahm ich nichts mehr als ein Flüstern, dessen Zärtlichkeit mir anzeigte, daß die Mutter wieder gut sei.
Da legte ich mich wieder hin und versuchte zu schlafen, doch obschon ich mich bald auf die eine, bald auf die andere Seite drehte, gelang es mir nach dem eben Gehörten nicht mehr. Am End stand ich auf, wusch mich mit kaltem Wasser und begann mich dann für die Frühmesse und Kommunion anzukleiden.

Kurz nach fünf Uhr verließ ich das Haus und begab mich in die matt erhellte Kirche, wo nur etliche Beterinnen und vier Klosterfrauen knieten. Ich setzte mich in eine der vordersten Bänke und erwartete meinen Bräutigam.
Ohne Teilnahme, ohne Andacht und ohne Bewegung saß ich da und blickte stumpf auf den riesigen Kronleuchter vor dem Tabernakel. Die rote Ampel ließ kaum das kleine Lichtlein durchscheinen, und der weite, schmiedeeiserne Reif darum bewegte sich leise hin und her.
Wenige Augenblicke vor Beginn der Messe, als eben der Kirchendiener die Kerzen des Altars entzündete, kam der Benno. Leise trat er in meinen Stuhl und begrüßte mich flüsternd. Dann kniete er sich nieder, zog ein Andachtsbüchlein aus der Tasche und schien recht gesammelt und

ehrfurchtsvoll zu beten. Ich aber versuchte vergebens, ein Vaterunser zu vollenden; schon bei der dritten oder vierten Bitte war ich mit meinen Gedanken wieder in der Welt und in der Zukunft. Erst als der Ministrant bei der Wandlung mit seinem silbernen Glöcklein zur Anbetung des menschgewordenen Gottes mahnte, konnte ich der frommen Handlung folgen und empfing andachtsvoll das Sakrament des Lebens.

Nach der Kirche gingen wir zusammen bis zu unserm Haus und trennten uns mit gemessenem Gruß.

Unsere Fanny, meines Vaters jüngste Stiefschwester, die seit einem halben Jahr im Hause war und schon etliche Wochen hindurch hatte lernen müssen, all die Arbeiten zu tun, welche sonst ich zu verrichten hatte, war inzwischen schon mit dem Kaffeekochen fertig, und ich trank schnell meine Tasse. Dann ging ich ins Bad und begann danach in meinem Zimmer mich mit der feinen Wäsche zu bekleiden, die mir die Haslermutter zur Brautgabe gesandt hatte; denn es war bei uns der Brauch, daß die Braut für den Bräutigam und wiederum er für die Braut jenes Hemd anschaffte, das den Körper am Tag der Vermählung bekleidet. Nach der Hochzeit wird es dann gewaschen und aufgehoben bis zum Tod, wo es noch einmal die Glieder kleiden soll. Es waren recht ernste Gedanken, die mich dabei bewegten, und ich besah mich nachdenklich im Spiegel, nachdem ich das kostbare Linnenhemd angetan hatte. Doch gewann bald meine muntere Natur die Oberhand, und als ich meine Füße in die weißen, seidenen Strümpfe hüllte und in die feinen Stiefelchen aus weißem Leder schlüpfte, kam es mir plötzlich in den Sinn, zu versuchen, ob ich in diesem Schuhwerk auch gut tanzen könne. Und ich stand auf und begann erst allerhand Schritte zu machen, und dann tanzte ich auf dem weichen Teppich und summte dazu die Donauwellen.

Da ging die Tür auf, und die Mutter und der Vater kamen herein. Erstaunt sahen sie mich an, und der Vater meinte: »Schau, schau, wie 's Bräutl scho munter is! Denkst leicht, wenn ma in Ehstand einitanzt, na hat ma mehra Glück? Da paß nur auf, daß dir koan Fuaß vodrahst, sunst is vobei mit der Freud!«

Nach diesen Worten ging er hinab ins Geschäft. Die Mutter aber befahl mir kurz: »Ziag den Schlafrock o, den i auf mei Bett g'legt hab, na gehst nüber zum Teuerl und laßt di frisiern!«

Ich ging, nachdem ich den feinen, dunkelroten Schlafrock angezogen und der Mutter dafür gedankt hatte.

Das Frisieren dauerte über eine Stunde, da der Fritzl, der kleine Sohn des Friseurs, das Brenneisen erwischt und verräumt hatte, so daß über dem Suchen beinahe eine halbe Stunde verrann.

Endlich trat ich fein gelockt und gescheitelt aus dem Laden und lief geschwind heim; denn es schlug eben neun Uhr, und um halb zehn Uhr war schon das Frühstück angesagt.

Als ich wieder in mein Zimmer kam, fragte die Mutter, ob ich das Brautgewand gleich mitgebracht hätte. Da fiel mir erst ein, daß die Schneiderin versprochen hatte, um sieben Uhr schon da zu sein. Ich lief daher schnell ins Nachbarhaus zu ihr und fragte, warum sie denn nicht käme. Sie war recht krank geworden und konnte sich kaum aufrecht halten, ihre Gehilfin aber war nicht gekommen. Inständig bat ich sie, sie möge doch versuchen, mitzukommen, da ich ja sonst nicht heiraten könne. Da zog sie sich doch an, packte das Kleid und die Nadelbüchse zusammen und ging mit. Nun sperrte die Mutter ihren Salon auf, und ich wurde vor dem großen Spiegel angekleidet und mit Kranz und Schleier geschmückt.

Als sie fertig war, ging die Nähterin wieder nach Hause

und bat, man möge ihr das herkömmliche Mahl hinaufschicken.
Nun stand ich also bräutlich angetan da, und ein feierliches Gefühl überkam mich.
Da trat die Mutter zu mir, besah mich lange, und es kam wieder etwas Böses in ihren Blick, das ich schon kannte und fürchtete. Eine große Angst befiel mich, und ich war unfähig, mich zu rühren, noch zu reden, als sie begann: »Also, heunt bist erlöst vo mir; werd dir net gar z'wider sei, dös! Jatz kannst dein Mo ärgern, wie'st bis heunt mi g'ärgert hast!«
Ich konnte kein Wort erwidern und sie fuhr fort: »I wollt dir z'erscht hundert Mark Taschengeld gebn, aber i tua's net. Leicht kannt's eahm gar net recht sei, an Hasler! Aber den Frauntaler gib i dir; den kannst dir aufhebn, bis d'amal nix z'fressn mehr hast. Und mein Wunsch will i dir aa no sagn: Du sollst koa glückliche Stund habn, so lang'st dem Menschn g'hörst, und jede guate Stund sollst mit zehn bittere büaßn müaßn. Und froh sollst sei, wannst wieder hoam kannst; aber rei kimmst mir nimma. Jatz woaßt es!«
Ich war während dieser grausigen Worte wie unter Peitschenhieben zusammengezuckt; ein unsagbar elendes Gefühl überkam mich, und dann fiel ich ohne Besinnung zu Boden.
Als ich wieder zu mir kam, fand ich mich auf einem der bequemen Polsterstühle, und um mich standen zitternd die alte Haslerin und ihre Schwester Hanne, der alte Hasler, die zwei Beiständer oder Trauzeugen und die Kranzljungfern. Meine Mutter bemühte sich schluchzend und jammernd um mich und reichte mir mit den Worten: »Geh, trink a bißl, arms Kind!« ein Gläschen Wein. Willenlos ließ ich es geschehen, daß man es mir eingab, obschon ich das Gefühl hatte: Jetzt vergiftet sie dich. Doch war es nicht

so, und ich bekam in den nächsten Minuten immer mehr die Empfindung, daß ich das Furchtbare zuvor nur geträumt; denn die Mutter war so voll Schmerz über mein Scheiden und schien in Tränen aufgelöst. Sie zog mich an sich und rief: »Viel Glück, mei liabs Kind! Jatz gehst halt und laßt mi alloa! Bleib mir g'sund und vergiß mi net!«
Dann schritt sie gerührt von einem zum andern, gratulierte, klagte und weinte, wie es gerade paßte, bis die Kellnerin meldete, daß der Bräutigam warte.
Da stand ich auf, und die Haslermutter trat zu mir, küßte mich und sagte: »I wünsch dir Glück! Sei mei guats Töchterl!« Und ganz langsam rollte eine Träne über das runzlige Gesicht. Dann beglückwünschte mich eins nach dem andern, die Kranzljungfern faßten die Schleppe meines Kleides, die Mutter legte mir eine kostbare, alte Goldkette um den Hals, die Haslerin steckte mir einen feinen Opalring an die Hand und große Opale in die Ohren; der Haslervater gab mir seinen Arm, und nun ging's mit großer Feierlichkeit hinab in die festlich geschmückte Gaststube.
Mein Hochzeiter stand schon mit dem prächtigen Brautbukett da und begrüßte mich mit einem Handkuß. Er gefiel mir in dem festlichen Gewand recht wohl, und ich empfand ganz plötzlich ein großes Verlangen, ihm um den Hals zu fallen und ihn zu küssen, doch die vielen Menschen, die uns von allen Seiten umgaben, ließen mich davon abstehen.
Nun setzten wir uns zum Frückstück; es wurden Bratwürste auf großen Porzellanplatten herumgereicht, und man trank Märzenbier dazu. Während des Essens trat auch mein Vater herzu und gratulierte uns und übergab mir einen schönen Ring, daß ich ihn meinem Bräutigam anstecke. Und indes derselbe von allen Seiten beschaut und bewundert wurde, kam die Mutter und sagte: »Lieber Benno und Leni! I kann leider net mitfahrn in d'Kirch;

denn i hab koa Aushilf kriagt zum Kochen. Und d'Hauptsach is ja do a guats Mahl nach dem Schreckn, net wahr!«
Und mit freundlichem Lächeln ging sie wieder hinaus in die Küche.
Die Haslerischen waren über diese Mitteilung gar nicht erfreut und konnten es nicht begreifen, daß wir nicht mehr darauf gedrungen hatten, die Mutter solle mitkommen. »Denn«, meinte die Frau Hasler, »wann dö eigene Muatter net mitgeht in d'Kirch und für ihra Kind bet, na is mit'n Ehglück net weit her.«
Und sie ging hinaus und bat die Mutter dringend, doch mitzukommen.
Ich ließ sie gewähren, obwohl ich schon wußte, daß all ihr Bemühen vergeblich sei.
So war es auch. Die Haslerin kam bald mit hochrotem Kopf wieder herein, nickte etliche Male für sich wie zur Bestätigung und murmelte unverständliche Worte.
Da kam der Brettlhupfer, jener dienstbeflissene Mann, der den Wagenschlag öffnet, ein jedes aus der Gesellschaft in den bestimmten Wagen bringt, acht hat, daß kein Zylinderhut verdrückt, kein Kleid beschädigt und keine Schleppe in die Wagentür eingezwickt wird; der mit viel Grazie und wohlgesetzten Worten die Braut leitet und einem jeglichen sein Amt weist und sowohl am Standesamt als in der Kirche für die gute Ordnung sorgt. Er war in schwarzer Wichs, seine Lackschuhe und sein Zylinder glänzten, und Handschuhe und Halsbinde schimmerten in reinstem Weiß. Mit der Haltung eines Kavaliers stand er an der geöffneten Tür und sagte: »Verehrte Herrschaften, d'Wägn wärn da! Darf ich bitten?«
Und er nahm zuerst die Kranzljungfern vor und geleitete sie zu einem Wagen; dann kamen die Beiständer und mein ältester Bruder, hierauf die Schwester der alten Haslerin und meine Firmpatin, die Nanni, sowie die beiden Stief-

schwestern meines Vaters. In dem vierten Wagen saß der Bräutigam und sein Vater, und im fünften endlich nahmen ich und die Haslermutter Platz.

Während der kurzen Fahrt zum Standesamt redeten wir nichts. Als wir vorfuhren, hatte sich eine kleine Menge Neugieriger sowie eine Horde Kinder angesammelt, und während der Brettlhupfer sich eifrig umtat, uns die bei einer solchen Gelegenheit übliche Ordnung zu geben, konnte man aus dem Spalier der Gaffenden allerlei Bemerkungen hören: »Ah, der Breitigam is sauber!« rief eine junge Köchin, die mit aufgestülpten Ärmeln dastand. »Wia nur der dö Molln mag, dö aschblonde!«

»Dö werd scho a Geld g'habt habn!« erwiderte eine ältere Frau, an deren schmutzigem Kittel zwei noch schmutzigere Kinder hingen.

In dem Augenblick humpelte ein altes Weiblein auf seinem Krückstock daher und hielt seine verkrüppelte Hand hin: »Gott g'segn an Ehestand, schöne Braut! Derft i bittn um a freundliche Gab!«

Ich hatte nichts, was ich ihr geben konnte, da ich ja kein Geld besaß. Die alte Haslerin schimpfte über die Frechheit des alten Mütterleins und prophezeite mir großes Unglück durch diese Begegnung. Mein Hochzeiter aber griff in die Tasche und langte ein neues Markstück heraus, das er der Alten mit den Worten gab: »Aber nix Schlechts derfan S' uns wünschen, Muatterl, verstandn!«

»I, wia wer i denn so gottvergessn sei!« schmunzelte das Weiblein und humpelte davon.

Und während sich die Umstehenden über den Zwischenfall unterhielten, begaben wir uns in den im ersten Stockwerk gelegenen Vorsaal des Standesamts.

Der Brettlhupfer flüsterte aufgeregt mit den Trauzeugen, gab den Verwandten Weisung, wo sie sich hinzustellen hatten, und ermahnte dann die Kranzljungfern noch, beim

Aus- und Eingehen recht achtzugeben, daß sie nicht zu stark an der Schleppe zögen: »Net, daß uns d'Braut z'letzt hi'fallt!« Mit einem Male taten sich vor uns zwei Flügeltüren auf, und wir gingen in schöner Ordnung in den Traungssaal. Voran der Bräutigam und ich an seinem Arm. Dahinter die trippelnden Kranzljungfern, dann die Trauzeugen, die mit langen Schritten rechts und links von uns Platz nahmen, und darauf kamen die andern; doch sah ich sie nicht mehr, da mich nun die Handlung ganz in Anspruch nahm.

Der Brettlhupfer hatte dem Diener des Standesbeamten das Schächtelchen mit den Trauringen übergeben, und der legte diese nun auf eine schöne, silberne Platte, worauf der Standesbeamte unsere Namen verlas und eine sehr weihevolle Ansprache über die soziale Wichtigkeit der Ehe, über ihre Wirksamkeit sowie über die Pflichten und Verantwortungen der Eheleute hielt. Danach kamen die Trauzeugen daran, und es wurde ihnen auch eine kleine Rede gehalten, worauf die eigentliche Trauung vor sich ging. Wir erhielten die Ringe, steckten sie uns gegenseitig an die Rechte und beantworteten die feierlichen Fragen des Beamten mit kräftigem Ja. Dann wurde noch etliches gesprochen, was mir aber nicht mehr erinnerlich ist, da ich mit einem Male so erregt war, daß ich weder hörte noch sah und nur mechanisch am Arm meines vor der Welt nun mir angetrauten Gatten zum Wagen ging.

Diesmal war die Ordnung eine andere; denn ich saß neben dem Benno, und wir fuhren nun zum Photographen. Die andern Wägen hatten uns zwar begleitet, doch stieg niemand aus und fuhren sie, indes wir uns da aufhielten, spazieren. Der Brettlhupfer aber war bei uns geblieben und half mir nun mit viel Anmut aus dem Wagen, hielt mir die Schleppe und trug sie mir bis zum Empfangssalon des Photographen. Wir waren schon gemeldet und kamen daher sofort daran, obwohl noch mehrere Leute warteten.

Während des Photographierens hatte der Benno eine kleine Auseinandersetzung mit dem Meister; denn als er seinen Arm um meine Schulter legte, sich fest an mich schmiegte und mit seligem Gesicht meinte: »Jatz standn ma ganz schö, net wahr?«, da zog ihm der Photograph wortlos den Arm wieder herab, schob uns auseinander und sagte: »Net so stürmisch, Herr Hasler, net so stürmisch! Dös kommt später!«

Der Benno war darüber so gekränkt, daß er ein ganz rotes Gesicht bekam und so ernst und geknickt dreinsah, daß die Verwandten, als sie nach etlichen Wochen die Bilder sahen, sich darüber lustig machten und meinten: »Aber Benno! Du schaugst ja auf dem Bildl aus, als obst zum Köpfa ganga warst, statt zum Heiratn!«

Als die Aufnahme gemacht war, kam wieder der Brettlhupfer und geleitete uns hinaus; doch zu meinem Staunen kam ich nun wieder in den Wagen meiner Schwiegermutter, während der Benno zu seinem Vater hineinstieg. Auf meine Frage, warum dies geschehen sei, sagte mir die Frau Hasler, daß ich vor Gott noch nicht Bennos Frau sei, deshalb dürfe ich auch noch nicht mit ihm zusammen fahren. Ich war es zufrieden und blieb während der übrigen Fahrt wieder schweigend.

Das hohe Portal unserer Pfarrkirche stand weit offen, und feierliches Orgelspiel empfing uns beim Eintritt in das Gotteshaus. Voran gingen die Verwandten, dann die Trauzeugen und zuletzt wir und die Brautjungfern.

Nur wenige Leute waren anwesend, und ich sah mich ein wenig um, ob nicht ein Bekanntes darunter wäre. Da sehe ich plötzlich hinter einem der mächtigen Pfeiler das verzerrte Gesicht meiner Mutter auftauchen; sie stand da ohne Hut, im Wirtschaftsgewand und in der weißen Schürze, nur ein leichtes Tuch um die Schultern gelegt und starrte mit glühenden Augen auf den Zug. Und wie sie mich erblickte, da streckte sie den Kopf weit vor. Ich konnte nicht mehr hinsehen und hing mich fest an den Arm meines Bräutigams, und es bemächtigte sich meiner eine solche Bewegung, daß ich ohne alle Fassung zu schluchzen begann und nicht aufhörte während der Trauung und der feierlichen Messe.

Die Verwandten hatten in den Chorstühlen neben dem Hochaltar Platz genommen; mein Bräutigam und ich knieten uns auf einen rotsammetenen Betstuhl, der vor dem Altar stand, während die Trauzeugen sich rechts und links von uns aufstellten.

Da trat der Pfarrer im reichen Chorhemd, angetan mit der weißen Stola, aus der Sakristei, und es begann die heilige Handlung. Nach einer ernsten Ansprache legte er dem Bräutigam die Frage vor: »Herr Benno Hasler, wollen Sie sich mit der Jungfrau Magdalena Christ in den heiligen Stand der Ehe begeben und darin verbleiben, bis der Tod Sie scheidet, so sprechen Sie ‚ja'.«

Mit lautem, bestimmtem »Ja« antwortete mein Verlobter, und nun kam die Frage an mich. Kaum vernehmlich und in Schluchzen fast erstickt war meine Antwort.

Nach dieser Ablegung des Ehegelübdes faßte der Priester unsere Hände, legte sie zusammen, wickelte seine Stola darum und machte unter weihevollen Gebetsformeln das Zeichen des heiligen Kreuzes darüber. Danach besprengte er uns mit Weihwasser und betete mit lauter Stimme, worauf er die Trauringe weihte. Unter abermaligen feierlichen Gebeten reichte er uns sodann dieselben, und wir steckten uns diese Symbole der unverbrüchlichen Treue und unwandelbarer Freundschaftsliebe an, worauf wir mit dem Priester das Paternoster beteten.

Damit war die eigentliche Trauung beendet, und der Pfarrer trat wieder in die Sakristei, um sich zur Messe zu bereiten.

Während derselben versuchte ich immer wieder meiner Bewegung Herr zu werden, doch gelang es mir nicht, und als unter der Kommunion des Priesters das Schubertsche Ave Maria ertönte, konnte ich mich nicht mehr fassen und weinte laut auf. Da flüsterte mir mein Bräutigam zornig zu: »Hör do auf mit dem Getrenz! Hättst ja grad naa sagn brauchn, wenn's di so reut!«

Das brachte mich plötzlich wieder zu mir, und ich wurde still, und das Gefühl einer kühlen Gleichgültigkeit kam über mich und verließ mich den ganzen Tag nicht mehr.

Nach dem Meßopfer sang der Chor das Tedeum, und der Priester erteilte uns mit aller Feierlichkeit den Brautsegen. Dies war eine große Ehre; denn derselbe wird sonst nur bei ganz großen, festlichen Hochzeiten gespendet.

Als wir uns zum Gehen ordneten und über die Stufen des Hochaltars hinabschritten, sah ich, daß inzwischen eine große Menge Bekannter und auch andere Neugierige gekommen waren; meine Mutter aber konnte ich nicht mehr erblicken. Sie war wohl schon früher nach Hause geeilt, um für das Mahl zu sorgen. Beim Wegfahren von der Kirche durften ich und mein Bräutigam in der eigentlichen Brautchaise Platz nehmen, und half er mir mit großer Ritterlichkeit beim Einsteigen. Er schlang auch gleich seinen Arm um mich und küßte mich wiederholt und fragte mit zärtlicher Stimme: »Kimmt's dir net hart o, daß d'furt muaßt vo dahoam und mit mir geh?«

Ich antwortete mechanisch: »Naa.«

Da drückte er mich fest an sich und bat mich, ihn doch anzusehen: »Geh, schau mi halt a kloans bißl o und gib mir halt a Busserl!«

Auch das tat ich, doch ohne Wärme, ohne Leben, so daß dem Benno ganz angst wurde und er fragte: »Bist leicht krank, daß d' so stad und wunderli bist? Warum redst denn nix?«

Ich blickte durch das Wagenfenster und sagte nur: »I bin net aufglegt!«
Da meinte er, ich hätte vielleicht Hunger, und schmeichelte: »Hast halt no nix G'scheits z'essn g'habt, gel! Aber jatz wer'n ma glei g'holfn habn, wart nur, Weiberl! Jatz tuast amal z'erscht was essn, na trinkst a paar Glaserl Wei, und na werst sehgn, wia dir da d'Fröhlichkeit und d'Liab kimmt!«
Ich gab ihm nur ein halblautes »Hm hm« zur Antwort und lehnte mich mit geschlossenen Augen in meinen Sitz zurück. Der Benno aber glaubte, ich wollte mich an ihn schmiegen, und drückte mich stürmisch an sich.
Da hielt der Wagen. Wir waren bei den Eltern, und der Brettlhupfer stand schon mit den Kranzljungfern am Wagenschlag.
Beim Aussteigen sah ich, daß es leicht zu schneien begonnen hatte, was etliche von den vielen Neugierigen, die Spalier standen, zu dem Ausruf veranlaßte: »So viel Schnee und Regen, so viel Glück und Segen! Natürli, dö Großkopfatn habn allweil no's meiste Glück aa, an Goldhaufa habn s' ja a so scho!«
Die Kinder der Nachbarschaft drängten sich um mich und schrien: »Schenkn S' uns was, Frau Leni! Bitt schö, schenkn S' uns was!«
Da schickte ich eine der Kranzljungfern hinein zum Vater und ließ mir für drei Mark Zehnerln geben, die ich dann unter die Kleinen verteilte.
Inzwischen war die Festmusik, für die der alte Knoflinger, seines Zeichens ein Schuhmacher, mit noch sieben Genossen sorgte, vor die Tür getreten und empfing uns mit dreimaligem Tusch, und unter den festlichen Klängen des Pariser Einzugsmarsches zogen wir in die Gaststube ein.
Voran ging Meister Knoflinger mit der Geige und hinter ihm sein fünfzehnjähriger Sohn Eusebius, der die zweite

spielte. Ihnen folgten zwei Flöten und zwei Klarinetten, darauf der weißköpfige Hundshändler Schniepp mit weithinschallendem Bandoneonspiel, und den Schluß bildete der alte, bucklige Baßgeigenmichel, ein gewesener Kaminkehrer.

So zogen wir hinein und nahmen an der schön gezierten Tafel Platz. Mit allen Geladenen waren unser siebenundzwanzig an derselben zum Mahl. Auch andere Gäste waren so viel erschienen, daß die Stube sie kaum fassen konnte, und immer kamen noch neue hinzu und wollten Platz haben.

Während des Essens spielte die Musik lauter feierliche, vaterländische Weisen; doch als der letzte Gang verzehrt war und nur noch einzelne Tellerchen mit Kuchen auf dem Tische standen, da vertauschten die beiden Flötisten ihre zarttönenden Instrumente mit ein paar Trompeten, und der Baßgeigenmichel holte einen blanken Bombardon aus dem schwarzen Ledersack, und nicht lange darauf ertönte ein zünftiger Landler.

Das war das Zeichen zum Beginn des Tanzes, und als gleich darauf ein Ziehrerscher Walzer erklang, stand der Hochzeiter auf und tanzte mit mir ein paarmal auf dem winzigen Flecklein, das ausgeräumt und mit geschabten Kerzen bestreut worden war. Wir tanzten nicht gut zusammen, da der Benno in seinen neuen Stiefeln auf dem Wachs immer rutschte und weil, wie er zu seiner Entschuldigung sagte, ihm die Landler besser ins Geblüt gingen wie die schleifenden Walzer.

Indessen kamen immer noch mehr Leute herbei, und schon füllte sich die Schenke und die Küche mit Gästen, worüber die Eltern nicht gar erfreut waren, da sie sich so kaum umdrehen konnten vor Arbeit. Und als am Abend die Handwerks- und Geschäftsleute Feierabend hatten, kamen sie auch noch und wollten dabei sein.

Da bat ich den Vater, er möge auf den Tanzplatz etliche kleine Tische stellen, daß sich die Gäste setzen könnten; wir hätten nun genug getanzt. Er war sehr froh darüber, und bald waren auch die drei Tische, die er nebst fünfzehn Stühlen herbeischaffen ließ, voll besetzt.

Als es nun mit dem Tanzen aus war, begannen alle die, welche Geschenke gebracht hatten, ihre Reden, Widmungen und Glückwünsche.

Da kam zuerst der Vorstand der Tischgesellschaft Eichenlaub: Er sagte viel schöne Worte und überreichte uns einen großen, gerahmten Stahlstich »Andreas Hofers letzter Gang«. Darauf folgte eine launige Ansprache des Vorstandes der Arbeitsscheuen, und er ließ eine reiche Waschgarnitur hereinbringen. Ich nahm sie dankend in Empfang und wollte sie zu dem Bild auf das breite Fensterbrett stellen; da sah ich, daß überall, in der Waschschüssel sowohl als auch im Krug und Nachtgeschirr Spiegel angebracht waren, was mich in nicht geringe Verlegenheit setzte. Ein kleines Mägdlein, als Rotkäppchen gekleidet, entriß mich daraus und sagte sein Verslein mit viel Pathos und lebhafter Bewegung der Arme. Und zum Schluß reichte es mir sein Körblein, dem der neugierige Hochzeiter zur großen Belustigung der Anwesenden eine Säuglingsflasche und allerlei Wickelzeug, mit blauen Bändlein verziert, entnahm. Ganz unten lag ein silbernes Schepperl mit einem Zettelchen daran: Für unsern Liebling. Rasch entriß ich ihm die Dinge und warf sie wieder in das Körblein, während es ringsum launige und anzügliche Bemerkungen regnete.

Da erhob sich ein Bräumeister der Löwenbrauerei, von der die Eltern das Bier hatten, beglückwünschte uns in einer kurzen, stotternden Ansprache und überreichte uns im Auftrage der Brauerei einen großen Lederkasten mit feinem Silberzeug.

Ihm folgten noch viele, und es war schon zehn Uhr, als das

Schenken ein Ende nahm, und die Musiker waren froh, endlich mit ihrem Tusch- und Hochblasen fertig zu sein, und mit viel Behagen verzehrten sie das Freimahl, das ihnen gespendet worden. Mein Schwiegervater hatte ein Schwein und ein Kalb gestiftet, das als Braten, Suppe und Ragout an die Arbeiter unserer Fabriken sowie an die Musiker verteilt wurde. Mein Vater schenkte ihnen dazu einen Hektoliter Bier, und so gab es an diesem Tag viel Lust und Freud und manchen Dank und warmen Glückwunsch.

Gegen halb elf Uhr wurde ich in die Küche gerufen, und als ich hinaus kam, stand ein Bruder meines Schwiegervaters, der Jörg Hasler, welcher eigens zur Hochzeit von Augsburg hergefahren war, da und bedeutete mir, es sei nun Zeit, daß ich entführt werde. Die Mutter meinte, er solle mich zu meinem Onkel, der etliche Straßen weiter eine gute Wirtschaft habe, führen, sie lasse gleich einen Wagen holen.

Fast auf allen bürgerlichen, altbayerischen Hochzeiten herrscht noch die Sitte des Brautausführens: Der Hochzeiter soll gut achthaben auf seine Braut. Wird sie ihm dennoch von ihren Freunden entführt, so muß er mit seinen Freunden sie suchen gehen und zur Strafe für seine Unachtsamkeit alles bezahlen, was die andern mit der Braut inzwischen verzehrt haben.

Also fuhren wir fort, und meine Verwandten, vor allem der Onkel, hatten große Freude, als wir kamen. Der Vetter Hasler bestellte sofort Champagner, und wir waren sehr lustig; denn die Frau Bas spielte recht gut auf der Zither, während der Onkel sie auf der Gitarre begleitete. Da nur wenige Gäste in der Wirtsstube waren, gab es viel Platz, und die Dienstboten räumten Stühle und Tische beiseite, damit wir, wenn man sich gefunden hätte, gut tanzen könnten. Auch streuten sie Federweiß auf den Boden und tanzten etliche Male, damit er glatt wurde.

Mit einem Male ertönte draußen auf der Straße lautes Juchzen und Musik, und herein kam der Bräutigam, die Beiständer, die Kranzljungfern und viele der Gäste, und es begann nun ein ausgelassenes Treiben, während der Bräutigam mich mit hellem Juchschrei begrüßte und mit mir tanzte. Wir blieben noch etwa eine Stunde dort und machten uns dann wieder auf den Weg zu den Eltern. Der Onkel sperrte seine Wirtschaft zu und begleitete uns mit allen seinen Leuten und blieb bis zum Morgen auf der Hochzeit.

Inzwischen waren immer noch mehr Gäste gekommen und der Andrang so groß geworden, daß die Leute in dem großen Hausgang Tische und Stühle aufstellten und etliche sogar auf der Stiege sich niederließen. Es war fürchterlich heiß und ein solcher Lärm im Lokal, daß ich es kaum mehr aushielt. Ich trank in der Hitze viel Champagner und nickte nur mechanisch denen zu, die kamen, mich zu begrüßen und zu beglückwünschen. Dabei ward mir immer elender zumut, und mit einem Male drehte sich alles vor meinen Augen, und ich fiel unter den Stuhl. Man brachte mich hinaus in den Hof, wo ich alles, was man mir zu Hilfe reichen wollte, von mir warf: ein Glas mit Magenbitter, eine Tasse voll schwarzen Kaffees und ein Stück Zucker mit Hoffmannstropfen. Dann entledigte ich mich noch alles dessen, was meinem Magen zu viel schien, und verlangte schließlich unter furchtbarem Weinen ins Bett.

Also führte meine Schwiegermutter mich wieder in die Gaststube und sagte meinem Gatten, der mit großem Rausch und starker Rührung dasaß und tränenden Auges auf das horchte, was sein Vater ihm eben mit viel Eifer erzählte, daß ich nach Hause möchte.

»Ja, Herrgott i bin ja verheirat!« rief der Benno da aus. »Was, hoam möcht mei Weiberl? Geh, Muatter, führ's derweil naus in d'Küch, daß ihr d'Zirngiblmuatta was Warms oziagt. I laß derweil an Wagn holn.«

Ich packte nun meine Hochzeitsgeschenke alle auf einen Haufen zusammen und deckte etliche Tischtücher darüber. Dann nahm ich alle Blumen, die man mir am Morgen gegeben hatte, und sagte den Verwandten und Bekannten Dank für ihr Kommen und verabschiedete mich von allen.
Als ich nun gehen wollte, erhob sich ein furchtbarer Lärm, und man wollte mich mit Gewalt zurückhalten, doch machte ich ein so jämmerliches Gesicht, daß die Gäste glaubten, ich sei ernstlich krank, und sie ließen mich ziehen.
Mein Gatte war, noch ehe jemand etwas ahnte, fortgegangen und holte selbst einen Wagen; denn nicht weit von unserer Wirtschaft pflegten immer etliche Fiaker zu stehen.
Meine Mutter war den ganzen Tag keinen Augenblick zur Ruhe gekommen, doch schien sie heiter und guter Laune zu sein, und als ich nun Gute Nacht und Pfüat Gott sagte, erwiderte sie lachend: »So, gehst scho! I wünsch dir halt an guatn Ei'stand und a g'ruhsame Nacht! Feier dein goldnen Tag recht schö und laß di bald wieder sehgn!«
Ich dankte ihr nochmals, und auf einmal überkam mich eine große Sehnsucht nach ihrer Liebe; ich fiel ihr um den Hals, drückte meinen Kopf an ihre Brust und weinte. Da zog sie langsam meine Arme von ihrem Hals, schob mich sanft von sich und sagte: »Geh, sei do g'scheit, Leni! Du machst ja dei ganz Gwand voll Fettn! Jatz brauchst do nimma nach mir z'jammern, hast do an Mann!«
Die Frau Hasler war gerührt dabei gestanden, als sie aber sah, daß meine Mutter mich weggeschoben hatte, faßte sie plötzlich meinen Arm, zog mich an sich und sagte: »Hast scho no a Muatter aa, Leni; und wenn was is, komm nur zu mir. Dei Muatter hat so allweil so viel z'tuan!«
Meine Mutter merkte den Hieb gar nicht und meinte, zu mir gewendet: »Sigst, wia's dei Schwiegermuatta guat mit dir moant! Da war manche froh, wenn s' so oane dawischn tät!«

Derweilen kam der Benno mit dem Wagen, und nach nochmaligem, umständlichem Abschied von meinen Eltern, besonders von meinem Stiefvater, der mir noch ein Goldstück zusteckte und mir viel Glück wünschte, fuhren wir drei fort.

In unserer Wohnung angekommen, gab es sogleich eine kleine Auseinandersetzung der Frau Hasler mit ihrem Sohn; denn während er alle Lichter anzündete, die er fand, schürte sie rasch den Ofen des Wohnzimmers an und begann dann, mir den Schleier und Kranz abzunehmen. Sie war fast damit fertig und ich mittlerweile auf dem Stuhl beinah eingeschlafen, während sie mit halblauter Stimme mir allerhand freundliche, gütige Worte sagte, als mein Mann dazukam und rief: »Was fallt dir denn ei, Muatta! Dös is mei Arbat, mei Frau ausz'ziagn!«

»Schrei net so grob, du Wüaster! Dei alte Muatta werd wohl so viel Ehr wert sei, daß s' ihrana Schwiegertochter beim Ausziagn helfn derf!«

»Naa, sag i, dös leid i net!« schrie da der Benno und entriß ihr den Brautkranz, den sie mir eben vom Kopf genommen hatte. »I ziag mei Frau scho selber aus, und überhaupts hast du jatz nix mehr z' tuan da herobn; i brauch di nimma!«

Da begann die alte Frau bitter zu weinen über die Grobheit ihres Sohnes und sank fassungslos auf einen Sessel. Ich empfand tiefes Mitleid mit ihr und nahm ihren Kopf in meine Hände und sagte: »Sei do stad, Muatterl! Der Benno moant's net a so; der hat halt heunt an Rausch!«

Aber sie war nicht zu trösten: »Wie werd's dir geh, arms Kind, bei dem Rüapel!« rief sie aus und sprang dann plötzlich auf und stellte sich mit funkelnden Augen vor meinen Gatten: »Dös sag i dir: daß d' ma s' schonst, dei Frau; sonst, bei Gott, is g'fehlt, wannst es machst wia . . .!«

Mitten im Satz brach sie ab und trat zur Seite, doch hatte

das Ganze einen tiefen Eindruck auf mich gemacht, und ich ging nochmals zu ihr hin und sagte: »Muatterl, reg di net auf! Mach mir mein Rock auf, und nachher tuast schlaffa geh. I komm morgn früah scho nunter zu dir, gel!« Dann gab ich ihr noch einen Kuß, und nachdem sie mir das Kleid geöffnet hatte, ging sie, ohne dem Benno noch eine gute Nacht zu wünschen.

Ich zog mich schnell vollends aus und schlüpfte, während mein Mann überall herumlief und sich an unserm Eigentum erfreute, ins Bett.

Und ich war schon eingeschlafen, als er kam, und am andern Morgen, als ich aufstand, war ich nicht mehr das frische, sorglose Mädchen, und der Spiegel zeigte mir ein müdes, fremdes Gesicht.

So hatte ich denn den ersten Schritt in das Leben getan, das mir noch so übel geraten sollte.

Den Tag nach der Hochzeit nennt man bei uns gemeiniglich den »goldenen«, wie überhaupt die erste Zeit der Ehe gar viel belobt und besungen wird. Ein jedes Mädchen kennt die Flitterwochen, und manche Braut träumt von der Zeit des Honigmonds.

So lebte auch ich in der Erwartung einer goldenen Zeit und hoffte von einem Tag zum andern auf den Beginn derselben; und als es inzwischen Weihnachten geworden war, da begann ich mich zu bedenken, warum nicht auch in meiner Ehe Flitterwochen gewesen waren. Und ich ging zu einer alten Frau, die für Geld den Leuten ihre Zukunft und ihr Schicksal aus Karten und Planeten prophezeite; doch als die mir weiter keine Erklärung gab, als daß ich immer noch im Honigmonde lebe, da wußte ich, daß auch diese Zeit ganz anders sei, als ich geglaubt; wie denn vieles in meinem Leben anders kam, als ich es erhofft.

Ich konnte nicht begreifen, warum man diese Wochen als

Flitterwochen besingt; ich sah nichts Herrliches und kein Glück darin, der nimmersatten Willkür und den schrankenlosen Wünschen des Gatten zu dienen, jeden Morgen mit umränderten Augen meinen müden Leib zu erheben und nicht einmal wenigstens die eine Befriedigung zu haben, sich Mutter zu fühlen.

So erkrankte denn mein Gemüt, und es währte nicht lange, da empfand ich tiefe Angst vor der Fortsetzung dieser Ehe, und die Zärtlichkeiten meines Mannes verursachten mir körperlichen Schmerz; dazu litt ich an quälendem Herzweh und hatte nur noch den einen brennenden Wunsch: ein Kind.

Dieses Verlangen allein bewog mich immer wieder, zu gehorchen, mich hinzugeben, zu leiden und zu schweigen.

Nun erst erkannte ich, daß es nicht die rechte Liebe war, die mich mit Benno verband. Wohl war ich ihm dankbar für das, was mir die erste Zeit hindurch als Leidenschaft und Liebe erschien. Dazu kam die Hoffnung, daß bald Stille auf den Sturm eintrete und mit der angenehmen Ruhe der Gemüter auch das Glück zu mir käme. Auch hatte ich viel religiöses Empfinden und hielt es mit den Gattenpflichten im Gefühl meiner erhabenen Berufung zur Mutterschaft genau.

Nun aber drang Zweifel um Zweifel an dieser Berufung auf mich ein, und ich begann mir einzureden, daß meine Heirat nicht von Gott gewollt und gesegnet sei. Und ich suchte durch ein frommes Leben den Himmel zu versöhnen und hielt neuntägige Andachten zur Mutter Gottes und verlobte mich zu unserer Lieben Frau von Birkenstein, wenn sie mir die Gnade erwirkte, daß ich Mutter würde.

Besonders am Feste Mariä Lichtmeß betete ich mit großer Andacht und empfing auch die Sakramente in der Meinung, daß Gott mir meinen Herzenswunsch erfülle.

Mein Vertrauen auf die Hilfe Gottes war um so größer,

als ich schon etliche Tage vor Lichtmeß infolge eines eingetretenen natürlichen Zustandes nach langem Bitten bei meinem Gatten erreicht hatte, daß er mir für kurze Zeit die Ruhe und Schonung gewährte, deren ich mich weder vordem noch nachher jemals erfreuen konnte.
Etliche Wochen später fühlte ich denn auch wirklich allerlei Anzeichen, die mir Gewißheit darüber boten, daß Gott mir meinen Wunsch erfüllt habe.
Von diesem Augenblick an begann ich meinen Gatten zu liebkosen und ihm alles zu gewähren. Ich kochte ihm seine Leibgerichte, fertigte ihm allerlei Dinge, von denen ich meinte, daß sie ihn freuen würden, und suchte auf alle Weise ihm unser Heim lieb und wert zu machen.
Er aber hatte es anders im Kopf und wollte nun alle Welt das zu erwartende Glück sehen und bereden lassen und empfand stets die größte Freude, wenn in Wirtshäusern und Bräukellern irgendein Geschäftsfreund oder Zechkumpan mit schamloser Deutlichkeit auf meinen Zustand hinwies. Herausfordernd stellte er mich mitten in den Kreis solcher Gesellen und hatte kein Ohr für meine lauten Bitten und Klagen.
Schon zu Zeiten meiner Kindheit und Jugend war mir das Wirtshauswesen oft zu einer schier unerträglichen Last geworden; darum war es nicht verwunderlich, daß ich jetzt, zumal in diesem mir wunderbar und fast heilig vorkommenden Zustande, viel lieber daheim in der gemütlichen Stube geblieben wäre, um in Stille und ruhiger Beschaulichkeit die Ankunft des Kindes vorzubereiten. Nun kam es aber fast täglich zu den gröbsten Auseinandersetzungen; denn der Benno fand seine größte Freude und liebste Unterhaltung bei Bier und Wein und wurde darin auch von seinen Eltern ehrlich unterstützt, die meinten, ein Ehemann müsse unter allen Umständen der Herr im Haus bleiben, was auch komme.

So war es Pfingsten geworden, und ich begann seit etlichen Tagen auf ein geheimnisvolles Etwas in mir zu horchen. Oft saß ich ganz still und hielt den Atem an, um es zu spüren und in innerster Seele zu hören.
Und eines Tages, es war um Johanni, vertraute ich es meinem Gatten an, indem Tränen der Freude mir in die Augen traten.
Da sprang er auf, riß mich in der Stube herum und rief: »Was sagst, Weibi, rührn tuat si der Bua scho! Ja, Herrgott, dös muaß aber g'feiert wer'n! Ziag di o, na führ i di in Löw'nbräukeller! Ja, Herrgott, wer'n dö schaugn am Stammtisch!«
»Geh, bleib do dahoam, Benno«, meinte ich und fuhr fort: »Schau, dahoam is so was vui schöner und g'müatlicher z'feiern! I hätt di so gern für mi alloa ghabt und geh gar net gern furt. Geh, bleib dahoam!«
Aber, wie immer, so kam es auch dieses Mal: Erst ging es ans Bitten, dann ans Streiten, und am End mußte ich, wenn ich nicht einer Mißhandlung gewärtig sein wollte, zu allem ja sagen, mich ankleiden und mitgehen.
Am Stammtisch saßen schon die Freunde: etliche Sergeanten des Regiments, bei dem der Benno gedient hatte, und die er sich durch manchen bezahlten Rausch wohl gewogen gemacht hatte; ferner ein paar Buchhalter seines Geschäfts und etliche Leute, von denen man nicht recht wußte, wovon sie lebten und wessen Geld sie verjubelten.
In diese Gemeinde nun schleppte mich mein Gatte und rief, als wir an den Tisch getreten waren: »Servus, meine Freund! Heunt leidt's an Rausch, heunt hat der Bua sein erschten Hupfa g'macht!«
Einer der Sergeanten hatte sich bei unserm Kommen erhoben und war zu uns getreten. Und während die andern nun in ihrer gewöhnlichen Art die Anrede meines Mannes belachten, faßte er mich mit der Linken an der Schulter;

mit der Rechten aber fuhr er über meinen Leib und meinte: »Schau, schau! Schö dick werd's scho, d'Haslerin! Hat's enk denn scho gar so pressiert, daß im erscht'n Jahr no d'Kindstaaf sei muaß?«
Ich stand wie mit Blut übergossen, und die Stimme versagte mir, dem frechen Schwätzer zu antworten. Tränen rannen mir über die Wangen, und ich bat den Benno um die Hausschlüssel, daß ich heim könne, da ich krank sei.
»So, so, krank is mei g'schmerzte Frau Gemahlin! Bleib nur schö da; dös werd scho wieder vergeh bei der Musi!«
Und fest drückte er mich auf einen Stuhl und begann dann eifrig zu schwatzen und zu trinken; und obschon etliche gemeint hatten, sie wollten mich nach Hause bringen, ließ er dies nicht geschehen, sondern sagte: »Dö soll dableibn! So vui muaß ma aushaltn könna! Was taten denn andere Weiber, dö wo arbatn müssn ums Tagloh'!«
Erst lange nach Mitternacht kamen wir heim, nachdem mein Mann mich noch in ein Kaffeehaus und danach zum Wein geführt und auch die andern dazu eingeladen hatte.
Von da ab unterwarf ich mich seinem Willen, ohne zu bitten, und hoffte, daß alles ein Ende hätte, wenn erst das Kind geboren wäre.
So kam der Herbst, und meine Zeit rückte immer näher. Meine Schwiegereltern waren zwar längst nicht mehr lieb zu mir, doch ließen sie es mir an nichts fehlen und fragten oft nach meinen Wünschen oder Gelüsten; denn sie hofften auf einen Buben, der dem Geschlecht der Haslerischen einmal Ehre machen würde.
Da war es einmal, daß ich in ihrer Wohnstube saß und an einem Kinderhemdlein nähte, während die Mutter eine alte Truhe mit buntem Kinderzeug durchwühlte und allerlei Jöpplein und Windeln daraus hervorzog und vor mich hinlegte. Ich aber blickte sehnsüchtig und verlangend nach dem Schreibtisch, wo eine Anzahl schöner Äpfel in eine

Reihe geordnet lagen; doch getraute ich mir nicht, von der Schwiegermutter einen zu erbitten, da sie schon dem Benno, als er einen nehmen wollte, mit strengen Worten sein Tun verwiesen hatte; denn sie war nicht freigebig.
Je länger ich nun hinsah, desto mehr gelüstete es mich nach einem der Äpfel, und endlich kam mir ein guter Gedanke. Ich stand auf und ging hinaus in das Holzlager zum Schwiegervater, der eben einen uralten Wiegenkorb mit himmelblauer Farbe strich.
»Vater!« rief ich.
»Was isch' denn?« antwortete er, ohne aufzusehen.
»I möcht was!«
»Was willsch' denn?«
»Was Runds.«
»Ja was! Eppe gar 'n Taler?« Und gespannt blickte er von seiner Arbeit auf mich.
»Naa, Vater, a Kugel is!«
»A Kugel? – a Kugel? – Mädla, sell ka i mir it denka! Da muaßt m'r scho helfa roata!«
Lachend nahm ich ihn bei der Hand und führte ihn hinein vor den Schreibtisch.
»Ja da schau her!« rief der Alte jetzt und nahm einen der Äpfel, »dias isch also die Kugel! Na die sollsch' haba!«
Schon wollte er mir den Apfel geben; da fiel ihm die Mutter in den Arm: »Was, grad von dö schönsten oan!«
Aber ungeachtet dieses Widerspruchs gab er mir ihn doch und meinte: »Laß dir'n nur guat schmecka! 's isch viel g'scheiter e g'schenkter großer, als e g'stohlener kloiner! Wia leicht könnt's Kindle 's Stehla lerna scho im Mutterleib!« Da gab sich die alte Frau zufrieden, und ich verzehrte den Apfel mit großem Behagen.
Etliche Tage später kaufte der Haslervater einen Korb voll Trauben und schenkte sie mir, indem er sagte: »Dia muaßt alle essa, daß d' e saubers Kindle kriagsch'!«

Der Oktober ging seinem Ende zu, und ich richtete alles her, dessen man zum Empfang eines Kindleins bedarf, und stellte die gemalte und von der Haslermutter mit geblumten Vorhängen geschmückte Wiege in die Schlafstube und rückte die Ehebetten auseinander.
Am Allerheiligentag schon in aller Früh ziehen die Soldaten unter klingendem Spiel in die Kirche, das Namensfest unseres Regenten zu feiern, und aus allen Fenstern fahren die Köpfe, und ein jedes freut sich der Musik.
Als damals in der Früh die Böller krachten und die Soldaten sich rüsteten zum Fest, da rief ich dem Benno, der noch schlief, aus meinem Bette zu: »Benno, geh hol ma d' Frau Notacker, i glaab, es werd was.«
Erschreckt fuhr mein Gatte aus dem Bett und in die Hosen; in der Eile aber brachte er das vordere Teil nach hinten, und ich mußte über den komischen Anblick trotz meiner Schmerzen herzlich lachen.
Unter vielen Ängsten, und nachdem er alles Erdenkliche angestellt hatte, seinen Hut verloren und sein Rad im Haus der Hebamme hatte stehen lassen, brachte er endlich die schon sehnlich Erwartete.
Geschäftig packte sie ihre große Tasche aus, bei welcher Arbeit ich ihr ängstlich zusah; denn ich konnte es immer noch nicht glauben, daß das Kind ohne jede Beihilfe von Messer oder Schere, ohne Leibaufschneiden hervorkommen könne.
Nachdem sie ihre Sachen geordnet und mein Bett zurechtgemacht hatte, sagte sie: »So, Herr Hasler, jatz lassn S' an etlichs Paar Bratwürscht holn und a Flaschn Rotwei; d' Frau Hasler braucht a Kraft!« Eilig lief der Benno, das Befohlene zu holen, und inzwischen kamen die Haslerischen und fragten, wie weit es noch wäre.
»A paar Stund no«, erwiderte die Hebamme und fügte lachend bei: »Was leidt's denn, wenn i an Bubn hol?«

»Sell kriagn ma na scho, Frauli!« antwortete der Vater, und die Mutter meinte: »D'Hauptsach is, daß alls guat geht, ebbas werd's scho sei!«
Um Mittag bemächtigte sich meiner eine große Unruhe, so daß ich aufstand und mich etwas ankleidete. Dann ging ich ans Fenster und sah hinab auf die vielen Menschen, die zur Parade gingen. Deutlich hörte ich das Wirbeln der Trommeln und hoffte, das Militär bei uns vorbeiziehen zu sehen, weshalb ich das Fenster öffnete, während mein Gatte sich lebhaft mit der Frau Notacker unterhielt.
Da fühlte ich plötzlich ein starkes Anstemmen des Kindes, und zugleich hatte ich das Gefühl, als müsse ich zerspringen.
»Frau Notacker, i moan, jatz ...« mehr brachte ich nicht mehr heraus.
Drunten zog die Regimentsmusik vorbei mit Pauken und Trompeten, und Kinder jubelten und pfiffen; da mischte sich ein kreischendes Stimmlein in die Klänge des Militärmarsches – ich hatte einen Buben.
Nun herrschte Lust und Freud im Hause und ward die Taufe mit großem Pomp gefeiert und gab man dem Buben nach seinem Großvater die Namen Johannes Magnus.

Ich eile nun, zum Ende zu kommen; denn die letzten meiner Erinnerungen sind so traurig und peinlich, daß es der Leser mir nicht übel vermerken möge, wenn ich gewisse Zeitpunkte überspringe und in gedrängter Form die letzten Schicksale erzähle.
Diese Ehe war so unglücklich, daß ich noch jetzt mich bedenke, ob nicht wirklich der Fluch, den meine Mutter mir am Hochzeitsmorgen zum Geleit mitgab, mit also furchtbarer Macht seine Wirkung während meiner ganzen Ehe übte, und ob nicht doch jene Klosterfrau, als sie mich warnte, wieder in die Welt zurückzukehren, von Gott be-

gnadet war, das Schicksal vorauszusehen, welches mich heraußen erwartete.
Und seltsam, gerade einige Tage nach der Geburt meines ersten Kindes traf ein Brief von ihr ein, in dem sie mir die Versicherung gab, meiner niemals im Gebete zu vergessen, und mich ermahnte, auch im tiefsten Leid und Unglück nicht zu verzagen, denn Gottes Hand möchte vielleicht mich strafen, daß ich damals nicht mein Leben ihm geopfert.
Später einmal, als ich ihr die Geburt eines Mädchens berichtete, bat sie mich, es recht gut zu erziehen; denn, meinte sie, vielleicht bringt es einmal dem Herrn das Opfer, das ich ihm ehemals verweigert.

Ich war in den letzten Wochen vor der Niederkunft im Gesicht recht alt und fleckig geworden und mußte daher manches bittere Wort vom Benno hören. Nun aber blühte ich sichtbar auf, und schon nach drei Wochen war ich wieder so verjüngt, daß mein Gatte aufs neue in heftiger Leidenschaft entbrannte und allen Vorstellungen zum Trotz mit Gewalt jene Schranke niedertrat, die eine weise Natur einer jeglichen Mutter, sogar den Tieren, aufrichtet. Vergeblich wies ich ihm den Kleinen, wenn er sich an meiner Brust sättigte, und flehte: »Geh, nimm do dein' Buam net sei Nahrung! Laß mi do in Fried! Schau, i bin no krank!«
Aber seine Sinne begehrten, und da mußte der Verstand schweigen. So kam es, daß ich nach wenig Monaten aufs neue Mutterhoffnungen fühlte.
Bald begann ich zu kränkeln, und mit der Gesundheit schwand mein guter Humor, und ich wurde zur gealterten Frau, die vom Leben nichts mehr hofft.
Unsere Häuslichkeit bot weder Frieden noch Behagen; der Benno sah wohl, was er getan, hatte aber doch kein Ein-

sehen. Am Tage gab es Streit, und am Abend suchte er alles Trübe und Mißliche in Leidenschaft zu ersticken.
Meine Schwiegereltern beklagten sich bitter über diese Zustände und schoben die Schuld auf meine Nachgiebigkeit und meinen Leichtsinn. Darob ward ich recht erbittert und mied sie von nun an.
Meine Eltern hatten schon bald nach meiner Heirat sich mit den Haslerischen verfeindet, und ich durfte deshalb längst nicht mehr zu ihnen gehen, wenn ich nicht eines Auftritts mit Benno gewärtig sein wollte. Nun aber war das Verlangen nach der Mutter so stark in mir, daß ich alles vergaß und mich aufmachte und zu ihr ging.
Als ich sie in der Küche begrüßte, fragte sie nach kurzem »'ß Gott«, was ich wolle. Da berichtete ich ihr schluchzend mein Unglück und bat sie um Trost.
»So, war i jatz guat gnua zum Trösten! Dös g'schieht dir grad recht, wenn's dir schlecht geht; du hättst es aushaltn könna dahoam! Was geht mi dei Elend o! Geh zu dö Haslerischen, dös san jatz deine Leut! Mach nur, daß d' ma weiter kommst!«
Da sagte ich nichts mehr und ging und begab mich zu fremden Leuten, ihnen mein Leid zu klagen. Wie wohl taten mir da die Worte des Beileids und des Trostes, obgleich ich wußte, daß sie nicht von Herzen kamen und ich nachher in allen Milch- und Kramerläden durchgehechelt und ausgerichtet wurde.
Mein Gatte hatte sich in der letzten Zeit immer mehr dem Trunk ergeben und kam oft nächtelang nicht nach Hause, um dann bei dem geringsten Anlaß zu wüten und mich zu mißhandeln.
Um Weihnachten dieses Jahres fühlte ich, daß meine Stunde da sei, und ging daher zu meiner Schwiegermutter und bat sie, den Buben, der schon seit Wochen an schwerem Keuchhusten krank lag, etliche Tage in Pflege zu nehmen.

Sie versprach es gerne und war auch sonst freundlich, wofür ich ihr von Herzen dankte. Am ersten Weihnachtstag kam ein junger, verlebt aussehender Mensch und begehrte den Benno. Ich rief ihn hinaus, und er erkannte in dem Fremden einen Schulkameraden und Freund, der inzwischen in Hamburg Kaffeehändler und ein reicher Mann geworden war. Hocherfreut lud er ihn ein, und nachdem er mir noch befohlen, ein festliches Essen zu bereiten, ging er mit dem Besuch zum Frühschoppen. Ich hatte zum Glück allerlei Vorrat und richtete ein gutes Mahl. Schon während des Kochens hatten leichte Wehen mir das Nahen meiner Stunde angezeigt; nun aber wurden sie stärker, und ich begann mich recht zu ängstigen, da es schon zwei Uhr war und mein Mann mit dem Besuch noch immer nicht kam. Ich lief zu einer Nachbarin und bat, sie möge mir die Frau Notacker holen. Bis diese kam, richtete ich die Schlafstube und wollte den Buben zu seiner Großmutter tragen, doch schlief er, und ich ließ ihn liegen. Gegen fünf Uhr erschien die Hebamme und meinte, es sei noch zu früh; vor dem nächsten Tag könne man nicht auf das Kind rechnen. Sie ging also wieder mit dem Bemerken, sie sehe gegen neun Uhr abends noch einmal vorbei.
Kurz nach sechs Uhr kam der Benno allein heim und verlangte sogleich mit groben Worten zu essen. Ich machte ihm Vorwürfe, daß er mich umsonst mit dem Kochen noch so geplagt hätte und daß meine Zeit da sei und ich niemand hätte, der mir beistehe. Mir rohen Schimpfworten verbat er sich mein Gejammer und verlangte Wein, obschon er stark betrunken war. Ich gab ihm eine Flasche; denn ich fürchtete ihn sehr in solchen Rauschzuständen. Dann ging ich in die Schlafstube, wo der Kleine eben wieder zu husten begann. Ich hob ihn auf und wickelte ihn frisch ein, wobei mein Körper von heftigen Wehen erschüttert wurde. Da bekam der arme Bub einen der furchtbaren Anfälle, und

ich glaubte, er müsse ersticken; doch ging es vorüber, und ermattet lag er nun in meinem Arm. Ich bettete ihn wieder in die Wiege und ging hinaus zum Benno, ihm über das Kind zu berichten. Er hörte teilnahmslos zu und sagte dann kurz: »I geh auf d'Nacht no furt!«

Ich erwiderte nichts und wollte den Tisch abräumen, während er ein Päcklein unzüchtiger Photographien aus der Tasche zog und betrachtete. Plötzlich suchte er mich in erwachendem Begehren zu sich auf das Sofa zu ziehen. Unsanft stieß ich ihn von mir weg und verwies ihm seine Unvernunft.

In dem Augenblick hörte ich meinen Buben weinen und ging zu ihm an die Wiege und beugte mich über das Bettlein, ihn mit leisen Worten zu beruhigen.

Da fühle ich plötzlich von rückwärts wie eine eiserne Klammer einen Arm um meinen Leib und fühle, wie der Benno mich fest in das Bettlein drückt und sein Eherecht ausübt. Verzweifelt suche ich mich seiner zu erwehren, und es gelingt mir wirklich für den Augenblick. Da packt ihn eine rasende Wut, und unter den gröbsten Schmähungen zerrt er mich an den Haaren herum, wirft mich zu Boden, tritt sein eigen Fleisch und Blut mit Füßen und versucht, mich zu erwürgen.

Auf mein lautes Hilfegeschrei stürzen Leute aus den Nachbarswohnungen herbei, man sprengt die Tür, und alle fallen über den sich wie besessen Gebärdenden her.

Auch sein Vater kam, und es geschah nun etwas, was mich noch heute erstaunt: Der alte Hasler faßte seinen Sohn vor all den Nachbarn am Genick, setzte ihn auf einen Stuhl, gab ihm ein paar tüchtige Ohrfeigen und stieß ihn sodann mit großer Gewalt zur Tür hinaus. Dies alles tat er ohne ein Wort; dann aber kehrte er sich an die Anwesenden und fragte grollend: »Hat no wer was verlora da herinne?«, worauf sie alle verschwanden.

Nun trat er zu mir; ich lehnte erschöpft an meinem Bett und bat um die Hebamme. Ohne ein Wort ging er, und schon nach einer halben Stunde brachte er sie mit.
In derselben Nacht gebar ich ein Mädchen und lag danach an die sechs Wochen im Kindbettfieber.
Seit diesem Vorfall mußte sich mein Mann sein eheliches Recht stets erzwingen; denn ich hatte alle Zuneigung zu ihm verloren und fürchtete ihn sehr. Trotzdem wurde ich noch viermal Mutter während dieser Ehe.

Bald nach dem dritten Kinde begannen auch Wohlstand und Glück von uns zu weichen. Mein Mann hatte durch seine Trunksucht alles das eingebüßt, was man sonst an ihm schätzte; auch ließ er sich in seiner Stellung allerlei zuschulden kommen und wurde schließlich entlassen. Seine Eltern waren darüber so erbittert, daß sie uns aus dem Haus jagten.
Wir zogen also um, und der Benno übernahm selber ein Geschäft. Es ging uns auch etliche Zeit wieder gut, und ich hatte Hoffnung, daß alles wieder recht würde, obschon ich nun dauernd kränkelte, da die Geburten meines vierten und fünften Kindes Totgeburten und sehr schwer gewesen waren.
Nun war das sechste Kind auf dem Wege, und kurz vor Weihnachten kam ich in die Wochen.
Mein Mann hatte um diese Zeit aufs neue ein wüstes Leben begonnen und saß oft Tag und Nacht im Weinhaus. Kam er dann nach Hause, prügelte er mich und die Kinder und zerschlug alles, was ihm gerade in die Hände kam.
Am Tage nach der Geburt dieses Kindes kam gegen Abend ein Freund meines Gatten und hatte mit ihm eine Unterredung, die sehr erregt schien; denn der Besuch ging nach kurzem Wortwechsel ohne Gruß, und der Benno schlug krachend hinter ihm die Türe zu. Ich rief ihn zu mir in die

Schlafstube, doch kam er nicht und ging bald darauf fort, ohne sich von mir zu verabschieden.

Zwei Tage und eine Nacht blieb er weg und kam erst am Heiligen Abend gegen neun Uhr heim. Ich erschrak heftig bei seinem Anblick; seine Kleider waren zerrissen und beschmutzt, sein Gesicht aufgedunsen und verzerrt, die Haare hingen ihm wirr um den Kopf, und die stieren, blutunterlaufenen Augen blickten gierig und lüstern nach mir.

Ich saß wie versteinert aufrecht in meinem Bett, als er mit dem zärtlichen Gruß zu mir trat: »Servus, Weibi; du bist aber sauber! Geh, laß mi eini zu dir!«

Bittend hob ich die Hände und sagte: »Was hast denn, Benno; woaßt denn net, daß ma r a kloans Deanderl kriagt ham! Jatz konnst do net zu mir! Gel, Benno, du verstehst mi scho!«

Aber er verstand mich nicht mehr. Rasch riß er seine Kleider ab und wollte zu mir, indem er mir alle erdenklichen Genüsse versprach.

Flehend setzte ich ihm nochmals die Unvernunft seines Begehrens auseinander, doch vergebens. Er fiel über mich her, und ich mußte alle Kraft daran setzen, mich seiner zu erwehren. Endlich gelang es mir, aus dem Bett zu entkommen, und eilig schlüpfte ich in meinen Unterrock und lief aus dem Zimmer.

Da hörte ich plötzlich meine Kinder aufkreischen. Ich eile in ihre Schlafstube und sehe nun, wie der Benno mit gezücktem Stilett drinnen herumtanzt und nach der Melodie des Schäfflertanzes vor sich hinsingt:

»Hi müaßt's sei! Daschtecha tua r i enk! Alle müaßt's heunt hi sei!«

Er sieht mich gar nicht, wie ich die Kinder aus ihren Bettlein reiße und das Kleinste aus der Wiege; tanzend zertrümmert er alles, was im Zimmer ist, und singt dazu.

Also flüchteten wir uns barfuß und fast unbekleidet hinaus

in den Schnee, und weinend hingen sich die Kinder an mich. Zitternd wankte ich vorwärts, und das Blut rann mir gleich einem Bächlein über die Füße und zeigte die Spur meiner Schritte.

Freundliche Nachbarn nahmen uns auf und veranlaßten auf der Polizeiwache, daß man den Wütenden bändigte und nach der psychiatrischen Klinik verbrachte.

Ein schweres Fieber folgte auf diese Nacht, und ich kämpfte lange mit dem Tod.

Als ich mich wieder besser fühlte, nahm ich mit vielem Dank Abschied von den guten Leuten und begab mich wieder in meine Wohnung. Hier erwartete mich neuer Schreck: Die Möbel waren alle mit dem Siegel des Gerichtes versehen und gepfändet. Etliche Briefe, die ich im Kasten fand, klärten mich auf. Der Benno hatte, ohne daß ich es wußte, sein volles Vermögen und dazu mein ganzes Heiratsgut einem Freund, der Baumeister war, geliehen, und dieser war bankerott geworden. Er hatte anscheinend schon davon gewußt und war vielleicht auch durch den Verlust dieser fünfzigtausend Mark um seinen Verstand gekommen. Nun hatten unsere Lieferanten und auch der Hausherr zu Neujahr keine Bezahlung mehr erlangt, weshalb sie, da sie auch keine Antwort auf ihre Mahnungen erhielten, endlich zur Pfändung schritten. Die Hausverwalterin hatte die Schlüssel meiner Wohnung an jenem Abend von einem Schutzmann erhalten und öffnete, als der Gerichtsvollzieher kam.

Nur weniges verblieb mir; zum Glück hatte man mir einen kleinen Schrank mit Kinderwäsche gelassen, in dem auch meine Schmucksachen verwahrt lagen. Nun konnte ich wenigstens so viel Geld dafür bekommen, daß ich die Kinder bei fremden Leuten in Pflege geben und mir ein kleines Stüblein zu halten vermochte. Das Ringlein meines Vaters aber opferte ich im Herzogspital der Mutter Gottes.

Dies war in der Zeit des Faschings; auch der Schäfflertanz traf auf dieses Jahr und füllte die Taschen der Tänzer.
Um diese Zeit ging ich zu meiner Mutter und klagte ihr meine große Not und bat sie um einiges Geld, damit ich mir etliche Möbelstücke wieder auslösen könnte; denn der Hausherr hatte sich Verschiedenes behalten, indem er mir versprach, er wolle mir das gegen Bezahlung meiner Zinsschuld von sechzig Mark wiedergeben.
Wortlos hörte die Mutter mir zu. Als ich geendet, sagte sie: »I kann dir net helfa! I hab selber no Schuldn beim Bräu. Geh zu dö Haslerischen, dö san reicher wia i. Übrigens freuts mi, daß si mei Wunsch erfüllt hat; recht schlecht soll's dir geh, weil's du's net aushalten hast könna dahoam!«
Dann rief sie den Vater aus der Schenke und sagte: »Gel Josef, mir können ihr nix gebn, weil ma selber nix habn wia Schuldn!«, worauf der Vater sich erst räusperte, dann halblaut wiederholte: »Naa, nix könna ma toa, mir habn selber Schuldn!«
Traurig ging ich nun zu meinen Schwiegereltern. Diese versprachen mir, für den Buben zu sorgen. Mehr konnten auch sie nicht helfen, da sie, wie ich jetzt erst erfuhr, dem Benno während des letzten Jahres etliche tausend Mark gegeben hatten, die er, ohne mir davon zu sagen, vertan hatte.
Also begann ich am andern Tag mir Arbeit zu suchen. Ich las auch die Zeitung; da fiel mein Blick auf eine Notiz über den Schäfflertanz, und ich entnahm ihr, daß derselbe am 20. Februar auch vor dem Hause des Gastwirts Zirngibl aufgeführt würde. Trotz der großen Bitterkeit, die in mir aufstieg, als ich an die Kosten eines solchen Tanzes, die zum mindesten an die hundert Mark betragen, dachte, konnte ich es doch nicht unterlassen, mich andern Tags unter die Menge der Zuschauer zu mischen.

Da sah ich, wie sie alle, der Vater, die Mutter, die Stiefbrüder und auch das Gesinde, an den Fenstern standen und mit vergnügten Mienen und strahlendem Lächeln für die Hochrufe dankten und die Mutter eine Handvoll Silberstücke in die Mütze des Meisters warf, während sie den Tag vorher ihr Kind hungern sah, ohne zu helfen.
Ich suchte also Arbeit und fand auch solche; doch nicht lange dauerte es, da konnte mein geschwächter Körper dieselbe nicht mehr leisten, da ich, um den Kindern das Ihre geben zu können, oft hungern mußte. Am End war ich erschöpft und mußte meine Stellung aufgeben.
Nach kurzer Zeit war auch der Rest meines Geldes verbraucht; und da ich das Kostgeld für meine Kinder nicht mehr aufbringen konnte, setzte man sie mir eines Tages im Winter vor die Tür.
Da fand sich ein Baumeister, der mir in seinem Neubau umsonst Wohnung bot. Ich band meine Habe samt den Kindern auf einen Karren und zog dahin. Ein alter, brotloser Mann, dem ich früher Gutes getan hatte, half mir dabei.
Das Haus war noch ganz neu, und das Wasser lief an den Wänden herab; wir schliefen auf dem Boden und bedeckten uns mit alten Tüchern und krochen zusammen, damit wir nicht gar zu sehr froren.
Einige leichtere Schreibarbeiten schützten uns vor dem Verhungern, wenngleich unser tägliches Mahl in nichts weiter bestand als in einem Liter abgerahmter Milch und einem Suppenwürfel, aus dem ich nebst einem Ei und etwas Brot eine Suppe für die Kinder bereitete. Ich selber aß fast nichts mehr und war so elend und krank, daß ich mehr kroch als ging.
Eines Tages erfuhren wir, daß mein Gatte in der Kreisirrenanstalt untergebracht worden sei, da eine Geisteskrankheit ihm dauernd das Licht des Verstandes genommen hatte.

Nach einem Monate solch jammervollen Lebens war auch die Gesundheit meiner Kinder dahin. Hustend und weinend hingen sie an mir, während Fieberschauer mich schüttelten.
Oft war die Versuchung in mir aufgestiegen, dem Leben ein Ende zu machen; oft hatte ich am Abend den Hahn der Gasleitung zwischen den Fingern; doch die Hoffnung auf eine bessere Zukunft ließ mich das nicht vollbringen, was die Verzweiflung mir eingab.
Mitleidige Menschen machten endlich den Armenrat des Bezirks auf mein Elend aufmerksam, worauf die Gemeinde für uns sorgte, indem sie die Kinder einer Anstalt übergab, während ich im Krankenhaus Erlösung aus aller Trübsal erhoffte.
Doch das Leben hielt mich fest und suchte mir zu zeigen, daß ich nicht das sei, wofür ich mich so oft gehalten, eine Überflüssige.

Oskar Maria Graf:
der wiederentdeckte bayerische Balzac

Oskar Maria Graf entpuppt sich – je mehr Bände der Gesamtausgabe vorliegen, um so deutlicher wird dies – als ein großer realistisch-gesellschaftskritischer Romancier deutscher Sprache im 20. Jahrhundert. Kein Geringerer als Maxim Gorki hatte ihn schon früh – vollkommen zu Recht! – mit Grimmelshausen verglichen.

Bayerische Staatszeitung

Frauenleben: Tagebücher, Berichte, Autobiographien

Ein hemmungsloses Ich-Buch, widersprüchlich, enthusiastisch und deprimiert, furios und zärtlich
dtv 1401

Ironisch-heitere Skizzen aus der ländlichen Idylle des Chiemgaus
dtv 1665

Zwei Frauen Mitte 30 geben Ehemann, Haus und Erbe auf, um neue Lebensformen zu erproben.
dtv 10565

Die Jahre 1931–1934. Eine junge Frau auf der leidenschaftlichen Suche nach sich selbst
dtv 759

Die Jahre 1934–1939. »Ein eindrucksvolles Bekenntnis« (Henry Miller)
dtv 858

Die Jahre 1939–1944. Anaïs Nin in New York
dtv 981